Über/Strom: Wegweiser durchs digitale Zeitalter

Mario Donick
Magdeburg, Deutschland

Uta Buttkewitz
Universität Rostock
Rostock, Deutschland

Die Digitalisierung verändert unsere Gesellschaft – das ist nicht bloß eine Behauptung von Wissenschaft und Medien, sondern wir alle erleben das jeden Tag. Daraus ergeben sich wichtige Fragen für unseren Alltag: Wie verändern sich menschliche Beziehungen? Welchen Stellenwert hat heutzutage noch das ‚alte' Analoge? Wie können wir mit Künstlicher Intelligenz leben? Wo bleibt der weibliche Blick auf die Digitalisierung? Wie verändern sich Arbeitsbedingungen und Arbeitsverhältnisse? Was heißen Inklusion und Diversität in einer ‚smarten' globalen Gesellschaft?

Die Texte dieser Reihe laden die Leser*innen ein, ihre persönliche Betroffenheit von der Digitalisierung zu erkennen, über den eigenen Umgang damit nachzudenken und am Ende einen eigenen Standpunkt zu entwickeln. Dazu geben Autor*innen verschiedener Wissenschaftsdisziplinen den Leser*innen gut verständliche Hintergrundinformationen zu den einzelnen Themen. Leser*innen erhalten nützliche Hinweise für ihren Alltag. Es werden Wege durch das Dickicht der ständig neuen technologischen Entwicklungen aufgezeigt, um Leser*innen zu unterstützen, souverän und selbstbestimmt durchs Leben zu gehen – ohne sich durch die digital entstandene neue Komplexität der Welt aus der Ruhe bringen zu lassen.

Weitere Bände in der Reihe https://link.springer.com/bookseries/16387

Wiebke Schwelgengräber

Wer sehen will, muss spüren

Warum uns manche Serien und Filme berühren
und uns andere kaltlassen

Wiebke Schwelgengräber
Rostock und Magdeburg, Deutschland

ISSN 2662-3560   ISSN 2662-3579 (electronic)
Über/Strom: Wegweiser durchs digitale Zeitalter
ISBN 978-3-658-37299-6   ISBN 978-3-658-37300-9 (eBook)
https://doi.org/10.1007/978-3-658-37300-9

Die Deutsche Nationalbibliothek verzeichnet diese Publikation in der DeutschenNational-bibliografie; detaillierte bibliografische Daten sind im Internet über http://dnb.d-nb.de abrufbar.

© Springer Fachmedien Wiesbaden GmbH, ein Teil von Springer Nature 2022
Das Werk einschließlich aller seiner Teile ist urheberrechtlich geschützt. Jede Verwertung, die nicht ausdrücklich vom Urheberrechtsgesetz zugelassen ist, bedarf der vorherigen Zustimmung des Verlags. Das gilt insbesondere für Vervielfältigungen, Bearbeitungen, Übersetzungen, Mikroverfilmungen und die Einspeicherung und Verarbeitung in elektronischen Systemen.
Die Wiedergabe von allgemein beschreibenden Bezeichnungen, Marken, Unternehmensnamen etc. in diesem Werk bedeutet nicht, dass diese frei durch jedermann benutzt werden dürfen. Die Berechtigung zur Benutzung unterliegt, auch ohne gesonderten Hinweis hierzu, den Regeln des Markenrechts. Die Rechte des jeweiligen Zeicheninhabers sind zu beachten.
Der Verlag, die Autoren und die Herausgeber gehen davon aus, dass die Angaben und Informationen in diesem Werk zum Zeitpunkt der Veröffentlichung vollständig und korrekt sind. Weder der Verlag, noch die Autoren oder die Herausgeber übernehmen, ausdrücklich oder implizit, Gewähr für den Inhalt des Werkes, etwaige Fehler oder Äußerungen. Der Verlag bleibt im Hinblick auf geografische Zuordnungen und Gebietsbezeichnungen in veröffentlichten Karten und Institutionsadressen neutral.

© Thomas Söllner / stock.adobe.com

Planung/Lektorat: David Imgrund

Springer ist ein Imprint der eingetragenen Gesellschaft Springer Fachmedien Wiesbaden GmbH und ist ein Teil von Springer Nature.
Die Anschrift der Gesellschaft ist: Abraham-Lincoln-Str. 46, 65189 Wiesbaden, Germany

Vorwort

Die Idee zu diesem Buch ist mir während meiner Arbeit an den Berufsbildenden Schulen „Conrad Tack" in Burg gekommen. Als Lehrerin für die Fächer Deutsch, Philosophie und Pädagogik/Psychologie beschäftige ich mich zusammen mit meinen Schüler:innen immer wieder mit der Frage, wie wir Literatur, Theaterstücke sowie Serien und Filme wahrnehmen. Dazu gehört zum Beispiel, dass wir uns in der Oberstufe mit Dramentheorien auseinandersetzen. Hier erarbeiten wir, welche Konzepte und Gedanken über die letzten 2500 Jahre zu Theaterstücken entwickelt wurden. Eine wichtige Grundlage im Deutschunterricht stellt der Grieche Aristoteles mit seinem Katharsis-Begriff dar. Aristoteles meint (so aktuellere Interpretationen seiner Idee), dass das Theater die Zuschauer:innen befriedigen soll. Es soll ihnen möglich sein, ihren Emotionen während des Theaterstückes freien Lauf zu lassen und sich von einem (möglichen) Affektstau zu befreien. In der Diskussion mit meinen Schüler:innen darüber, warum und welche Filme und Serien sie schauen (denn diese Medien entsprechen der heutigen Lebenswelt der Schüler:innen manchmal mehr als das Theater), ist mir aufgefallen, dass es ihnen und mir schwer fiel, unsere Gefühle beim Film- und Serienschauen konkret zu beschreiben. Ein Zusammenhang zur Psychologie und Philosophie erschien mir da sehr sinnvoll. Denn schon seit einigen Jahren versuche ich Antworten auf die Frage zu finden, was Gefühle sind und wie sie beschrieben werden können. Dazu setze ich mich seit einigen Jahren intensiv mit der Psychologie und Philosophie (genauer mit der Phänomenologie) der Gefühle auseinander. So ist nun dieses Buch entstanden, in dem ich die Fragen stelle, was und wie wir uns fühlen, wenn wir Filme und Serien schauen und warum uns manche Serien und Filme geradezu gefangen nehmen und andere uns kalt lassen.

Ich danke meinen Schüler:innen, besonders der Klassen 1FG16W und der 1FG17GS, sehr für die anregenden Diskussionen im Deutsch- und Psychologieunterricht und die gemeinsame Suche nach Worten.

Ich danke auch den Herausgeber:innen dieser Reihe, Dr. Uta Buttkewitz und Dr. Mario Donick, für mutmachende Worte und hilfreiche Hinweise. Außerdem danke ich David Imgrund und Heike Jung vom Springer-Verlag, die mir stets mit Rat und Tat zur Seite standen.

Sommer 2022

Inhaltsverzeichnis

1	**Einleitung: Filme und Serien berühren uns**	1
1.1	**Gefühle in der Psychologie**	2
1.1.1	Was sind Gefühle?	2
1.1.2	Auf welchen Ebenen kann man Emotionen beschreiben?	3
1.1.3	Wie entstehen Emotionen und wie werden sie erlebt?	4
1.2	**Gefühle in der Philosophie**	6
1.2.1	Welche Rolle spielen Gefühle für unser Menschsein?	7
1.2.2	Welche wichtigen Begriffe braucht man zur Erklärung des Gefühlsbegriffs?	8
1.2.3	Und nun nochmal: Was sind Gefühle?	14
1.3	**Ziel des Buches**	17
	Literatur	18
2	**Empathie und die Lust daran erleben**	19
2.1	**Was ist Empathie?**	21
2.2	**Die Lust an der Empathie und am Bewegtsein**	27
2.3	***Life on Mars* (2005–2006) und *Ashes to Ashes* (2007–2010): Worum geht es?**	28
2.4	**Die Serie als ganzheitliche *Situation* erleben**	29
2.5	**Die Themen, Probleme und Vorgehensweisen der Figuren**	30
2.6	**In Filmen und Serien begegnen wir uns selbst sehr intim**	34
2.7	**Fazit**	37
	Literatur	38
3	**Im Wechselbad der Gefühle: Facetten des Lachens und Weinens**	39
3.1	**Facetten des Lachens**	42
3.1.1	*Little Miss Sunshine* (2006): Worum geht es?	42
3.1.2	Lachen als Ausdruck von Schaulust, Fremdscham und Schadenfreude	43
3.2	**Lachen und Weinen als gemeinsam auftretende Regungen in *Little Miss Sunshine***	46
3.3	**Leibliches Betroffensein beim Weinen in *Dancer in the Dark***	48
3.3.1	*Dancer in the Dark* (2000): Worum geht es?	48
3.3.2	Weinen als bedrückendes Erlebnis	49
3.4	**Fazit**	53
	Literatur	54

4	**Filme, die uns abstoßen – Filme, die wir aushalten**	57
4.1	Leibhaftiges Grauen, Horror, Nervenkitzel und Gewalt aushalten	59
4.1.1	Schwierigkeiten bei der Auswahl eines Filmbeispiels	61
4.1.2	*Ring (2002)*: Worum geht es?	61
4.1.3	Die Leiblichkeit des Horrors	63
4.1.4	Warum empfinden wir Grusel und Schrecken? – Eine psychologische Antwort	70
4.2	**Erniedrigung und Demütigung von Figuren aushalten**	73
4.2.1	Die Leiblichkeit von Würde	76
4.2.2	Die Leiblichkeit der Demütigung	77
4.2.3	Das Sehen wird unerträglich – ausgewählte Szenen aus *Game of Thrones* (2011–2019)	79
4.3	**Abstumpfen gegenüber Horror, Nervenkitzel und Gewalt**	85
4.3.1	Die Leiblichkeit des Abstumpfens	85
4.3.2	Warum stumpfen wir manchmal ab? – Psychologische Antworten	86
4.4	**Unerträgliche Langeweile**	90
4.4.1	Formen von Langeweile	90
4.4.2	Die Leiblichkeit der Langeweile	92
4.4.3	Warum langweilt man sich? – Eine psychologische Antwort	94
4.5	**Fazit**	96
	Literatur	99
5	**Flucht aus dem Alltag**	103
5.1	**Sorgenfrei und lustig sein**	105
5.2	**Der Film und die Serie als Nebenbei-Welt**	105
5.2.1	Was wir verlieren können – der Verlust des Atmosphärischen phänomenologisch betrachtet	106
5.2.2	Was wir gewinnen können – der seichte Rückzug von uns selbst	108
5.2.3	Was wir zu viel gewinnen können – Multitasking psychologisch betrachtet	108
5.3	**Binge Watching**	110
5.3.1	Binge Watching als Fluchterlebnis – phänomenologisch betrachtet	110
5.3.2	Binge Watching als Stresserlebnis – phänomenologisch-psychologisch betrachtet	112
5.4	**Trancezustände**	114
5.5	**Fazit**	115
	Literatur	116

6	**Filme und Serien, die zu Ende sind**	117
6.1	Das Phänomen, in ein Loch zu fallen	119
6.2	Filme und Serien, die wir erinnern wollen	122
6.2.1	Erinnern der gespürten Atmosphäre	123
6.2.2	Suche nach ähnlichen Objekten	125
6.2.3	Wiederholtes Schauen	126
6.3	**Fazit**	130
	Literatur	131
7	**Der Sehnsucht nachspüren**	133
7.1	Was ist Sehnsucht?	135
7.1.1	Eine etymologische Beschreibung	135
7.1.2	Eine psychologisch-phänomenologische Beschreibung	135
7.1.3	Eine Erweiterung der psychologisch-phänomenologischen Beschreibung	137
7.2	Filme und Serien lösen Sehnsucht aus und intensivieren sie	139
7.2.1	*Ewige Jugend* (2015): Worum geht es?	140
7.2.2	Themen der Sehnsucht in *Ewige Jugend*	141
7.2.3	Die Leiblichkeit der Sehnsucht	142
7.3	Die Funktion von Sehnsucht – Eine psychologische Antwort	143
	Literatur	144
8	**Filme und Serien können uns verändern**	145
8.1	Der Mensch als historisches und narratives Wesen	146
8.2	Der Mensch als leibliches Wesen	147
8.3	Der Mensch als fühlendes Wesen	147
8.4	Wer sehen will, muss spüren	149
	Literatur	150
9	**Ein kleiner Ratgeber für das Sehen von Filmen und Serien**	151
9.1	Vor dem Schauen	152
9.2	Während des Schauens	153
9.3	Nach dem Schauen	153
	Literatur	154

Serviceteil

Weiterführende Literatur	156
Stichwortverzeichnis	161

Über die Autorin

Wiebke Schwelgengräber

Wiebke Schwelgengräber studierte Germanistik, Philosophie und Kommunikationswissenschaften mit dem Schwerpunkt Psychologie an der Universität Rostock. Dort war sie bis 2013 als wissenschaftliche Mitarbeiterin an den Instituten für Informatik und Schulpädagogik tätig. Seit 2016 ist sie Lehrerin an einer berufsbildenden Schule. Ihre Forschungsinteressen umfassen anthropologische, phänomenologische und psychologische Fragen des Erzählens und Fühlens.

Abbildungsverzeichnis

Abb. 1.1	Gefühle am Beispiel des Film- und Serien-Schauens. (eigene Abbildung; Bildquelle Clown s. am Ende der Abbildung)	16
Abb. 2.1	Die Wahrnehmung der Situation „Gene Hunt" (eigene Abbildung)	31
Abb. 2.2	Die Liebessituation „Gene Hunt und Alex Drake" (eigene Abbildung)	32
Abb. 4.1	Samara steigt aus dem Brunnen und kommt dem eigenen Bildschirm näher. Screenshot erstellt von der Autorin, aus *Ring* (2002), Regie: Gore Verbinski, Dreamworks LLC)	65
Abb. 4.2	Samara steht nun schon fast vor dem eigenen Bildschirm. Screenshot erstellt von der Autorin, aus *Ring* (2002), Regie: Gore Verbinski, Dreamworks LLC	65
Abb. 4.3	Beispiele für epikritische und protopathische Phänomene (eigene Abbildung)	66
Abb. 4.4	Die Entstehung von Angst und Schreckreaktionen (eigene Abbildung)	71
Abb. 4.5	Weshalb wir uns an vermeintliche angst- und schreckeinflößende Reize gewöhnen (eigene Abbildung)	87
Abb. 4.6	Die Langeweile (eigene Abbildung)	93
Abb. 5.1	Stressmodell (eigene Zeichnung in Anlehnung an Gerrig *2018*, S. 473)	113

Einleitung: Filme und Serien berühren uns

Inhaltsverzeichnis

1.1 Gefühle in der Psychologie – 2
1.1.1 Was sind Gefühle? – 2
1.1.2 Auf welchen Ebenen kann man Emotionen beschreiben? – 3
1.1.3 Wie entstehen Emotionen und wie werden sie erlebt? – 4

1.2 Gefühle in der Philosophie – 6
1.2.1 Welche Rolle spielen Gefühle für unser Menschsein? – 7
1.2.2 Welche wichtigen Begriffe braucht man zur Erklärung des Gefühlsbegriffs? – 8
1.2.3 Und nun nochmal: Was sind Gefühle? – 14

1.3 Ziel des Buches – 17

Literatur – 18

© Springer Fachmedien Wiesbaden GmbH, ein Teil von Springer Nature 2022
W. Schwelgengräber, *Wer sehen will, muss spüren*, Über/Strom: Wegweiser durchs digitale Zeitalter, https://doi.org/10.1007/978-3-658-37300-9_1

Filme und Serien bringen uns zum Lachen und zum Weinen. Wir wollen uns verstecken, weil wir uns ängstigen, wir erschrecken uns derart, dass unser Puls bis in den Rachen steigt und Schluckbeschwerden verursacht, manche Szenen halten wir kaum aus, weil Gewaltbilder oder Szenen größter Ungerechtigkeit auf uns eindringen. Serien und Filme berühren uns manchmal derart, dass wir tiefe Trauer empfinden oder in ein tiefes Loch fallen, wenn die nächste Staffel noch auf sich warten lässt oder der Film auf einmal zu Ende erzählt ist. All diese Momente des Sehens machen uns unmittelbar betroffen. Nicht im Sinne einer Denkerfahrung, d. h. weil wir *wissen*, dass etwas besonders gewaltvoll, lustig, traurig oder ungerecht ist, sondern weil wir diese Momente des Sehens *leiblich spüren*. Umso nachhaltiger wirken Filme und Serien auf uns, wenn wir *unmittelbar* leiblich von ihnen betroffen sind. In der Neuen Phänomenologie, einer Disziplin der Philosophie, spricht man dann von einem *leiblich-affektiven Betroffensein*. Etwas kann uns leiblich so sehr treffen, dass wir in dessen Bann geraten und uns unwillkürlich danach richten oder vielleicht sogar abrupt davon anwenden wollen, weil das, was wir spüren, so angenehm oder unangenehm ist.

Daraus ergibt sich meine These dieses Buches: Wer sehen will, muss spüren. Das bedeutet, wer Serien und Filme wirklich sehen möchte, muss sie leiblich erfahren, fühlen, spüren. Das heißt aber auch, wer sich selbst sehen, kennen und erfahren möchte, der sollte Serien und Filme nicht nur sehen, sondern spüren. Denn durch das Spüren werden Gefühle und Empfindungen erfahrbar, die einen selbst angehen. Dies kann zu einer interessanten Selbsterkenntnis führen.

1.1 Gefühle in der Psychologie

Aber was sind Gefühle eigentlich, wo und wie empfinden wir sie? Dazu möchte ich Sie in diesem Kapitel auf einen psychologischen und philosophischen Rundgang mitnehmen.

1.1.1 Was sind Gefühle?

In der Psychologie spricht man statt von Gefühlen lieber von Emotionen, da sich im Begriff des *Gefühls* vor allem das subjektive Erleben verbirgt, welches nur eine Komponente des Begriffs *Emotion* darstellt. Weiter gibt es noch die

1.1 · Gefühle in der Psychologie

Begriffe *Stimmungen*, die im Gegensatz zu Gefühlen weniger intensiv erlebt werden, dafür von längerer Dauer sind, und *Affekte*, die kurze und intensive Gefühlszustände beschreiben (vgl. Sokolowski 2002, S. 342). *Emotionen* dagegen sind begrifflich weiter gefasst. Der Psychologe Kurt Sokolowski definiert: „*Emotionen* sind bewertende Stellungnahmen zu Umweltereignissen, die verschiedene physische und psychische Teilsysteme (Komponenten) zum Zwecke einer möglichst optimalen Reaktion koordinieren" (ebd.). Das klingt recht mechanisch und so gar nicht nach Gefühlen, wie wir sie erleben, deswegen stelle ich eine weitere Definition vor, die aus zwei Teilen besteht. Im ersten Teil ihrer Definition rücken die Psychologen Wulf-Uwe Meyer, Achim Schützwohl und Rainer Reisenzein verschiedene Emotionen in den Vordergrund. Im zweiten Teil heben sie verschiedene Merkmale von Emotionen hervor:

» „1. Emotionen sind Vorkommnisse von zum Beispiel Freude, Traurigkeit, Ärger, Angst, Mitleid, Enttäuschung, Erleichterung, Stolz, Scham, Schuld, Neid sowie von weiteren Arten von Zuständen, die den genannten genügend ähnlich sind.

2. Diese Phänomene haben folgende Merkmale gemeinsam: (a) Sie sind aktuelle Zustände von Personen; (b) sie unterscheiden sich nach Art oder Qualität und Intensität […]; (c) sie sind in der Regel objektgerichtet […]; (d) Personen, die sich in einem der genannten Zustände befinden, haben normalerweise ein charakteristisches Erleben (Erlebensaspekte von Emotionen), und häufig treten auch bestimmte physiologische Veränderungen (physiologischer Aspekt von Emotionen) und Verhaltensweisen (Verhaltensaspekt von Emotionen) auf" (Meyer et al. 1993, S. 23 f.).

Mit dieser Definition werden bereits verschiedene Dimensionen von Emotionen angesprochen, die sich beobachten und beschreiben lassen. Dazu komme ich jetzt.

1.1.2 Auf welchen Ebenen kann man Emotionen beschreiben?

Emotionen lassen sich, und darüber sind sich die Psycholog:innen weitgehend einig, auf verschiedenen Ebenen beschreiben. Wir können physiologische Zustände (z. B. Angstschweiß), den (mimischen und gestischen) Ausdruck, das subjektive Erleben („Ich freue mich!"), Handlungen und Handlungstendenzen als Folge von Emotionen (z. B. Rückzug oder Angriff) und emotionsrelevante Kognitionen („Ich schaffe das!") beschreiben (vgl. z. B. Wild et al. 2006, S. 208). Ich lege in meinem Buch den Schwerpunkt auf die Frage, was wir subjektiv erleben können, wenn wir Filme und Serien schauen. Die Schwierigkeit, diese Komponente zu erfassen, liegt darin, dass sie von außen nicht beobachtbar ist. Umfänglichen Zugang haben in der Regel die Personen, die das Gefühl selbst empfinden. Beobachter:innen sind auf Beschreibungen dieser Personen angewiesen und können anhand ihrer Verhaltensweisen (z. B. physiologische Reaktionen und mimische und gestische Ausdrucksformen) versuchen, Rückschlüsse auf die Qualität des Erlebens zu schließen. Diese subjektive Komponente von Emotionen zu erfassen und in ihrer Qualität zu beschreiben, erscheint mir aus psychologischer Perspektive nicht hinreichend genug. Zwar versuchte schon der an der Universität Leipzig forschende Psychologe Wilhelm Wundt (1836–1920) im letzten Jahrhundert durch systematische Introspektion (Selbstbeobachtung) Ausprägungen von Gefühlen zu unterscheiden. Heute jedoch wird auf eine solche Systematik weitgehend verzichtet, was wohl dazu führt, dass diese Komponente eher wenig erforscht wird (vgl. Sokolowski 2002, S. 342). Eine weitere Methode zur Beschreibung des Gefühlserlebens stellen Ratingskalen dar (z. B. Gesichterskalen von sehr fröhlich bis sehr traurig) (vgl. ebd. 342 f.). Die darin dargestellten Gefühlsausdrücke bilden jedoch nicht im Ansatz die Spannbreiten ab, die jeder einzelne subjektiv erleben kann.

1.1.3 Wie entstehen Emotionen und wie werden sie erlebt?

Die Psychologie bietet viele Theorien und Ansätze an, um zu erklären, wie Emotionen zustande kommen. Ich stelle Ihnen die am meisten diskutieren hier vor:
1. Eine schon etwas ältere Erklärung liegt von den Physiologen Williams James (1842–1910) und Carl Lange (1834–1900) vor. Sie nahmen an, dass erst eine körperliche Erregung stattfinden muss, damit eine Emotion erlebt werden kann. Die Physiologen Walter Cannon (1871–1945) und Philip Bard (1898–1977) sahen das jedoch anders. Sie gingen davon aus, dass das subjektive Erleben von Emotionen parallel mit der körperlichen Erregung einhergeht (vgl. Gerrig 2018, S. 443).
2. Evolutionstheoretiker:innen wie Paul Ekman (*1934) und Robert Plutchik (1927–2006) forschen zur Frage, ob und welche Emotionen ihre Ursachen in der Evolution haben. Sie nehmen zum Beispiel an, dass es kulturübergreifend charakteristische Gesichtsausdrücke gibt (Ekman) oder dass es, wie Plutchik annimmt, Basisemotionen gibt, die der „Be-

wältigung existenzieller Herausforderungen dienen" (Gollwitzer und Schmitt 2019, S. 238 ff.).
3. Eine weitere Sichtweise auf die Ursache von Emotionen bieten Behaviorist:innen. Die Psycholog:innen gehen davon aus, dass auf einen äußeren Reiz ein Erleben zustande kommt, welches sich in von außen beobachtbaren Reaktionen zeigt. Vertreter:innen dieser Theorien sind u. a. John B. Watson (1878–1958) und Burrhus F. Skinner (1904–1990) (vgl. Gerrig 2018, S. 216).
4. Dagegen nehmen Kognitionsforscher:innen an, dass Emotionen aufgrund von Einschätzungen und Bewertungen entstehen. Hier lassen sich etwa die US-amerikanischen Psychologen Stanley Schachter (1922–1997) und Richard Lazarus (1922–2002) anführen (vgl. ebd., 444). Je nachdem, wie eine Person einen inneren oder einen äußeren Reiz bewertet, beeinflusst dies die Emotion und kann sie regulieren.
5. Noch anders sehen es Konstruktivist:innen. Sie postulieren, dass Emotionen sozial konstruiert sind. Eine Person, so der US-amerikanische Psychologe Kenneth J. Gergen (*1934), fühlt etwas, weil sie es in ihrer Kultur so gelernt hat (vgl. Gergen 2005, S. 13 f.). Welches Gefühl also jemand in einer bestimmten Situation hat, hängt nicht von biologischen Programmen ab, sondern davon, welches Gefühl die Person glaubt, haben zu sollen.
6. Darüber hinaus versuchen Neurowissenschaftler:innen wie Joseph LeDoux (*1949) zu erklären, wie Emotionen im Gehirn verarbeitet werden. Besondere Aufmerksamkeit dabei erhält das limbische System, das für die Verarbeitung von Emotionen eine zentrale Rolle spielt (vgl. Horstmann und Dreisbach 2017, S. 131).

Alle diese Ansätze bieten uns eine vielfältige Auswahl an Erklärungen darüber an, wie Emotionen zustande kommen. Nicht eine jedoch kann uns die subjektive Erlebniskomponente von Gefühlen offenlegen! Die Frage, wie sich ein Gefühl anfühlt und was eine Person spürt, wenn sie Angst oder Freude empfindet, bleibt ungeklärt.

Und dies bringt mich zur Philosophie, insbesondere zur Phänomenologie, die sich als Teildisziplin der Philosophie zum Ziel gesetzt hat, die Phänomene unseres Alltags zu beschreiben und dabei keinen Halt vor Tabus zu machen. Alles, was sich uns im Menschsein zeigt, was wir erleben, kann zum Gegenstand der Phänomenologie gemacht werden. So auch die Gefühle, wie wir sie beim Filme- und Serienschauen erleben können. Natürlich muss hier dazu gesagt werden, dass auch die Philosophie nicht imstande ist, das Gefühlsleben anderer detailliert zu beschreiben. Aber: Philosoph:innen versuchen die sogenannte Grammatik, d. h. verallgemeinerbare Merkmale von einzelnen Gefühlen zu erforschen. Dies tun sie etwa mit einem entsprechenden Vokabular der Phänomenologie, durch welches die Beschreibungen nachvollziehbarer sein sollen. Zu diesem Vokabular komme ich jetzt.

1.2 Gefühle in der Philosophie

Der Zugang zu unserem Erleben von Gefühlen erscheint mir aus der psychologischen Perspektive nicht ausreichend, obwohl es sehr interessant ist herauszuarbeiten, aus welchen Gründen wir welche Gefühle erleben und inwieweit unsere Erfahrungen, Einstellungen und Wünsche unser Gefühlsleben beeinflussen können. Hier kann die Psychologie durchaus wichtige Hinweise liefern. Antworten über die Qualität und die Bedeutsamkeit von Gefühlen für unser Menschsein finde ich dagegen eher in der Philosophie, insbesondere in der Phänomenologie, einer Teildisziplin der Philosophie.

> **Infobox 1: Neue Phänomenologie**
>
> Die Phänomenologie ist eine Disziplin der Philosophie. Der Begriff kommt aus dem Griechischen (*phainómenon*) und bedeutet *das Erscheinende* (vgl. Prechtl 2008, S. 448). Die Wirklichkeit, so Immanuel Kant, besteht im Gegenstand der Erfahrung, die sich dem wahrnehmenden Bewusstsein zeigt (vgl. ebd.). Im 20. Jahrhundert erlebt die Phänomenologie einen weiteren Schub. Edmund Husserl, durch den die Phänomenologie als Methode bekannt wird, nimmt an, dass „alles raum-zeitliche Sein der Wirklichkeit nur insofern [ist], als es auf ein erfahrendes, wahrnehmendes, denkendes, sich erinnerndes Bewusstsein bezogen ist" (ebd., 449). Es sind also unsere Erfahrungen, die grundlegend für unseren Zugang zur Welt sind.
>
> Daneben haben noch weitere Phänomenolog:innen ihre Denk- und Arbeitsweisen in diversen Abhandlungen und Büchern beschrieben: Martin Heidegger (der jedoch aufgrund seines nationalsozialistischen Engagements kritisch zu betrachten ist), Max Scheler sowie die Franzosen Maurice Merleau-Ponty und Jean-Paul Sartre. Nicht wenige Philosophen wurden durch die Phänomenologie beeinflusst: u. a. Jürgen Habermas, Michel Foucault, Jacques Derrida.
>
> Der Kieler Professor Hermann Schmitz (1928–2021) hat die Phänomenologie weiterentwickelt, weswegen sie als Neue Phänomenologie bezeichnet

1.2 · Gefühle in der Philosophie

> wird. In diesen Denkerkreis zählen u. a. der Rostocker Professor Michael Großheim und die Doktorin Kerstin Andermann an der Leuphana Universität Lüneburg.
>
> Die Neue Phänomenologie hat es sich zur Aufgabe gemacht, die unwillkürliche Lebenserfahrung aufzudecken und sich begreifend an sie heranzutasten (vgl. Schmitz 1980, S. 23). Phänomenolog:innen versuchen, unbefangen die Tatsachen der Wahrnehmung herauszuarbeiten. Dies kann ihnen gelingen, indem sie verschiedene Blickwinkel auf ein Phänomen herausschälen und somit einen Vergleich dieser Blickwinkel ermöglichen (vgl. ebd. 1994, S. 2).
>
> Doch was ist ein *Phänomen*? „Ein Phänomen ist ein Sachverhalt für jemanden zu einer bestimmten Zeit, bei dem der Betreffende nicht im Ernst bestreiten kann, dass es sich um eine Tatsache handelt." (ebd. o.J.) Mit dieser Definition zeigt sich, wie ernst Phänomenolog:innen die Lebenswirklichkeit in ihrer vollen Komplexität nehmen wollen. Darin spiegelt sich die Einstellung wider, dass etwas, was jemand erlebt, nicht sofort als unwahrscheinlich oder als nicht wahr abgestempelt wird, sondern dass Erlebnisse gleich welcher Art ernst genommen werden. Es geht Phänomenolog:innen *nicht* in erster Linie darum, die Ursachen von Phänomenen zu *erklären* oder ihre Wirkungen zu *beurteilen*. Sondern die Phänomene sollen zunächst als solche ernsthaft als Tatsache erkannt und anerkannt und, soweit es mit unseren jeweiligen kulturellen Brillen möglich ist, möglichst *vorurteilsfrei beschrieben* werden.

1.2.1 Welche Rolle spielen Gefühle für unser Menschsein?

Zunächst einmal ist wichtig zu verstehen, was die Grundidee der Phänomenolog:innen in Bezug auf Gefühle ist. Wir Menschen sind geradezu in die Welt geworfen und unsere Möglichkeit, Welt leiblich zu spüren, verleiht uns überhaupt erst Bedeutsamkeit und Wert (vgl. Slaby 2017, S. 223). „Im Fühlen manifestiert sich etwas als bedeutsam [...]" (ebd.). Und das im doppelten Sinne: Wenn wir gefühlsmäßig an etwas/an jemandem Anteil nehmen, wird das für uns zu etwas Bedeutsamem. Wenn ich mir über diese Bedeutsamkeit bewusst werde, die ich mir durch das Fühlen erst erschlossen habe, dann erschließen sich mir meine Situation, meine Bedürfnisse, meine Sorgen – und es erschließt sich mir damit wiederum mein Fühlen (vgl. ebd.). Das Fühlen ist also von grundlegender Bedeutung für meine Existenz und für die Art und Weise meiner Existenz.

Allein in diesem kurzen Text stecken schon so viele Vorannahmen, die darauf hindeuten, was Gefühle sind, dass ich diese Vorannahmen jetzt erst einmal erklären werde.

1.2.2 Welche wichtigen Begriffe braucht man zur Erklärung des Gefühlsbegriffs?

Etwas zäh lesen sich mitunter die wissenschaftlichen Artikel zur Phänomenologie. Die folgenden Begriffe, die ich versuche, so einfach wie möglich zu erklären, sind Grundbegriffe, die ich in den nächsten Kapiteln meines Buches immer wieder brauche, um Ihnen das Spektrum des Fühlens beim Filme- und Serienschauen beschreiben zu können. Ich versuche, Ihnen die Grundbegriffe mit zahlreichen Beispielen zu verdeutlichen. Letztlich möchte ich mit dem kurzen Aufriss der verschiedenen Grundbegriffe aber auch zum Begriff des Gefühls hinleiten, um diesen zu klären.

- **Körper und Leib**

Zunächst einmal unterscheidet man in der Phänomenologie die Begriffe Körper und Leib voneinander (s. Infobox 2). Diese Unterscheidung ist die wichtigste Voraussetzung, um Gefühlserlebnisse überhaupt beschreiben zu können.

Unter einem Körper verstehen wir meistens, was an uns sicht- und tastbar ist. Wir können uns vor einen Spiegel stellen und unseren Körper mit seinen Umrissen, Wölbungen etc. betrachten und betasten. Er ist also das dreidimensional ausgedehnte Objekt. Zudem denken wir meistens, wenn wir von unserem Körper im Zusammenhang mit der sinnlichen Wahrnehmung sprechen, an die typischen fünf Sinne wie den Tast-, Hör-, Seh-, Geschmacks- und den Riechsinn. Das Konzept, sich betasten, betrachten und mit fünf Sinnen wahrnehmen zu können, reicht jedoch nicht aus, wenn man die Komplexität der Gefühlswelt erkennen und beschreiben möchte. Deswegen unterscheiden Phänomenolog:innen vom Körper den sogenannten Leib.

Der Leib ist spürbar, ohne dass man sich dabei auf seine fünf Sinne beruft und ohne dass man sich auf eine Vorstellung vom eigenen Körper stützt (vgl. Schmitz 2005, S. 25). Der Leib kann sich weiter ausgedehnt oder auch viel enger anfühlen als unser tatsächlicher Körper es ist. Die örtlichen Grenzen unseres Leibes können, müssen aber nicht den örtlichen Grenzen unseres

1.2 · Gefühle in der Philosophie

Körpers entsprechen. Der Leib ist demnach die subjektive Art und Weise, wie sich der Mensch erfährt und wahrnimmt.

Der Leib ist also die Grundlage, damit wir elementare Erfahrungen überhaupt machen können. Er ist der sogenannte „Resonanzboden, wo alles ankommt, was den Menschen betroffen macht und in eigene Gestaltungen [d. h. je eigene Empfindungen, W.S.] umgewandelt wird" (ebd., o.J.).

Infobox 2: Beispiele zur Unterscheidung von Körper und Leib

1. Jemand, dem sein linkes Bein amputiert wurde, hat objektiv dieses Bein nicht mehr. Rein körperlich betrachtet fehlt dieses linke Bein also. Dennoch empfindet die Person mit dem linken amputierten Bein Schmerzen in genau der Gegend, in der dieses Bein sein sollte, es aber rein körperlich nicht mehr da ist. Dieser Schmerz ist leiblich und über die Körpergrenzen hinaus tatsächlich vorhanden.
2. Wenn Ihr Fuß einschläft, spüren Sie ihn im heftigsten Fall nicht mehr. Leiblich ist ihr Fuß nicht mehr vorhanden, weil er nicht spürbar ist. Körperlich aber ist er da, denn sie können ihn betasten und sehen.
3. Mit dem Begriff „Leib" lässt sich auch erklären, warum manche das Gefühl haben, zu dick zu sein, obwohl der Körper dieser Person vielleicht sogar besonders dünn ist. Magersüchtige Personen beispielsweise entwickeln eine gravierende Diskrepanz zwischen ihrer objektiven Körperstatur und ihrer empfundenen leiblichen Wahrnehmung. Selbst wenn ihr Körper besonders zart ist, fühlen sie sich zu dick.[1]
4. Fahrradfahrer:innen unter Ihnen kennen sicher die Situation, durch eine enge Gasse oder einen engen Spalt fahren zu müssen. Sie steigen nicht vorher ab und messen den Spalt aus, um einschätzen zu können, ob Sie mit Ihrem Körper und Ihrem Fahrrad dort hindurchpassen. Sie schätzen intuitiv ab, nutzen vielleicht ihren Blick, ob Sie durch die Enge gelangen können. Auch hier spielen leibliche Regungen eine Rolle, denn sie spüren mit Ihrem Leib, vielleicht mit Ihrer linken und Ihrer rechten Flanke, ob die Gasse breit genug für Sie ist.

---

1 Vgl. dazu auch Julia Ganterers (Ganterer 2019) Ausführungen in „Körpermodifikationen und leibliche Erfahrungen in der Adoleszenz. Eine feministisch-phänomenologisch orientierte Studie zu Inter-Subjektivierungsprozessen", erschienen 2019.

5. Wenn Sie sehen, wie Eddard Stark in *Game of Thrones* in der ersten Staffel der Kopf abgeschlagen wird, dann spüren Sie vielleicht leiblich die Wucht des Schlages; vielleicht fühlen Sie sich aufgrund des Schreckens, des Ekels oder des Grusels sehr viel eingeengter als es Ihr Körper tatsächlich ist. Es kann sein, dass Sie bei einer solchen Szene leiblich betroffen sind, dass das Eigene (Ihr Leib) mit dem Anderen (hier die Serie) sich verbunden hat (vgl. Gugutzer 2017, S. 150). Wie sich das an welchen Stellen Ihres Leibes anfühlt, beobachten Sie am besten selbst.

- **Leibliche Regungen**

Das tiefe Luftholen beim Anblick des Meeres, das drängende Herzpumpen bei wummernder, lauter Techno-Musik, der pelzige Geschmack einer unreifen Frucht, das weiche Gefühl von Samtvorhängen, die engende und einschnürende Verkrampfung bei heftigen Bauchschmerzen, die umfangende, dicke Luft während eines Streites, die Beschwingtheit bei einer Party – alles dies sind mögliche leibliche Regungen, die Ihnen sicherlich auf die ein oder andere Weise bekannt vorkommen. Für die Beschreibung verschiedenster leiblicher Regungen, die sich etwas auch beim Lachen oder Weinen während des Schauens von Filmen und Serien bemerkbar machen, hat der Philosoph Hermann Schmitz eine Art Vokabular entwickelt. Dazu gehören zum Beispiel die Begriffe *Enge* und *Weite*.

Leibliche Regungen spüren wir in einem Spannungsfeld aus *Enge* und *Weite*. *Enge* zeigt sich als *Spannung*. Diese spüren wir, wenn wir uns auf etwas Fesselndes konzentrieren, z. B. beim Musikhören, Schreck (s. Infobox 3), Angst, Beklommenheit, Kummer, Sorge (vgl. Schmitz 2005, S. 98). In der Engung fühlt man sich leiblich angespannt. Wenn wir uns auf etwas konzentrieren, gehen wir eine leibliche Kommunikation (s. weiter unten) mit dem entsprechenden Subjekt/Objekt ein. Hier spricht Schmitz von *Einleibung*. Die Einleibung (d. h. die leibliche Kommunikation) kann durch Vereinigung des Leibes mit ihm begegnenden Personen, Leibern oder unbelebten Körpern/Objekten geschehen (vgl. ebd. 1994, S. 13).

Ein anderer wichtiger Begriff ist die *Weite*. Diese spüren wir als *Schwellung*. Wir fühlen uns *geschwellt* (nicht geschwollen), wenn wir entspannt dösen, uns in Trance befinden, wenn wir uns einem sinnlichen Reiz hingeben, in Glanz starren, müde sind, tief aufatmen. Man fühlt sich fern und diffus versunken in eine Weite (vgl. ebd. 2005, S. 98). Wenn wir uns geschwellt fühlen, findet eine *Ausleibung* statt. Wir lösen die Verbindung unseres Leibes mit dem Partner (mit Personen, belebten/unbelebten Körpern/Objekten) (vgl. ebd. 1994, S. 20). Ausleibung ist ein „Auslaufen des spürbaren eigenen Leibes in eine Tiefe, in der sich kein Partner mehr fassen läßt" (ebd.).

Engung und Weitung arbeiten gegeneinander, ohne dass sie voneinander loskommen. Das wird besonders beim Atmen deutlich. Wir atmen ein – spüren Enge; wir atmen aus – spüren Weite. Dieses entgegengesetzte Zusammenwirken aus Spannung und Schwellung nennt Hermann Schmitz den *vitalen Antrieb*. Nur in dem Verband aus Enge und Weite gibt es den vitalen Antrieb (vgl. Schmitz 2011a, S. 15). Dabei kann es zu einem Übergewicht an Spannung oder Schwellung kommen, aber auch zu einem Gleichgewicht zwischen beiden. Bei Angst, Beklommenheit und Sorge entsteht ein Übergewicht an Spannung. Bei Wollust, Dösen und Müdigkeit entsteht ein Übergewicht der Schwellung. Und beim Einatmen, bei Kraftanstrengungen wie beim Heben oder Ziehen und Klettern entsteht ein Gleichgewicht zwischen Spannung und Schwellung.

> **Infobox 3: Schreck und Trancezustände als absolute Engung oder absolute Weitung**
>
> Interessant ist es, wenn wir in eine absolute Spannung oder in eine absolute Schwellung geraten. Ein Schreck kann so heftig sein, dass sich unser ganzer Körper innerlich zusammenreißt, sodass wir uns plötzlich ganz leer fühlen und uns dieser Situation nicht mehr bewusst sind. Auch bei der Schwellung kann dies passieren. Vielleicht haben Sie Trancezustände schon erlebt, zum Beispiel beim Autofahren oder beim Fernsehschauen, sodass Sie sich an die letzten Sekunden nicht mehr erinnern können. In solchen Momenten reißt das Band des vitalen Antriebs (vgl. Schmitz 2011a, S. 15). Wir befinden uns dann in der sogenannten *privativen Engung* oder *privativen Weitung*.

■ **Leibliche Kommunikation**

Diesen Begriff habe ich bereits bei den leiblichen Regungen angesprochen. Mit der leiblichen Kommunikation meint Schmitz ein leiblich-affektives Betroffensein, das der wahrnehmenden Person überhaupt erst eine Verbindung zum wahrzunehmenden Objekt oder Subjekt erlaubt. Schmitz spricht davon, dass jemand von etwas leiblich spürbar so betroffen und heimgesucht werden kann, dass man in dessen Bann gerät. Man ist mindestens in „Versuchung, sich unwillkürlich danach zu richten und sich davon für sein Befinden und Verhalten in Erleiden und Reaktion Maß geben zu lassen" (ebd. 2005, S. 31 f.). Eng mit der leiblichen Kommunikation sind natürlich die leiblichen Regungen verbunden.

Auch das Schauen von Serien und Filmen kann zu einer solchen leiblichen Kommunikation werden, denn Filme/Serien können uns zutiefst reizen und betroffen machen, sodass sie uns eine Verbindung zum Wahrzunehmenden, d. h. zum Film/zu Serien, erlauben.

Vielleicht müsste man aber auch sagen, dass man sich, wenn man leiblich betroffen ist, nicht immer zwangsläufig unwillkürlich nach dem Objekt/Subjekt richten möchte. Vielleicht möchte man diese Verbindung auch dringend kappen, beispielsweise wenn ein Film so derart langweilig ist, dass eine Zuneigung (welche hier als körperliche Reaktion und damit wortwörtlich gemeint ist) gar nicht möglich/gewollt ist. Man möchte sich stattdessen wegdrehen, weggehen, sich der Situation nicht mehr aussetzen müssen, um diese nicht weiter ertragen zu müssen (s. ▶ Abschn. 4.4).

Leibliche Kommunikation kann wechselseitig stattfinden, dies am ehesten mit Lebewesen, die aufeinander reagieren. Sie kann aber auch einseitig sein, etwa beim Schauen von Serien und Filmen, von denen (aktuell noch) keine Reaktion ausgehen kann.

- **Leibesinseln**

Wir spüren nicht unseren gesamten Körper zu jeder Zeit. Leiblich spürbar sind für uns häufig sogenannte *Leibesinseln*. Wenn wir zum Beispiel auf die Toilette müssen, verspüren wir besonders die Leibesinseln der unteren Bauchregion (die Blase) oder die der Darmregion bis hin zum After, je nachdem, wie dringend sich das Bedürfnis äußert. Wenn wir nach etwas greifen, dann spüren wir die Leibesinseln der Handregion, die Fingerkuppen, die Handfläche, auf der wir den Gegenstand ablegen. Dagegen spüren wir unseren Fuß vielleicht gar nicht.

Solche Inseln sind kein „stetig zusammenhängendes Ganzes, sondern ein Gewoge verschwommener Inseln in wechselnder Besetzung und Abordnung, von denen sich einige stetig, aber meist unauffällig, spürbar durchhalten – etwa in der Mund-, Anal-, Genital- und Sohlengegend –, die meisten aber kommen und gehen" (Schmitz 2011a, S. 8). Der Fuß etwa zerfällt in mehrere leibliche Inseln. Der Ballen, die Sohle, die Zehen... Weiter oben bin ich schon auf das Beispiel des eingeschlafenen Fußes eingegangen: Hier spüren wir den Fuß im heftigsten Fall nicht mehr, wenn er langsam wieder aufwacht, fühlt er sich wie eine diffuse Masse an und es beginnt im gesamten Fuß schmerzhaft zu pieken, als würde man auf tausend feinen Nadeln gehen. Wenn Sie wandern waren, könnte es sein, dass die Leibesinsel des Ballens sich bei Schmerzen besonders hervortut.

- **Situationen und Atmosphären**

Bisher habe ich dargelegt, dass unser Leib (im Unterschied zum Körper) die Grundlage dafür ist, dass wir überhaupt von der Welt betroffen sein können. Nun erkläre ich, *was* wir wahrnehmen. In der Neuen Phänomenologie gehen die Wissenschaftler:innen davon aus, dass wir Umgebungen ganzheitlich wahrnehmen. Sie sprechen davon, dass wir Situationen und Atmosphären wahrnehmen und nicht nur einzelne Sinnesdaten, wie es häufig noch in der Psychologie gelehrt wird. Wir erfassen stattdessen, so die Idee, unsere Umgebung auf einen Schlag.

In einer Situation sind wir ganzheitlich konfrontiert mit bestimmten Sachverhalten (z. B. mit Themen, Personen, Ideen), mit Programmen (d. h. die Art und Weise, wie wir uns zu einem Thema/einer Person/einer Idee usw. verhalten bzw. nicht verhalten) und mit Problemen (d. h. etwas, das noch nicht so ist, wie wir es gerne hätten).

> **Infobox 4: Beispiel für die Wahrnehmung von Situationen**
>
> Würde ein Fahrzeug auf offener Straße ungehindert auf mich als Fußgängerin zusteuern, dann erkenne ich auf einen Schlag die Situation mit dem Sachverhalt, dass ich mich auf dem Fußweg befinde, dem Problem, dass ein Auto auf mich zurast und dem Programm, dass ich ohne nachzudenken zur Seite springe. Ich analysiere nicht einzelne Sinnesdaten (z. B. Geschwindigkeit, Fahrtrichtung, Gesichtsausdruck der Fahrerin, ich entwickle mir auch keinen Handlungsplan, um der Situation zu entkommen), denn das würde vermutlich meinen Tod bedeuten. Stattdessen spüre ich leiblich und ganzheitlich die drohende Gefahr und reagiere entsprechend. Bei meinem Sprung zur Seite schätze ich nicht erst die Abstände zwischen mir und dem Auto ab, ich messe auch nicht die Zeit, sondern ich spüre meinen Leib, wie er zum Sprung ansetzt und sich den Raum zu eigen macht. Dabei ist die wahrgenommene Situation kein Durcheinander von vielen Konstellationen, also einzelnen Daten, sondern sie ist diffus (umfassend, komplex, verschwommen) und dennoch bedeutsam und in diesem Moment als Gefahr interpretierbar. Es hindert mich jedoch nichts daran, diese Ganzheit später in einem Analyseprozess auseinanderzunehmen und deren Konstellationen zu untersuchen (vgl. Schmitz 1994, S. 5).

Die Situationen, in denen wir leiblich agieren, können von Atmosphären durchzogen sein. So können wir, wenn wir nachmittags im heißen Sommer spazieren gehen, die drückende Hitze wahrnehmen. Wenn wir wandern, spüren wir die Atmosphäre der düsteren kargen Landschaft. Wenn wir uns abends in unser Wohnzimmer zurückziehen, spüren wir dessen Behaglichkeit. Wenn wir einen Liebesfilm sehen, spüren wir die knisternden, sehnsüchtigen Blicke der Liebenden.

Zwar definiert auch Hermann Schmitz den Begriff der Atmosphäre. Für praktikabel halte ich jedoch die Begriffsbestimmung des Philosophen Gernot Böhme (1937–2022). Atmosphären sind, so Böhme, nicht irgendwie freischwebend, sondern sie gehen von Objekten, z. B. von einem Film, und von Menschen aus. Atmosphären sind nicht objektiv messbar, nicht zu einem Ding gehörig, wie etwa die Farbe eines Apfels. Sie sind aber auch nicht etwas rein Subjektives, also keine Eigenschaft eines Menschen, wie etwa seine Stimme. Stattdessen sind wir Menschen es, die Atmosphären, die von einem Objekt oder Subjekt ausgehen, leiblich spüren und somit wahrnehmen können (vgl. Böhme 1995, S. 33 f.). Dabei nehmen nicht alle Menschen immer dieselbe Atmosphäre wahr, es kommt hierbei auch auf die eigenen Stimmungen und Befindlichkeiten, also auf die leibliche Disposition an, die wir als Menschen in eine bestimmte Situation mitbringen. Während die eine Person eine Stimmung als bedrückend empfindet, spürt die andere Person diese Atmosphäre nicht und würde die Stimmung als neutral beschreiben.

Auch von Filmen gehen Atmosphären aus, die uns ergreifen können oder die wir einfach nur wahrnehmen. Und so kommen wir zu unserer eigentlichen Frage, nämlich was Gefühle sind.

1.2.3 Und nun nochmal: Was sind Gefühle?

Gefühle sind – nach Sicht der Neuen Phänomenologie – eine bestimmte Art von Atmosphären (vgl. Schmitz 2011b, S. 21). Weiter oben habe ich verschiedene Arten angeführt: Atmosphären des Wetters, von Landschaften, von Räumen etc. Auch Gefühle können Atmosphären sein, die wir situativ leiblich spürbar ergreifen können (vgl. ebd. 2014, S. 19). Sie können sogar räumlich sein: Auf einer Beerdigung durchzieht die Trauer den ganzen Raum. Man kann Gefühle schwer für einzelne Bereiche des Leibes identifizieren, sondern sie betreffen den „ganzen Bereich dessen, was jeweils als anwesend erlebt wird" (ebd. 2011a, S. 89). Wenn wir von einem ergreifenden Gefühl gefangen genommen werden, dann sind wir leiblich-affektiv von diesem Gefühl betroffen. Wir fühlen dieses Gefühl. Und dies spüren wir in

1.2 · Gefühle in der Philosophie

Form leiblicher Regungen am eigenen Leib und äußern es eventuell in körperlichen Gebärden (vgl. ebd. 2003, S. 44).

> **Infobox 5: Beispiele für Gefühle, von denen wir ergriffen werden können**
>
> Gefühle können uns stürmisch gefangen nehmen oder uns schleichend ergreifen (vgl. Schmitz 2003, S. 249). Wir sind leiblich ergriffen von der reißenden Schwere der Trauer, von der bedrückenden Stille nach einem Streit, von der beschwingten Stimmung auf einer Party oder von der beklemmenden Düsternis eines Horrorfilms. Im Falle des Filmes spüren wir vor lauter Grausen vielleicht eine leibliche *Enge*, die uns geradezu in den Sessel drückt. Wir machen uns körperlich ganz klein, um keine Angriffsfläche zu bilden.

Es gibt aber auch Situationen, in denen wir von Gefühlen bzw. Atmosphären nicht leiblich ergriffen sind, sondern nur zur Kenntnis nehmen, dass sie da sind (vgl. Schmitz 2003, S. 251).

> **Infobox 6: Beispiele für das bloße Wahrnehmen von Gefühlen, ohne ergriffen zu sein**
>
> Wir können etwa selbst gut gelaunter Stimmung in eine Trauerfeier platzen und die schwere Stimmung der Trauer durchaus wahrnehmen, ohne dass wir jedoch selbst von dieser Stimmung ergriffen werden. In diesem Zusammenhang meint etwas zu fühlen eher das Spüren einer Atmosphäre, ohne leiblich von dieser ergriffen zu sein. Wir können die Atmosphäre eines Horrorfilmes wahrnehmen, ohne dass wir von dieser leiblich ergriffen sind. Stattdessen können wir sogar konträr zur Atmosphäre des Grusels eine leichte und gehobene Stimmung haben. Dann wirkt der Horrorfilm nicht so, wie gewünscht.

Schmitz unterscheidet damit einmal zwischen dem Gefühl (als Atmosphäre) an sich und dem Fühlen eines solchen Gefühls. Und dieses Fühlen differenziert Schmitz noch einmal in das affektive Betroffensein (wir sind von dem Gefühl leiblich ergriffen) und in die bloße Wahrnehmung des Gefühls (wir nehmen zur Kenntnis, dass ein Gefühl/eine Atmosphäre vorhanden ist (vgl. ebd. 2011a, S. 89)).

Gefühle am Beispiel des Film-/Serie-Schauens

Fühlen als bloße Wahrnehmung von einem Gefühl

Hier nimmt die zuschauende Person die Atmosphäre und die Gefühle, die vom Film ausgehen, aus einer eher distanzierten Perspektive wahr, ohne selbst davon betroffen zu sein. Die Person wirkt hier sogar recht gut gelaunt und spürt aufgrund ihrer Entspannung wahrscheinlich eine leibliche Weite.

Fühlen als Ergriffensein von einem Gefühl

Diese zuschauende Person ist von der vom Horrorfilm ausgehenden Atmosphäre und den Gefühlen zutiefst ergriffen, d.h. leiblich betroffen. Sie drückt ihre Gefühle körperlich aus, indem sie sich klein macht und die Hände schützend vor das Gesicht hält. Vermutlich spürt sie eine leibliche Enge, weil sie angespannt ist.

Bildquelle Clown: eigenes Foto

◘ **Abb. 1.1** Gefühle am Beispiel des Film- und Serien-Schauens. (eigene Abbildung; Bildquelle Clown s. am Ende der Abbildung)

Diese Unterscheidung zwischen Gefühl und Fühlen ist aus meiner Sicht mitunter zu scharf. Da mich besonders die Frage rührt, was es heißt, wie wir von Filmen leiblich ergriffen oder abgestoßen werden oder uns Filme sogar kaltlassen, möchte ich die Begriffe Atmosphäre und Gefühl/Fühlen folgendermaßen nutzen:

Ich gehe davon aus, dass Filme Atmosphären ausstrahlen, von denen wir leiblich ergriffen werden können und denen wir zugewandt bleiben oder entfliehen wollen oder von denen wir gar nicht ergriffen sind und die uns kaltlassen (vgl. ◘ Abb. 1.1). Auf der ◘ Abb. 1.1 sind zwei Personen abgebildet. Die linke scheint recht froher Stimmung und nicht leiblich von der Clownsfigur *ES* ergriffen zu sein. Dagegen sucht die rechte Person Schutz hinter ihren Armen und Händen, zieht die Beine an und wirkt insgesamt angespannt bei der Betrachtung des Bildes. Sie ist leiblich vom bösen Clown, dessen weißes Gesicht aus der tiefschwarzen Dunkelheit sich vom blutroten Ballon gefährlich abhebt, ergriffen. Besonders im vierten Kapitel gehe ich auf die leibliche Wahrnehmung von Farben, Bewegungen, Musik, Geräuschen ein und beschreibe, wie sie leibhaftiges Grauen erzeugen.

Deswegen nutze ich den Begriff der Atmosphäre vorrangig als Phänomen, welches wir wahrnehmen können. Um das Fühlen zu beschreiben, verwende ich die Begriffe der leiblichen Kommunikation: Diese sind unter anderen Einleibung, Ausleibung, Weite mit Schwellung und Entspannung sowie Enge mit Spannung und Anspannung.

1.3 Ziel des Buches

Sie sehen hier vielleicht schon, dass ich Sie mit meinem Buch dazu ermuntern möchte, Ihr vielleicht schlechtes Gewissen abzulegen, wenn Sie sich selbst oder Ihnen andere vorhalten, zu viel vor dem Fernseher oder dem Rechner oder im Kino oder vor sonst einem Bildschirm zu sitzen und sich eine Serie nach der anderen „reinziehen" und zum „Opfer" des Binge Watching werden. Das Sehen von Serien und Filmen kann durchaus dazu beitragen, sich über ein Spektrum leiblicher Regungen bewusst zu werden, die sonst so nebenher passieren. Dennoch werde ich einige kritische Aspekte des Filme- und Serienschauens beleuchten, z. B. wenn wir Serien und Filme sehen, um dem Alltag zu entfliehen.

Welche leiblichen Regungen wir spüren, wenn wir Filme und Serien schauen und dass es gerade diese sind, weshalb Filme und Serien uns fesseln oder gar abstoßen, betrachte ich in den folgenden Kapiteln genauer. Dazu gehe ich auf einige ausgewählte leibliche Regungen konkret ein. Bitte beachten Sie, dass ich dabei teilweise meine eigenen leiblichen Erfahrungen beschreibe. Das bedeutet, dass Sie vielleicht ganz andere Erfahrungen machen oder gemacht haben. Ich biete Ihnen mit meinem Buch eine Möglichkeit an, wie Sie selbst Ihre leiblichen Regungen gezielter beobachten und konkreter fassen können.

> **Zum Nachdenken**
> 1. Welche Beispiele fallen Ihnen zur Unterscheidung von *Körper* und *Leib* ein?
> 2. Welche leiblichen Regungen sind Ihnen neben Herzklopfen, innerlichem Hüpfen bei einer guten Nachricht und einem dumpfen Kopf nach einer schlaflosen Nacht noch bekannt?
> 3. An welche Situationen erinnern sich, in denen Sie Gefühle anderer bzw. Atmosphären wahrgenommen haben, *ohne selbst* davon *ergriffen* zu sein?
> 4. Und welche Situationen fallen Ihnen ein, in denen Sie von den Gefühlen anderer bzw. von Atmosphären *selbst ergriffen* waren?

Literatur

Böhme, Gernot (1995). Atmosphäre. Frankfurt a.M.: Suhrkamp Verlag.
Ganterer, Julia (2019). Körpermodifikationen und leibliche Erfahrungen in der Adoleszenz. Eine feministisch-phänomenologisch orientierte Studie zu Inter-Subjektivierungsprozessen. Opladen: Verlag Barbara Budrich.
Gergen, Kenneth J. (2005). Psychologie jenseits postmoderner Kritik. In: Psychologie und Gesellschaftskritik 29 (3/4), S. 7–30.
Gerrig, Richard J. (2018). Psychologie. Hallbergmoos: Pearson.
Gollwitzer, Mario & Schmitt, Manfred (2019). Sozialpsychologie kompakt. Weinheim Basel: Beltz.
Gugutzer, Robert (2017). Leib und Situationen. Zum Theorie- und Forschungsprogramm der Neophänomenologischen Soziologie. In: Zeitschrift für Soziologie 2017, 46 (3), S. 147–166.
Horstmann, Gernot & Dreisbach, Gesine (2017). Allgemeine Psychologie 2 kompakt. Lernen, Emotion, Motivation, Gedächtnis. Weinheim: Beltz.
Meyer, Wulf-Uwe; Schützwohl, Achim & Reisenzein, Rainer (1993). Einführung in die Emotionspsychologie. Band I. Bern: Hans Huber.
Prechtl, Peter (2008). Phänomenologie. In: P. Prechtl & F.-P. Burckhard (Hg.). Metzler Lexikon Philosophie. Stuttgart, Weimar: Verlag J. B. Metzler, S. 448 f.
Schmitz, Hermann (1980). Neue Phänomenologie. Bonn: Bouvier Verlag.
Schmitz, Hermann (1994). Situationen oder Sinnesdaten? Was wird wahrgenommen? In: Allgemeine Zeitschrift für Philosophie, Jg. 19/1994, S. 1–21.
Schmitz, Hermann (2003). Was ist Neue Phänomenologie? Rostock: Ingo Koch Verlag.
Schmitz, Hermann (2005). Die Wahrnehmung. (=System der Philosophie. Dritter Band: der Raum. Fünfter Teil: Die Wahrnehmung). Bonn: Bouvier Verlag: Studienausgabe.
Schmitz, Hermann (2011a). Der Leib. Berlin u. a.: Walter de Gruyter.
Schmitz, Hermann (2011b). Entseelung der Gefühle. In: K. Andermann & U. Eberlein: Gefühle als Atmosphären. Neue Phänomenologie und philosophische Emotionstheorie. Berlin: Akademie Verlag GmbH, S. 21–33.
Schmitz, Hermann (2014). Atmosphären. Freiburg, München: Verlag Karl Alber.
Schmitz, Hermann (o.J.). Die Neue Phänomenologie. Ein Interview mit Hermann Schmitz, geführt von Andreas Brenner. In: Information Philosophie. Die Zeitschrift, die über Philosophie informiert. URL: https://www.information-philosophie.de/?a=1&t=2843&n=2&y=4&c=83#, Abruf am 29.12.2020.
Slaby, Jan (2017). Möglichkeitsraum und Möglichkeitssinn. Bausteine einer phänomenologischen Gefühlstheorie. In: S. Volke & S. Kluck (Hrsg.): Körperskandale. Zum Konzept der gespürten Leiblichkeit. Freiburg/München: Verlag Karl Alber, S. 220–248.
Sokolowski, Kurt (2002). Emotion (Kap. 2c). In: Jochen Müsseler und Wolfgang Prinz (Hrsg.). Allgemeine Psychologie. Heidelberg, Berlin: Spektrum Akademischer Verlag, S. 337–384.
Wild, Elke, Hofer, Manfred & Pekrun, Reinhard (2006). Psychologie des Lerners. In: A. Krapp & B. Weidenmann (Hrsg.). Pädagogische Psychologie. Ein Lehrbuch. Weinheim; Basel: Beltz, S. 203–267.

Empathie und die Lust daran erleben

Inhaltsverzeichnis

2.1 Was ist Empathie? – 21

2.2 Die Lust an der Empathie und am Bewegtsein – 27

2.3 *Life on Mars* (2005–2006) und *Ashes to Ashes* (2007–2010): Worum geht es? – 28

2.4 Die Serie als ganzheitliche *Situation* erleben – 29

2.5 Die Themen, Probleme und Vorgehensweisen der Figuren – 30

2.6 In Filmen und Serien begegnen wir uns selbst sehr intim – 34

2.7 Fazit – 37

Literatur – 38

© Springer Fachmedien Wiesbaden GmbH, ein Teil von Springer Nature 2022
W. Schwelgengräber, *Wer sehen will, muss spüren*, Über/Strom: Wegweiser durchs digitale Zeitalter, https://doi.org/10.1007/978-3-658-37300-9_2

Im zweiten Kapitel lege ich die Theorie des sogenannten Bewegtseins zugrunde. Wir treten freiwillig in den Kunstraum des Films oder der Serie und wollen bewegt sein: Wir wollen Angst verspüren, lachen, weinen, uns ekeln usw. In diesem Zusammenhang gehe ich auch auf empathisches Bewegtsein ein und erkläre dies an verschiedenen Situationen aus den britischen Serien *Life on Mars* und *Ashes to Ashes*.

Folgende Serien stehen im Mittelpunkt dieses Kapitels
Life on Mars – Gefangen in den 70ern (2005–2006)

Genre:	Krimi, Mystery
Idee:	Matthew Graham, Tony Jordan, Ashley Pharoah
Musik:	Edmund Butt
Produktionsland:	Vereinigtes Königreich
Episoden:	16 Folgen in 2 Staffeln
Darsteller:innen:	u. a. mit Philipp Glenister (DCI Gene Hunt), John Simm (DI Sam Tyler), Dean Andrews (DS Ray Carling), Marshall Lancaster (DC Chris Skelton), Liz White (WPC Annie Cartwright), Tony Marshall (Nelson)

Ashes to Ashes – Zurück in die 80er (2007–2010)

Genre:	Krimi, Mystery (Fortsetzung von *Life on Mars – Gefangen in den 70ern*)
Idee:	Matthew Graham, Ashley Pharoah
Musik:	Edmund Butt
Produktionsland:	Vereinigtes Königreich
Episoden:	24 Folgen in 3 Staffeln
Darsteller:innen:	u. a. mit Philipp Glenister (DCI Gene Hunt), Keeley Hawes (DI Alex Drake), Dean Andrews (DS Ray Carling), Marshall Lancaster (DC Chris Skelton), Montserrat Lombard (WPC Sharon Granger/Shaz), Daniel Mays (DCI Jim Keats)

Geschichten entstehen immer da, wo es Menschen gibt, die etwas erzählen. Nach einem erlebnisreichen Tag zu Hause am Abendbrottisch, in der Kantine, am Arbeitsplatz, in der Schulpause, beim Sport usw. Auch Filme erzählen uns Geschichten über und mit Hilfe von Figuren. Mir geht es darum, eine Antwort darauf zu finden, welche Rolle die Figuren für unser Seherlebnis spielen. Im Kern gehe ich darauf ein, wie wir als Zuschauer:innen emotional mit den Figuren mitschwingen. Wir lernen sie kennen, wir verstehen ihre Gefühle, Gedanken und Absichten, wir versuchen, die Welt aus ihrer Sicht zu betrachten, fühlen mit ihnen mit. Uns gelingt dies, weil wir Serien und Filme als eine komplexe, zusammenhängende Situation wahrnehmen, in denen die Figuren uns mit ihren Themen, Problemen und Vorgehensweisen berühren und bewegen, sodass wir uns in Filmen und Serien selbst sehr intim begegnen können. Doch was heißt es, Empathie mit den Figuren zu haben. Erleben wir die Gefühle der Figuren selbst? Oder ist das Mitfühlen ein Fühlen anderer Art, das verschieden ist vom Fühlen der Figuren? Und wieso schauen wir freiwillig Filme, in denen wir all die unangenehmen Gefühle wie etwa Ekel, Trauer und Grusel erleben, die wir im Alltag aber nicht erleben möchten? Zur Klärung dieser Fragen hilft uns zunächst ein Blick auf den Begriff der *Empathie*, den ich im nächsten Kapitel näher erläutere.

2.1 Was ist Empathie?

Hier gibt es sehr unterschiedliche Ansätze.[1] Anstatt jedoch verschiedene Definitionen aus der wissenschaftlichen Literatur zu zitieren, möchte ich mich auf die phänomenologischen Wurzeln, d. h. auf die „unwillkürliche Lebenserfahrung" (Schmitz 2003, S. 3 f.), besinnen und mich an den Begriff der *Empathie* mit Hilfe eines Alltagsbeispiels herantasten. Stellen Sie sich also bitte folgende Situation vor: Sie erhalten von Ihrem sehr engen Freund die Nachricht mittels Kurzmitteilung über das Handy, dass sein Vater verstorben ist. Und plötzlich brechen Sie selbst in Tränen aus, obwohl Ihr Freund mehrere hundert Kilometer weit von Ihnen entfernt diese Nachricht geschrieben hat. Was ist das aber für ein Gefühl, das Sie da ergriffen hat? Das möchte ich an dieser Stelle genauer beschreiben, um später darauf einzugehen, wie sich unsere Gefühlswelt mit der Gefühlswelt von Serien- und Filmfiguren verhält. Dass Sie in Tränen ausbrechen, wenn Sie die Nachricht vom Tod des Vaters

---

1 Vgl. u. a. Schloßberger 2019, S. 192 ff., aber auch Gollwitzer und Schmitt 2019, S. 311 sowie Bischof-Köhler 2009, S. 53.

Ihres Freundes lesen, lässt vermuten, dass Sie bestürzt, womöglich auch von einer Trauer ergriffen sind. Es können mehrere Faktoren zusammenwirken, weswegen Sie dieses Gefühl ergreift. Folgende Ebenen dieses Gefühls lassen sich ausmachen:

A) Vielleicht fühlen Sie (aufgrund von bestimmten Worten, Emoticons oder anderen Hinweisreizen der erhaltenen Nachricht), wie traurig Ihr Freund momentan ist und welche Gedanken und Gefühle ihn in Bezug auf die restliche Familie ergreifen mögen. Es könnte also sein, dass Sie traurig darüber sind, dass es Ihrem Freund nicht gut geht. Sie fühlen mit ihm und sind ergriffen von seiner Situation. Hier kann man von Empathie sprechen. Noch mehr könnte man dann von Mitgefühl sprechen, wenn Ihre Gefühle mit prosozialem, helfendem Verhalten einhergehen würden (vgl. Bischof-Köhler 2009, S. 52 & 55).

B) Es könnte auch (zusätzlich) sein, dass Sie den Vater persönlich kannten und ihn sehr mochten und deswegen trauern. Sie erleben das Gefühl der Trauer am eigenen Leib. Es handelt sich hier um Ihr ganz eigenes Gefühl mit dem konkreten Bezug zum verstorbenen Menschen, ohne dass Ihr Freund dabei eine Rolle spielen muss. Es handelt sich daher nicht um Mitgefühl. Erst wenn sich Ihr Gefühl auf die Person richtet, deren Gedanken und Gefühle Sie verstehen und miterleben, handelt es sich um Empathie.

C) Möglicherweise ruft diese Nachricht sogar eigene Trauererlebnisse aus der Vergangenheit wach. Vielleicht ist Ihr eigener Vater bereits verstorben und Sie erinnern sich an die damaligen Gefühle, die nun wieder allzu präsent sind. Auch hier erleben Sie, wie im Fall B, eine eigene Trauer. Dies wäre keine Empathie, da Sie Ihr Gefühl nicht auf Ihren Freund beziehen und demzufolge nicht mit ihm mitfühlen.

D) Denkbar ist auch, dass Sie eine ziemlich genaue kognitive Vorstellung, die Sie leiblich nachspüren, davon haben, wie sich Ihr Freund nun fühlt, weil Sie selbst solche Gefühle kennen und mit Ihrem Freund fühlen. Auch dies wäre Empathie.

E) Auch möglich ist, dass Sie die Fälle A bis D als vermischte Gefühle erleben. Womöglich verbindet sich Ihre eigene Traurigkeit (mit Bezug zu Ihrem eigenen verstorbenen Vater bzw. zum verstorbenen Vater Ihres Freundes), mit dem Mitgefühl, welches Sie für Ihren Freund haben, weil Sie wissen/ahnen/spüren, dass es ihm nicht gut geht. Umso schwieriger ist es in diesem Fall, die Empathie als solche zu erkennen.

Was aber wäre, wenn Sie die Todesnachricht eher sachlich-neutral zur Kenntnis nehmen würden? Stellen Sie sich vor, dass Sie nicht weinen, sondern dass Sie die Nachricht lesen und folgende Szenarien entstehen:

2.1 · Was ist Empathie?

F) Auch wenn Sie nicht weinen beim Empfangen der Nachricht, könnte es dennoch der Fall sein, dass Sie *versuchen*, sich in die emotionale Lage Ihres Freundes hineinzuversetzen und seine Gefühlslage zu verstehen. Sie versuchen dann, eine emotionale Nähe zu Ihrem Freund herzustellen, d. h. in eine sogenannte leibliche Kommunikation mit ihm zu gehen. Es wäre dann Empathie, wenn die intellektuelle Komponente in Ihnen ein emotionales Nachempfinden der Situation und Gefühle Ihres Freundes auslöst.

G) Und eine letzte Möglichkeit: Vielleicht brechen Sie ja nicht in Tränen aus, wenn Sie die Nachricht Ihres Freundes lesen. Vielleicht analysieren Sie diese Nachricht stattdessen mit einem nüchternen Blick und einer kognitiven Vorstellung davon, wie es Ihrem Freund geht. Sie würden also – nach Hermann Schmitz – die Gefühle Ihres Freundes zwar wahrnehmen und sogar analysieren, aber nicht selbst ergriffen (von ihnen) sein. Dies wäre keine Empathie.

- **Empathie vs. Mitgefühl**

Möglicherweise lassen sich noch mehr Szenarien eröffnen, um den Begriff der *Empathie* aufzublättern. Deutlich wird hoffentlich, wie breit das Spektrum dieses Phänomens erlebt werden kann. Dabei empfinden wir nicht exakt dieselben Gefühle wie die andere Person, für die wir Empathie empfinden, auch wenn sich die Gefühle in ihrer Intensität sehr ähneln können. Ich gehe also davon aus, dass es sich bei der Empathie um ein eigenes Gefühl handelt, das zwar dem Fühlen des anderen ähnlich sein kann, aber dennoch verschieden ist. Dabei ist die empathische Person von der jeweiligen *Situation* des anderen ergriffen.[2] Es kann sein, dass sich die empathische Person die Situation des anderen kognitiv vorzustellen vermag, wobei dieser Akt mit der leiblichen Ergriffenheit Hand in Hand gehen kann (z. B. in Fall F). Vielleicht aber bleibt die Empathie ein eher diffuses Gefühl des leiblichen Ergriffenseins, des Mitschwingens mit dem anderen, ohne dass bereits ausgereifte kognitive Überzeugungen oder Bewertungen vorhanden sind. So führt der Literaturwissenschaftler und Kognitionspsychologe Fritz Breithaupt in seinem Buch „Die dunklen Seiten der Empathie" verschiedene Auslöser von Empathie an. Solche Auslöser sind z. B. „nicht-bewusste Aktivierungen wie emotionale Ansteckung in Massen (also etwa die Massenpanik) […], das Be-

---

2 Der Begriff der *Situation* ist bereits in der Einleitung erläutert worden, wird aber auch in diesem Kapitel noch einmal an konkreten Beispielen aufgegriffen.

obachten eines starken Affekts, das Beobachten von zielgerichteten Handlungen, das Einnehmen einer Perspektive, der Transport in eine fiktive Welt […], das Einnehmen einer körperlichen Haltung, intellektuelle Fokussierung und Einnehmung. Es ist dabei auch anzunehmen, dass es zwischen den verschiedenen Prozessen von empathie-verwandten Reaktionen regelmäßig zu einem Umschlagen vom einen in den anderen kommt. Ein eher intellektueller Anstoß kann auch emotionale Prozesse auslösen usf." (Breithaupt 2019, S. 83 f.).

Von Mitgefühl ließe sich erst sprechen, wenn zum empathischen Empfinden eine helfende, pro-soziale Komponente hinzukäme und der empathische Mensch der anderen Person hilft/helfen möchte.

> **Mitgefühl**
>
> Mitgefühl meint, wenn zum empathischen Empfinden eine helfende, pro-soziale Komponente hinzukommt und der empathische Mensch der anderen Person hilft/helfen möchte.

Der Begriff der *Empathie* scheint mir für meine Betrachtungen auf die Figurenwelt von Serien und Filmen treffender zu sein, weil wir aufgrund der künstlichen Situation in keine, so behaupte ich hier vorsichtig, prosoziale Situation kommen können. Somit beinhaltet der Begriff der *Empathie* – im Gegensatz zum *Mitgefühl* – auch das lustvoll-sadistische Nachempfinden von Gefühlen und Situationen, an denen sich die zuschauende und empathisch-mitschwingende Person durchaus ergötzen kann. Es bereitet uns also ein (ästhetisches) Vergnügen, uns in die (Gefühls-)Welt der Figuren hineinzuversetzen. Übrigens können wir auch durchaus Empathie für Figuren empfinden, die moralisch sehr fragwürdig agieren, wie es Walter White in *Breaking Bad* (2008–2013) etwa tut. Seine Motive zu Beginn der Serie erschließen sich noch plausibel: Er hat Krebs und benötigt für seine Therapie Geld. Deswegen kocht er Crystal Meth und dealt damit. Je weiter die Serie voranschreitet, desto unsympathischer wird die Figur des Walter White: Er ist egoistisch, aggressiv, ungerecht und schädigt andere Menschen. Und dennoch schwingen wir empathisch mit der Figur mit, finden ihn sogar immer wieder sympathisch. In diesem Zusammenhang kann das *Bewegtsein* nach dem Literaturwissenschaftler Winfried Menninghaus solche Sehgewohnheiten erklären. Ob wir bewegt von der Figurenwelt/der filmischen Atmosphäre sind, weil wir selbstbezogen, gar narzisstisch und/oder prosozial eingestellt sind, scheint eine noch offene Frage zu sein, wie Fritz Breithaupt in „Die dunklen Seiten der Empathie" ausführt (vgl. Breithaupt 2019, S. 153). Vielleicht ist es für Sie als Leser:in meines Buches ja interessant, sich die Frage einmal zu stellen, aus welchen Gründen Sie etwa traurige, gruselige oder gewaltvolle Filme/Serien schauen?

Empathie möchte ich zudem als Oberbegriff für alle Gefühle verstehen, die ich mit anderen miterleben kann: Dazu gehören Freude, Leid (Mitleid ist nach dieser Auffassung eine Form der Empathie), Neid, Zorn, Eifersucht usw. Nehmen wir also einmal an, dass Ihr Freund nicht vom Tod seines Vaters, sondern von der Geburt seiner Tochter berichtet. Und nehmen wir einmal an, dass es sich hierbei um ein sehr freudiges Ereignis handelt, das Ihren Freund vor Glück überschäumen lässt. Sie könnten nun an dieser Freude teilhaben und sich mitfreuen, aber Sie erfahren nicht identisch das Gefühl Ihres Freundes, sondern erleben, mit Bezug auf Ihren Freund und das wunderbare Ereignis, eine ganz eigene Freude.

> **Empathie**
>
> Unter *Empathie* verstehe ich das Nachempfinden/Miterleben von Situationen und Gefühlen (z. B. Freude, Leid, Sehnsucht, Wut, Ärger usw.) einer anderen Person. Dabei sind wir leiblich von der jeweiligen Situation der anderen Person, die in unserer Vorstellung aber auch ganz anders aussehen kann als in der eigentlichen Gefühlswelt der Person, ergriffen. Es handelt sich um ein eigenes Gefühl, das, und darüber muss sich die empathische Person bewusst sein, vom Fühlen der anderen verschieden ist. Die Empathie muss also auf eine andere Person und ihre jeweilige, vom empathischen Menschen wahrgenommene, Situation bezogen sein.[3]

Filmwissenschaftler:innen wie Alex Neill verwenden dagegen eher den Begriff der *Empathie*, um ihn mit Hinblick auf die Figuren in Filmen und Serien von der *Sympathie* zu unterscheiden. Dazu biete ich hier einen kleinen Exkurs an:

---

3   Empfehlenswert ist das Buch „Künstliche Intelligenz und Empathie. Vom Leben mit Emotionserkennung, Sexrobotern & Co" von Catrin Misselhorn. Darin unterscheidet sie zwischen Empathie, rationalem Gefühlsverstehen, Gefühlsansteckung, geteilten Gefühlen und Sympathie (vgl. Misselhorn 2021, S. 52–56).

Sympathie bedeutet, für und um andere zu fühlen (*feeling for*): Ich fürchte *um* dich. Wenn wir empathische Reaktionen zeigen, dann fürchten wir *mit* der Figur (*feeling with*) (vgl. Neill 2017, S. 31 f.). Empathie meint, dass wir als Zuschauer:in davon überzeugt sind, dass die Figur diese oder jene Gefühle, Wünsche, Absichten oder Gedanken hat. Wir glauben der Figur, das zu fühlen, was sie angibt zu fühlen (vgl. ebd., 47). Wenn etwa die Figur Nicole „Nicky" Nichols in der US-amerikanischen Dramedy-Serie *Orange is the New Black* (2013–2019)[4] behauptet, nie wieder Drogen anzufassen, dann glauben wir ihr, dass sie davon überzeugt ist. Oder wenn Payton Hobart, der Protagonist der US-amerikanischen Dramedy-Serie *The Politician* (2019–2020)[5] auf der Trauerzeremonie für seinen Freund River zeigt, wie sehr er seinen verstorbenen Freund vermisst. Das Besondere an dieser Situation ist, dass River und Payton Konkurrenten im Kampf zur Wahl des Schülervertreters waren und dass bis zu dieser Stelle unklar für die Zuschauer:innen ist, wieviel Mensch im aufstrebenden Politiker Payton wohl stecken mag. Eine weitere Besonderheit ist, dass Payton keine herkömmliche Trauerrede hält, sondern ein Lied singt, von dem auch die Anwesenden im Saal sichtlich gerührt sind, was Paytons Glaubwürdigkeit unterstützt. Ich glaube ihm, dass er traurig ist und River sehr vermisst.

Wir imaginieren also, indem wir die innere Verfassung einer Figur/Person einschätzen bzw. uns diese vorstellen (vgl. ebd., 43). Indem wir uns den physischen und psychischen Zustand von jemand anderem geistig vorstellen/vergegenwärtigen, können wir selbst *tatsächlich* das fühlen, wovon wir uns *vorstellen*, dass es die andere Person fühlt (vgl. ebd., 47).

> **Sympathie**
>
> Sympathie bedeutet, für und um andere zu fühlen (*feeling for*): Ich fürchte *um* dich (vgl. Neill 2017, S. 31 f.).

Je mehr Wissen wir über eine Figur haben, desto leichter fällt es uns, empathisch und bewegt zu sein. Empathie ist demnach, so Neill, eine imaginative Tätigkeit. Und diese erlaube es uns, uns die „Überzeugungen, Wünsche, Hoffnungen, Ängste und dergleichen [von realen und fiktiven Personen, W.S.] so vor Augen [zu führen], als wären es die eigenen" (Neill 2017, S. 54).

---

4 Idee von Jenji Kohan.
5 Idee von Ryan Murphy, Brad Falchuk, Ian Brennan.

Hier befinden wir uns an einer wichtigen Stelle: Dass wir mit realen Personen mitfühlen können, steht außer Zweifel. Aber warum wollen wir freiwillig mit Personen mitfühlen, die überhaupt nicht real sind? Was treibt uns dazu an, ins Kino zu gehen und dieses in Tränen aufgelöst wieder zu verlassen? Offensichtlich wollen wir diese Gefühle, sogar Trauer, sogar Ekel und Grauen freiwillig erleben? Antworten auf diese Fragen bietet der Literaturwissenschaftler Winfried Menninghaus an.

> **Zum Nachdenken**
>
> Für welche Figuren aus Filmen/Serien oder sogar Menschen aus Ihrem Leben empfinden Sie Sympathie, Empathie oder Mitgefühl? Nutzen Sie zur Beantwortung auch die Definitionen in den Boxen.

2.2 Die Lust an der Empathie und am Bewegtsein

Menninghaus postuliert, dass wir eine Lust empfinden, diese Gefühle zu erleben und von ihnen bewegt zu sein. In einem interdisziplinären Team aus Phänomenolog:innen und Psycholog:innen erforscht er, was es heißt, bewegt zu sein (vgl. Menninghaus 2012). Er geht davon aus, dass unser Wissen darüber, dass wir uns in einer Kunstsituation (hier das Schauen eines Filmes/ einer Serie) befinden, unsere Gefühle beeinflusst (vgl. ebd., ab Minute 00:01:28). Wir können die Situation kontrollieren, ihr entkommen, sie abbrechen, weswegen wir mehr Kontrolle über unsere Gefühlsregulation besitzen. Dennoch, und das ist der interessante Aspekt, empfinden wir die Gefühle in einer Kunstsituation ähnlich intensiv (z. B. Ekel) wie in einer realen. Beobachten wir also, was andere fühlen, dann sind auch wir in ähnlicher Weise bewegt, als wären wir selbst betroffen (vgl. Reinberger 2011). Unterscheidend ist jedoch, dass wir Lust an diesen Gefühlen haben: Wir wollen die Lust empfinden, traurig zu sein, Ekel zu spüren, Grusel zu fühlen, mit der Figur zu weinen und zu lachen. Wir wollen bewegt sein. Die Traurigkeit, die wir empfinden, ist nur ein Mittel, um in den Zustand des Bewegtseins zu kommen. Die Traurigkeit ist also mit einer Lust verbunden (vgl. Menninghaus 2012, ab Minute 00:29:08) und Empathie ist ein wichtiger Auslöser für dieses Bewegtsein (vgl. ebd., 00:22:38). Dass nicht nur positive, sondern auch abstoßende bzw. unangenehme Gefühle eine Anziehung auf uns ausüben und sie eine ganz eigenständige Quelle der Lust sein können, wird u. a. von Dramaturg:innen wie Friedrich Schiller und Psycholog:innen wie Michael Balint seit bereits mehreren Jahrhunderten bzw. Jahrzehnten immer wieder (teilweise zaghaft) hervorgehoben (vgl. Anz 2019, S. 165 ff.). Und wenn wir einen Blick auf unsere Literatur- und Filmgeschichte werfen, dann erkennen wir, dass eben nicht nur angenehme, sondern auch unangenehme Gefühle immer wieder thematisiert und teilweise recht eindrucksvoll dargestellt werden.[6] Wenn wir uns also in einen Kunstraum begeben, dann tun wir dies in der Regel freiwillig, um lustvoll empathisch Anteil an den Figuren und ihren Situationen zu haben und ein reicheres Erleben mit Hilfe der Perspektiven ebendieser Figuren zu genießen.

Ich möchte das empathische Mitschwingen und Bewegtsein an zwei Serien verdeutlichen: *Life on Mars* (2005–2006) und *Ashes to Ashes* (2007–2010).

2.3 *Life on Mars* (2005–2006) und *Ashes to Ashes* (2007–2010): Worum geht es?

❗ Achtung Spoileralarm: ca. 97 Prozent

In beiden Serien wird die Hauptfigur schwer verletzt und befindet sich fortan in einer Welt zwischen Leben und Tod. Detective Chief Inspector Sam Tyler, Protagonist in *Life on Mars*, findet sich plötzlich degradiert als Detective Inspector gefangen in den 70er-Jahren des vorigen Jahrhunderts. Getrieben von seiner Unsicherheit, ob er vielleicht durch die Zeit gereist, verrückt ist oder im Koma liegt, versucht er aus dieser Welt auszubrechen und zur Realität zurückzukehren. Begleitet wird er dabei nicht nur von Halluzinationen, die immer wieder ein Verweis auf seine tatsächliche Situation sein könnten (das Piepen medizinischer Geräte, geliebte Personen, die zu ihm sprechen und ihm Mut machen, nicht aufzugeben), sondern auch von den Figuren seiner neuen Welt: seinem Vorgesetzten, dem pöbelnden und gewalttätigen Detective Chief Inspector (DCI) Gene Hunt, der fürsorglichen Woman Police Constable (WPC) Annie Cartwright, dem frauenfeindlichen Detective

---

6 Ich denke dabei etwa, um nur eine kleine Auswahl zu nennen, an Franz Kafkas *Die Verwandlung* und an diverse Gedichte des Expressionismus etwa von Georg Trakl und Georg Heym, in denen sie ästhetisch-bildhaft den Tod und die Verwesung des menschlichen Körpers darstellen. Aber auch Serien wie *Hannibal* (2013–2015) oder Filme von Quentin Tarrantino (z. B. *Kill Bill* und *Django Unchained*) spielen mit dem ästhetischen Bild des Ekels und Grusels und so mit unserer Lust an ebendiesen Gefühlen.

Sergeant (DS) Ray Carling und dem unerfahrenen und leicht beeinflussbaren Detective Constable (DC) Chris Skelton.

In der Nachfolgeserie *Ashes to Ashes* spüren wir zusammen mit der Protagonistin Detective Inspector (DI) Alex Drake nicht nur dem Geheimnis Tylers nach, sondern auch ihren eigenen Traumata. Für Alex Drake stellt sich nicht mehr die Frage, wo sie ist. Noch bevor ihr Mörder Layton ihr eine Kugel in den Kopf schießt und sie daraufhin ins Koma fällt, beschäftigt sie sich als Psychologin intensiv mit Sam Tylers Geschichte. Daher kann sie relativ schnell einordnen, dass sie sich in der Welt des Gene Hunt wiederfindet, nur eben nicht in den 70er, sondern in den 80er-Jahren. Auch ihr Ziel besteht darin, diese Welt und damit das Koma zu verlassen und zu ihrer Tochter zurückzukehren.

2.4 Die Serie als ganzheitliche *Situation* erleben

Wenn wir empathisch bewegt sind, dann sind wir von der angenommenen Situation der anderen Person oder Figur leiblich ergriffen. In der Phänomenologie gibt es – wie ich bereits in der Einleitung ausgeführt habe – die Annahme, dass wir nicht einzelne Dinge wahrnehmen, sondern reale und fiktive Situationen und Atmosphären. Was ist also an *Ashes to Ashes* und *Life on Mars* dran, dass sie mich trotz der Sprachbarriere nicht loslassen und ich wie ein Kind, das jeden Abend dasselbe Märchen hören möchte, alle paar Jahre wiederholt die Episoden geradezu bingewatchen möchte, mich aber sehr zusammennehmen muss, weil ich nach Abschluss der Serie das Gefühl von Verlust, ja von Trauer verspüre? Mit dem Versinken in diese Serien tauche ich in eine gewisse Atmosphäre ein. Wir nehmen einen Film oder eine Serie nicht segmentiert wahr, sondern als zusammenhängendes Ganzes. Das meint nicht, dass wir alles, was es in einer Serie an Wahrnehmbarem gibt, auch tatsächlich erfassen. Das meint lediglich, dass wir die Serien und die Figuren als eine ganzheitliche Situation wahrnehmen und *nicht*, wie es allgemein behauptet wird, viele kleine Segmente wie etwa den Schnauzbart von Ray Carling oder den roten Audi Quattro von Gene Hunt aus *Ashes to Ashes*. Es ist die Verbindung dieser einzelnen Segmente, die sich als ein diffuses Ganzes uns bedeutsam aufdrängt. Und die verschiedenen Situationen wie beispielsweise die ganzheitliche Wahrnehmung von Figuren mit ihren Problemen, ihren Stimmungen, ihren Gefühlen und Beziehungen zueinander sowie die Musik insbesondere aus *Ashes to Ashes*, aber auch filmtechnische Mittel wie die Kameraführung, Licht und Dunkel, die Schnitttechnik usw. drängen sich als Gesamtbild auf und evozieren ein Bündel an verschiedenen Gefühlen, die ich mir nachhaltig einverleibe und die mich diffus und atmosphärisch aufladen und damit zu mir gehörig sind. Ist die Serie zu Ende, sind auch all diese Gefühle nicht mehr im gegenwärtigen Moment des Sehens leiblich spürbar. Es bleiben mir nur die Möglichkeit des Erinnerns, des wiederholten Sehens oder des Ausweichens auf eine ähnliche Serie (s. ▶ Abschn. 6.2) und es stellt sich eine tiefe Traurigkeit ein, dass dieses, frei nach Aristoteles, orgastische Erlebnis nun vorbei ist. Was dazu führt, dass ich nach Abschluss der Serie *Ashes to Ashes* in ein Loch falle (vgl. genauere Ausführungen zur leiblichen Wahrnehmung dieses Gefühls in ▶ Abschn. 6.1), zeige ich an verschiedenen Situationen auf, die mich leiblich betroffen machen, wenn ich mit den Figuren empathisch mitschwinge. Sicher fallen Ihnen selbst einige Serien und Szenen ein, in denen es Ihnen ähnlich ging.

2.5 Die Themen, Probleme und Vorgehensweisen der Figuren

Die Situationen, die ich mit der Serie *Ashes to Ashes* wahrnehme, sind oftmals aufgeladen mit Empfindungen und Atmosphären, die mich leiblich einnehmen. Dazu gehört sicherlich das Gefühl der Spannung, weil ich wissen möchte, wie die Serie weitergeht, was nun wirklich los ist mit Sam Tyler und Alex Drake und ob beide wieder in ihre Welt zurückfinden, zurückkommen nach Hause (*back to home*).

Dass ich diese Spannung verspüre, hat mit noch weiteren Voraussetzungen zu tun. Denn vor allem die Darstellung der Figuren ist für mich ein Grund, weiterzuschauen. Die Figuren schaffen Situationen mit Sachverhalten, manchmal auch mit Programmen und Problemen. *Sachverhalte* stellen sowohl in *Life on Mars* als auch in *Ashes to Ashes* beispielsweise ungebührliche Verhörmethoden dar, in denen Zeugen und Verdächtige misshandelt werden, damit Gene Hunt seine Antworten erhält, um so seine Fälle zu lösen (vgl. ◘ Abb. 2.1). Sam Tyler und Alex Drake sind die moralisch gefestigten Figuren, die die lausigen, ungerechten, gewalttätigen Verhörmethoden des DCI Gene Hunt als *Problem* erkennen und regelmäßig zum Erliegen bringen, was mit Schmitz als *Programm* der beiden bezeichnet werden kann. Sie versuchen zum Zeugen oder Verdächtigen eine Beziehung aufzubauen, stellen moderne Regeln für Verhörmethoden auf, die Zeugen und Verdächtige vor Polizeigewalt schützen sollen und diese im Nachhinein sichtbar machen können. So zieht Sam Tyler spöttische Blicke auf sich, als er insistiert, die

Situation «Gene Hunt und die Gewalt»

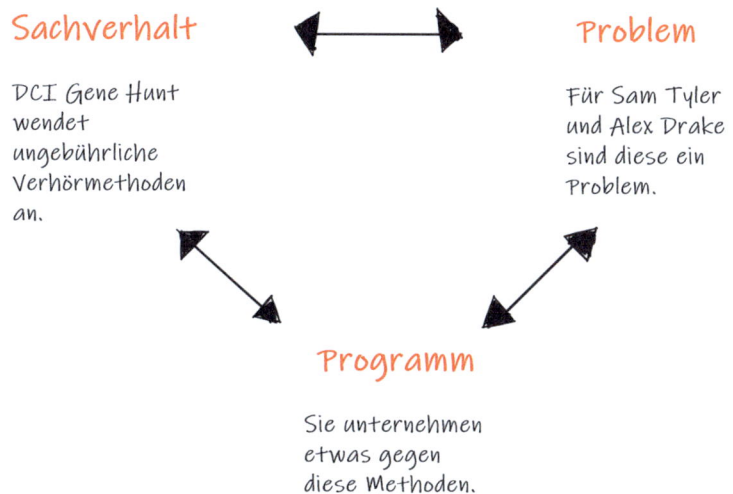

● Abb. 2.1   Die Wahrnehmung der Situation „Gene Hunt" (eigene Abbildung)

Verhöre mit einem Tonband aufzuzeichnen. Es ist hier eine moralische Komponente, die in uns sogar eine Befriedigung verschaffen kann. Denn Hunt und Tyler/Drake stehen sich häufig antagonistisch gegenüber. Wenn ich sehe, wie Hunt, der streckenweise wie ein Bösewicht wirkt, in seinen unmoralischen Handlungen von den moralischen Instanzen Sam und Alex ausgebremst wird, verschafft es mir eine Befriedigung. Ich hoffe, dass sich Hunt geläutert fühlt, weil er erkennt, wie ungerecht er handelt. Wir können hier von einer „moralischen Lust" sprechen, die schon Friedrich Schiller erkannt hat (vgl. Anz 2019, S. 167). Zugleich schwinge ich leiblich ergriffen mit Hunt als Figur mit und hoffe für ihn das Beste, eben weil ich ihn mag und versuche, ihn zu verstehen. Dieser Wechsel aus Spannung, wenn ich erwarte, dass Hunt sich bessert, und die Ernüchterung, wenn ich sehe, dass Hunt meinen Erwartungen nicht entspricht, sorgt dafür, dass ich mich mit Hunts Figur auseinandersetze.

Hunt ist kein reiner Bösewicht, den es zu verabscheuen gilt. Er „ist noch Mensch, ist noch ein Wesen, das bei allen seinen moralischen Unvollkommenheiten Vollkommenheiten genug behält, um sein Verderben, seine

Vernichtung lieber nicht zu wollen, um bei dieser Mitleidähnliches, die Elemente des Mitleids gleichsam, zu empfinden" (Lessing 1958, 299, zit. n. Hug 2004, S. 17 f.). DCI Gene Hunt ist nicht ausschließlich gewalttätig und misanthropisch. Gerade in *Ashes to Ashes* wird auch seine sensible Seite hervorgehoben (vgl. ◘ Abb. 2.2). Immer wieder wird deutlich, dass sein Verhalten Ausdruck erlernter sozialer Einstellungen ist, die seinen Gefühlen oft im Weg stehen. So verliebt er sich in DI Alex Drake. Eine Sehnsucht zeigt sich in

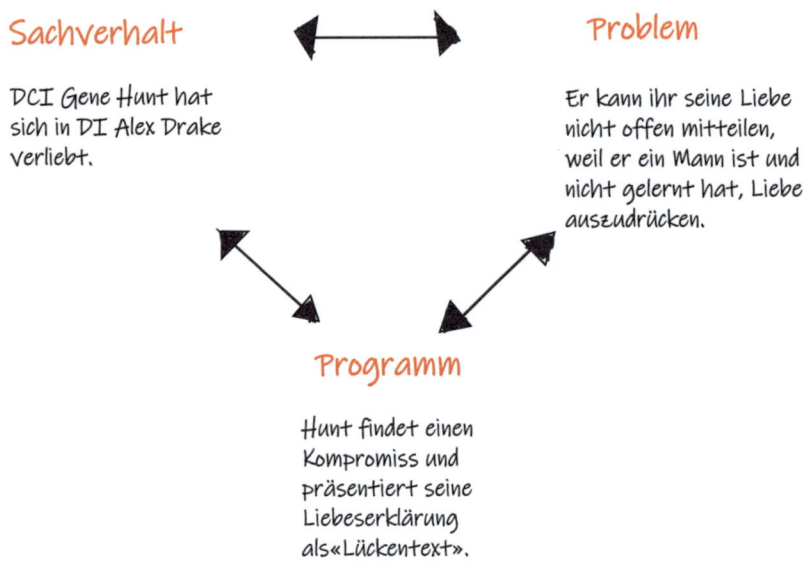

Diese Kombination aus verschiedenen einzelnen Segmenten habe ich für eine bessere Nachvollziehbarkeit des Konzeptes «Situation» seziert. Wir nehmen dies aber nicht so einzeln wahr, sondern wir sind von einem atmosphärischen Gefühl des Knisterns und der Sehnsucht leiblich ergriffen.

◘ **Abb. 2.2** Die Liebessituation „Gene Hunt und Alex Drake" (eigene Abbildung)

seinem Gesichtsausdruck, wenn er Bols – so nennt er Alex – manchmal abends in der Trattoria von Luigi anschaut. Auf Alex' tiefe Sorge, dass er sie verlassen könnte und dass sie ihn vermissen würde, antwortet Gene „I …you too". Er schafft es nicht auszusprechen, was er fühlt, er hat es nicht gelernt. Und was macht das mit mir? Gene Hunt ist vielleicht nicht der typisch attraktive Typ. Aber das atmosphärische Flimmern zwischen beiden und ihre unausgesprochenen Worte zu sehen und leiblich zu spüren erlauben es, ebendiese tiefe Sehnsucht nach dem Knistern zu erleben. Diese Sehnsucht fühlt sich wie eine Vorstufe zu diesem Knistern an und kann geradezu anregend, erregend, orgastisch sein.

Im kathartischen Sinne kann jene leiblich gespürte Atmosphäre sogar medizinisch wirksam sein, wenn sie mir hilft, gebündelt Emotionen anzustauen und sie dann abzuladen.[7] Das Gefühl der Sehnsucht beschreibe ich als eine Bewegungssuggestion (s. ▶ Kap. 7). Ich spüre mich leiblich hingezogen zu dem Gefühl des Knisterns, indem ich vielleicht – ohne sie körperlich auszuführen – leiblich eine Bewegung nach vorne mache, gleichzeitig leiblich versuche, eine Weitung meiner Herzregion heraufzubeschwören, meinen Hals körperlich strecke und zusammen mit meinem Kopf wieder nach unten sinken lasse, um mich um meine Schultern herum zu verengen und das heraufbeschworene Gefühl des Knisterns zu behalten, leiblich in der Gegend des unteren Rückens zu verbleiben und nicht loslassen zu müssen, denn es bereitet mir so viel Lust, sehnsuchtsvoll bewegt zu sein. Doch Alex Drake und Gene Hunt werden jäh unterbrochen, ich verleibe mir diesen atmosphärischen Moment zwischen beiden noch ein letztes Mal mit einem tiefen Einatmen ein und atme bewegt wieder aus und hänge der Atmosphäre ein wenig nach. So verbleibe ich leiblich eine Weile in einem dumpf-diffusen (protopathischen) Zustand mit einem leichten Ziehen nach vorne.

DCI Gene Hunt wirkt omnipräsent. Er ist der Chef des Departments, er leitet seine Mitarbeiter. Wer sich gegen ihn stellt, kann in der Welt nicht überleben, aber nicht, weil er selbst für seine Mitarbeiter gefährlich wäre, sondern weil er genau weiß, wie diese Welt funktioniert. So muss er gleichzeitig auch eine Schutzfunktion ausüben. Er deckt seine Mitarbeiter, wenn sie Fehler machen, er weist sie aber auch zurecht, degradiert sie, wenn es im Sinne sei-

---

7 Der Begriff der „Katharsis" ist unterschiedlich interpretiert worden, seit er mit Aristoteles seine Anwendung findet. Vermutlich hat Aristoteles den Begriff der „Katharsis" im medizinischen Sinne gebraucht und ist davon ausgegangen, dass die Darstellung insbesondere von etwas Schrecklichem und Ekelerregendem beim Zuschauenden eine befriedigende, befreiende und lustvolle Affektentladung bewirkt (vgl. Anz 2019, S. 168 und Gelfert 1995, S. 17).

nes Schutzes plausibel erscheint. Die Omnipräsenz des DCI Gene Hunt nimmt im Laufe der dritten Staffel von *Ashes to Ashes* ab, weswegen der Mensch Gene Hunt an Präsenz gewinnen kann. Als Zuschauerin entwickle ich eine immer intensivere Beziehung zu ihm, ich freue mich, wenn er sich freut, ich leide, wenn er leidet, ich bin traurig, wenn er traurig ist. Seine eigenen tiefen Traumata, gegen die er sich insbesondere in der dritten Staffel versucht zu wehren, werden zunehmend sichtbar.

2.6 In Filmen und Serien begegnen wir uns selbst sehr intim

Hier greift der psychoanalytische Aspekt, der mich zum Sehen der Serie bringt: die Traumaverarbeitung der Protagonisten, an der wir als Zuschauer:innen teilhaben dürfen. In seinem topischen Modell unterscheidet der Psychoanalytiker Sigmund Freud (1856–1939) zwischen dem Vorbewussten, dem Bewussten und dem Unbewussten unserer Psyche (vgl. Ermann 2015, S. 36). Freud hat folgende Idee entworfen: Das Ich, eine Instanz unserer Psyche, die versucht, Triebe (das Es) und an uns herangetragene soziale Normen und Erwartungen (das Über-Ich) in eine Balance für ein ausgeglichenes Leben zu bringen, versucht sich gegen Ängste, Schmerz und Schuldgefühle zu wehren, indem es diese in das Unbewusste verdrängt. Gefühle, Erinnerungen, Erfahrungen, die unser Bewusstsein in den unbewussten Teil unserer Seele verdrängt hat, leiten dennoch, ohne dass wir es wissen, unsere Handlungen und Empfindungsweisen. Auf unbewusste Inhalte können wir nicht ohne Weiteres zugreifen (vgl. Pongratz 1983, S. 29 & 93 ff.). Es ist nun wahrscheinlich nicht so, dass wir im Alltag ganz dringend mit unseren Mitmenschen gemeinsam Traumata verarbeiten möchten und drängend versuchen, auf unseren unbewussten Teil der Psyche zuzugreifen. Ich denke aber, dass die Serie die Frage auslösen kann, wie es Komapatienten geht, ob sie Halluzinationen haben, was sie von der Außenwelt mitbekommen und was nicht und welche Erinnerungen, Erlebnisse, Träume und Wünsche tief in uns selbst verborgen liegen. Vielleicht löst die Serie auch Angst in uns aus: Wenn wir davon ausgehen, dass es einen für uns nicht oder nur schwer zugänglichen Teil zu unserem Sein gibt, also einen Teil von uns, den wir selbst nicht kennen, was passiert dann mit uns, sollten wir ihn kennenlernen? Wollen wir ihn kennenlernen? Oder lieber nicht? Zerbricht es uns, wenn wir uns tief verborgener Emotionen und Erfahrungen bewusst werden? Oder schaffen wir es, uns trotzdem lieb zu haben und zu akzeptieren? Das Sehen von

2.6 · In Filmen und Serien begegnen wir uns selbst sehr intim

Filmen und Serien kann eine sehr intime Begegnung mit uns selbst sein. Wir sind dann unmittelbar leiblich von den Situationen, Gefühlen und Atmosphären der Serie und ihrer Figuren betroffen, weil wir mit unseren Gedanken zu einem Erlebnis abschweifen, das uns selbst betrifft (z. B. der im Koma liegende Vater). Es ist dann nicht mehr nur die Lust des empathischen Bewegtseins, das wir empfinden, sondern es ergreift uns ein noch unmittelbareres Gefühl, z. B. das der Traurigkeit (vgl. Hanich und Menninghaus 2014, S. 123). Dieser intime Blick auf uns selbst motiviert oder demotiviert uns, die Serie/den Film zu schauen. Selbstfindungsprozesse von Figuren können dann ein Mittel sein, mehr über uns zu erfahren, sei es in Bezug auf eigene Erinnerungen, die wir irgendwann einmal verloren haben, oder in Bezug auf bestimmte Gefühle, die wir erstaunt und/oder mit Lust an uns feststellen. Hier spielt die Empathie als ein Mittel der eigenen Selbstfindung eine ganz wesentliche Rolle, indem wir uns als Zuschauende in andere Figuren hineinfühlen und ihre Wünsche, Absichten, Gedanken und Einstellungen erleben und unsere je eigenen Gedanken und Gefühle auf einer metakognitiven Ebene mit Bezug auf die Figuren reflektieren.

Einen solchen Selbstfindungsprozess können wir u. a. bei Alex Drake, der Protagonistin aus *Ashes to Ashes*, beobachten. Sie ist Psychologin und geht fest davon aus, dass der unbewusste Teil ihrer Psyche die Koma-Welt erschaffen hat. Zu Beginn amüsiert sie sich noch über manch irren Auswuchs ihrer unbewussten Psyche und fragt sich, warum ihr Unbewusstes die eine oder andere Konstruktion entwirft. Hier findet also auch bei Alex ein Selbstfindungsprozess statt. Zudem verarbeitet Alex Drake gleich mehrere Traumata. In der ersten Staffel ziehen sich Erinnerungen an den tödlichen Autounfall ihrer Eltern wie ein roter Faden durch die Story. Ihr Ziel ist es, den Mörder ihrer Eltern zu finden, um so den Tod ihrer Eltern zu verhindern. Im Koma erhält Alex die Chance, sich den Dämonen und Verletzungen ihrer Vergangenheit zu stellen. Nicht nur, dass sie aktiv eine Beziehung vor allem zu ihrer Mutter aufbauen kann, sondern auch, dass sie aktiv den zukünftigen Mörder ihrer Eltern versucht aufzuhalten, zeigt die intensive Verarbeitung dieses Traumas. Zusätzlich scheint sie sich im Koma an Aspekte zu erinnern, die tief in ihrem Unbewussten schlummerten und nun an die Oberfläche drängen. Ihre Abwehrmechanismen, die Verdrängung dieser Ereignisse, wirken im Koma nicht mehr. Stattdessen zwingt sich ihr ein gruseliger Clown auf, der symbolisch für die Zerstörung ihrer Familie und gleichzeitig für Alex' endgültigen Tod steht, sollte sie nicht in der Lage sein, ihn zu bekämpfen. Auch die Umstände ihres eigenen Todes bereiten Alex Albträume. Immer wieder sieht sie die Kugel aus Laytons Waffe unausweichlich wie in Zeitlupe auf sich zurasen. Immer wieder sieht sie ihre Tochter Molly gespiegelt in Oberflächen oder nur unkenntlich mit verdecktem Gesicht, niemals jedoch direkt. Dass eine im Koma liegende Person sich erinnert, träumt und ihre Außenwelt wahrnimmt, ist nicht abwegig. Noch immer wissen wir zu wenig über den kognitiven Zustand komatöser Patienten. Zunehmend wird in den Medien darüber berichtet, dass einige Menschen, die eine Komasituation erlebt haben, tatsächlich von Albträumen geplagt wurden und verwirrt waren, weil sie sich mäandernd in einer Zwischenwelt aus Traum und Außenwelt spürten (vgl. z. B. König 2019 und Wüstenhagen 2015).

Alex hingegen vergisst die äußeren Umstände ihres Daseins in der Koma-Welt zunehmend und verliert sich immer mehr in ihr. Ihre Tochter Molly heißt plötzlich Milly, die Unsicherheit, welche Welt die reale ist, nimmt spätestens mit der dritten Staffel zu. So driftet die 2000er-Welt mit ihrer Tochter Molly allmählich in den unbewussten Seelenteil, verschwindet aus Alex' Bewusstsein und wird für sie allmählich unzugänglich. Noch eindringlicher wirkt das Sich-Verlieren durch die Musik, die ausschließlich die 1980er-Jahre repräsentiert. Sie bespielt und umspielt die Welt der Alex Drake als Antagonismus zur realen, modernen 2000er-Welt. Zugleich spürt Alex die verlorene Vergangenheit des DCI Hunt auf. Sein einziger Hinweis auf seine Vergangenheit liegt in seinem Büroschreibtisch, ein Foto, auf dem ein junger Mann abgebildet ist, den Alex Drake nicht zuordnen kann. Aufgrund verschiedener Hinweise entdeckt Alex ein Grab, in dem ein junger Mann verscharrt liegt und sie erkennt, dass es sich dabei um Gene Hunt handelt, der als 19-jähriger Polizeianfänger in der realen Welt während der Aufklärung eines Einbruchs erschossen und verscharrt wurde. Gene Hunt ist somit ebenfalls in dieser Zwischenwelt, die wahrscheinlich sogar er selbst erschaffen hat, gefangen. Die Geschichte um die Figuren herum verdichtet sich hin zu einem Höhepunkt und die Empathie für die Figuren *passiert* mir einfach (vgl. Neill 2017, S. 47). Ich fühle mich beim Sehen im Rücken, in der Stirn und um die Schultern herum leiblich eingeengt, weil ich so konzentriert und mit unlösbaren Blicken mit der Geschichte verbunden bin, empfinde keine äußere Welt mehr, der Rand meines Fernsehers und alle Außenwelt um diesen herum, sind absolut ausgeblendet und der Serie zugewendet. Ein Schock durchfährt mich, als ich mit Alex Drake erfahre, dass es Gene Hunt ist, der dort neben einer Vogelscheuche auf einem Acker, in der Nähe einer zerfallenen Hütte verscharrt liegt. Die leibliche Enge nimmt zu, ich bin fassungslos, entsetzt, traurig, dass Gene Hunt selbst ein so schlimmes Schicksal erleiden musste. Mein vitaler Antrieb versucht wieder in ein Gleichgewicht zu kommen, weswegen ich mich mit einer langen Ein- und Ausatmung kurz von diesem Fokus befreie. Mir wird klar, dass die Misshandlungen, harten Urteile, Beschimpfungen und Beleidigungen, die Gene Hunt anderen aufdrängt, in einem krassen Gegensatz zu seinem eigenen Leid, seiner eigenen inneren Zerbrochenheit und Traurigkeit stehen, die nun kurz, nur sehr kurz, in seinem Blick aufflackern, als er Alex Drake in der Hütte auf dem Acker gegenübersteht. Ich spüre Alex' Mitleid, Alex' große Wärme und ihr absolutes, ehrliches, unmittelbares Verständnis für Gene Hunt, sie erkennt ihn gänzlich in diesem einen Moment und es erfüllt mich als Zuschauerin mit einer leiblichen Weite für dieses warme Herz und zugleich mit einer heftigen Traurigkeit und Enge, beide so verloren und doch so miteinander verbunden zu sehen. Ich breche in Tränen aus, kann diese nicht halten und möchte es auch nicht. Es schüttelt mich und ich entlade alle meine angestauten Emotionen und erlebe im Weinen eine hochgradige Befriedigung, eine Erlösung von meinem Affektstau (s. auch ▶ Kap. 3).

Dass ich mich so tief in diese Serie hineinversetzen kann, hat sicherlich damit zu tun, dass von ihr eine Atmosphäre ausgeht, die wesentlich von der subtilen Tiefe der Figuren getragen wird. Ich schwinge empathisch mit den Figuren mit, indem ich versuche, die Welt aus ihrer Sicht zu betrachten, so wie sie zu sehen und indem ich fühle, wie sie sich fühlen könnten. So erfahre ich, wie es um sie steht (vgl. Neill 2017, S. 54). Ich bin sicher, dass uns das Sehen von Serien helfen kann, uns selbst zu spüren. Indem wir mitleiden, mitweinen, mitlachen und tief verborgene Gefühle in uns wahrnehmen, z. B. das Gefühl der Sehnsucht nach einem erotischen Flimmern als erstrebenswertes sinnliches Gefühl oder das Gefühl der Trauer.

2.7 Fazit

Wir wollen, wenn wir Filme und Serien schauen, die Lust des Bewegtseins verspüren, wir wollen mit Figuren empathisch mitschwingen und von den ausgehenden Gefühlen der Figuren und von der filmischen Atmosphäre selbst leiblich ergriffen werden. Es ist die Erfahrung des breiten Spektrums diverser gemischter Gefühle, die wir so im Alltag nicht zwingend erleben möchten, aber im Kunstraum der Serie und des Filmes zulassen können. Zugleich erfahren wir uns als selbstwirksame Person: Denn wir können uns in dem geschützten Kunstraum fallen lassen und uns erleben, ohne dass uns dabei eine Gefahr droht, da wir diesen Raum (in der Regel) jederzeit verlassen können. Figuren und ihre Geschichten eröffnen uns Möglichkeitsräume, uns in der Welt verortet zu sehen und aufgrund einer leiblichen Ergriffenheit mit Hilfe der Situationen fiktiver Personen eine reiche Erlebniswelt zu empfinden. Leiblich ergriffen zu sein bedeutet, eine existenzielle Resonanz und unsere „Welthabe" (Slaby 2017, S. 244) zu spüren.

Literatur

Anz, Thomas (2019). Ekel. Unlust- und Lustgefühle in interdisziplinären Perspektiven. In: H. Kappelhoff, J.-H. Bakels, H. Lehmann & C. Schmitt (Hg.). Emotionen. Ein interdisziplinäres Handbuch. Berlin: Metzler, S. 165–173.

Bischof-Köhler, Doris (2009). Empathie, Mitgefühl und Grausamkeit. In: Psychotherapie, 14. Jahrgang 2009, Bd. 14, Heft 1, S. 52–57.

Breithaupt, Fritz (2019). Die dunklen Seiten der Empathie. Berlin: Suhrkamp Verlag.

Ermann, Michael (2015). Freud und die Psychoanalyse. Entdeckungen, Entwicklungen, Perspektiven. Stuttgart: Kohlhammer.

Gelfert, Hans-Dieter (1995). Die Tragödie. Theorie und Geschichte. Göttingen: Vandenhoeck & Ruprecht.

Gollwitzer, Mario & Schmitt, Manfred (2019). Sozialpsychologie kompakt. Weinheim Basel: Beltz.

Hanich, Julian & Menninghaus, Winfried (2014). Im Wechselbad der Gefühle. Zur Emotionsvielfalt im filmischen Melodram. In: G. Gebauer & M. Edler (Hg.). Sprachen der Emotionen. Kultur, Kunst, Gesellschaft. Frankfurt, New York: Campus Verlag, S. 101–133.

Hug, Daniel (2004). Katharsis. Revision eines umstrittenen Konzepts. London: Turnshare Ltd.

König, Luise (2019). An der Schwelle zwischen Schmerz und Traum. Artikel vom 01.11.2019 in Spiegel Online. URL: https://www.spiegel.de/gesundheit/diagnose/kuenstliches-koma-an-der-schwelle-zwischen-schmerz-und-traum-a-1286392.html, Abruf am 12.02.2021.

Menninghaus, Winfried (2012). Die Lust am Ekelhaften, Traurigen, Ärgerlichen in der ästhetischen Erfahrung. Vortrag vom 14.02.2012 im Rahmen der Ringvorlesung „Languages of Emotions" der Freien Universität Berlin. URL: http://www.loe.fu-berlin.de/zentrum/einblicke/ringvorlesung/ekel/index.html, Abruf am 11.02.2021.

Misselhorn, Catrin (2021). Misselhorn, Catrin: Künstliche Intelligenz und Empathie. Vom Leben mit Emotionserkennung, Sexrobotern & Co. Stuttgart: Reclam.

Neill, Alex (2017). Empathie und (filmische) Fiktion. In: M. Hagener und Í. Vendrell Ferran (Hg.). Empathie im Film. Perspektiven der Ästhetischen Theorie, Phänomenologie und Analytischen Philosophie. Bielefeld: transcript Verlag 2017, S. 31–57.

Pongratz, Ludwig J. (1983). Hauptströmungen der Tiefenpsychologie. Stuttgart: Alfred Kröner Verlag.

Reinberger, Stefanie (2011). Die Neurologie des Mitfühlens. In: dasgehirn.info. URL: https://www.dasgehirn.info/denken/im-kopf-der-anderen/die-neurobiologie-des-mitfuehlens, Abruf am 13.02.2021.

Schloßberger, Matthias (2019). Liebe und Mitgefühl. In: H. Kappelhoff, J.-H. Bakels, H. Lehmann & C. Schmitt (Hg.). Emotionen. Ein interdisziplinäres Handbuch. Berlin: Metzler, S. 190–194.

Schmitz, Hermann (2003). Was ist Neue Phänomenologie? Rostock: Ingo Koch Verlag.

Slaby, Jan (2017). Möglichkeitsraum und Möglichkeitssinn. Bausteine einer phänomenologischen Gefühlstheorie. In: S. Volke & S. Kluck (Hrsg.): Körperskandale. Zum Konzept der gespürten Leiblichkeit. Freiburg/München: Verlag Karl Alber, S. 220–248.

Wüstenhagen, Claudia (2015). Während du schliefst. Artikel vom 29.07.2015 in ZEIT Online. URL: https://www.zeit.de/zeit-wissen/2015/04/intensivstation-tagebuch-kuenstliches-koma/komplettansicht, Abruf am 12.02.2021.

Im Wechselbad der Gefühle: Facetten des Lachens und Weinens

Inhaltsverzeichnis

3.1 Facetten des Lachens – 42
3.1.1 *Little Miss Sunshine* (2006): Worum geht es? – 42
3.1.2 Lachen als Ausdruck von Schaulust, Fremdscham und Schadenfreude – 43

3.2 Lachen und Weinen als gemeinsam auftretende Regungen in *Little Miss Sunshine* – 46

3.3 Leibliches Betroffensein beim Weinen in *Dancer in the Dark* – 48
3.3.1 *Dancer in the Dark* (2000): Worum geht es? – 48
3.3.2 Weinen als bedrückendes Erlebnis – 49

3.4 Fazit – 53

Literatur – 54

© Springer Fachmedien Wiesbaden GmbH, ein Teil von Springer Nature 2022
W. Schwelgengräber, *Wer sehen will, muss spüren*, Über/Strom: Wegweiser durchs digitale Zeitalter, https://doi.org/10.1007/978-3-658-37300-9_3

Lachen und Weinen sind die wohl zentralsten Gefühlsäußerungen, die wir beim Sehen von Serien und Filmen an uns beobachten können. Im dritten Kapitel beantworte ich anhand der Filme *Little Miss Sunshine* und *Dancer in the Dark* die Frage, wie es sich anfühlt, zu lachen und zu weinen und wie wir diese Regungen als Entladungen des affektiven Betroffenseins empfinden.

Folgende Filme stehen im Mittelpunkt dieses Kapitels
Little Miss Sunshine (2006)

Genre:	Tragikomödie
Produktionsland:	USA
Drehbuch:	Michael Arndt
Regie:	Valerie Faris, Jonathan Dayton
Musik:	Mychael Danna, DeVotchKa
Darsteller/innen:	u. a. mit Abigail Breslin (Olive Hoover), Greg Kinnear (Richard Hoover), Toni Collette (Sheryl Hoover), Paul Dano (Dwayne Hoover), Steve Carell (Frank Ginsberg), Alan Arkin (Großvater Edwin Hoover)

Dancer in the Dark (2000)

Genre:	Musical/Drama
Produktionsland:	Dänemark, Deutschland, Niederlande, USA, Großbritannien, Schweden, Island, Frankreich, Finnland, Norwegen
Drehbuch:	Lars von Trier
Regie:	Lars von Trier
Musik:	Björk
Darsteller/innen:	u. a. mit Björk (Selma Jezkova), Catherine Deneuve (Kathy), David Morse (Bill Houston), Peter Stormare (Jeff), Vladica Kostic (Gene Jezko), Cara Seymore (Linda Houston)

Die Momente, wenn ein guter Film zu Ende geht, sind für uns Zuschauer:innen oftmals beladen mit Emotionen. Wir gehen erhobenen Hauptes, mit offenem Blick und schwungvollen Schrittes durch die sich erhellenden Ränge des Kinos oder durch unsere Küche, während wir noch unter dem atmosphärischen Einfluss von *Little Miss Sunshine* (2006) stehen. Wir taumeln geschwächt, mit rot verweint-verschleierten Augen, einem dicken Schädel und gesenktem Kopf aus dem Kino, wenn wir die Tragödie *Dancer in the Dark* (2000) gesehen haben. Wir erleben beim Film- und Serienschauen nicht nur einzelne Gefühle der Freude oder der Trauer, sondern „eine komplexe Spannung zwischen verschiedenen Gefühlen" (Hanich und Menninghaus 2014, S. 104). Freude kann ein Zusammenspiel aus Schadenfreude, freudvoller Verwunderung und Schaulust sein. Traurigkeit kann einhergehen mit Entsetzen, Fassungslosigkeit, Hoffnungslosigkeit und Erschütterung. Wir sind von komplexen gefühlsschwangeren Atmosphären umfangen und leiblich von ihnen ergriffen. Während des Schauens drücken wir unsere Emotionen aus: Wir lachen, weinen, sinken tiefer in den Kinositz, halten uns die Augen zu, neigen uns dichter an den Bildschirm usw. Während ich im Kapitel zuvor einige theoretische Ausführungen zur Empathie vorgenommen habe, zielt dieses Kapitel vor allem darauf, das breite Spektrum der Ausdrucksformen des Lachens und Weinens anhand der beiden Filme *Little Miss Sunshine* (2006) und *Dancer in the Dark* (2000) aufzuzeigen. Dabei steht vor allem die Erlebniskomponente von Emotionen im Zentrum. Vielleicht erinnern Sie sich noch. In der Einleitung (s. ▶ Kap. 1) habe ich herausgestellt, dass man Emotionen auf verschiedenen Ebenen beschreiben kann: Dazu gehören a) die physiologischen Zustände, b) der Ausdruck, c) Handlungen und Handlungstendenzen als Folge von Emotionen, d) emotionsrelevante Kognitionen und e) das subjektive Erleben (vgl. z. B. Wild et al. 2006, S. 208). Das subjektive Erleben ist es, das mich in diesem Buch besonders interessiert. Dazu beschreibe ich, auch in diesem Kapitel, leibliche und körperliche Verhaltensweisen aus der Ich-Perspektive und unter Nutzung verschiedener wissenschaftlicher Literatur, in der Forscher:innen den Versuch unternehmen, Merkmale des Erlebens von verschiedenen Gefühlen zu verallgemeinern, also eine Grammatik für jedes Gefühl zu entwickeln (vgl. Demmerling und Landweer 2007).

3.1 Facetten des Lachens

In diesem Kapitel lege ich den Schwerpunkt vorrangig auf Beschreibungen leiblicher und körperlicher Regungen in Bezug auf bestimmte Szenen des Filmes *Little Miss Sunshine*. Mein Ziel ist es zu beschreiben, wie intensiv sich die Gefühle leiblich und körperlich äußern. Dazu nutze ich auch hier das Vokabular der Neuen Phänomenologie, welches ich in der Einleitung vorgestellt habe.

3.1.1 *Little Miss Sunshine* (2006): Worum geht es?

 Achtung Spoileralarm: 100 Prozent

Die kleine Olive Hoover kann endlich ihren Traum wahr werden lassen und Schönheitskönigin werden. Sie erfährt, dass sie im bundesweiten Wettbewerb *Little Miss Sunshine* nachrücken kann. Zusammen mit ihren Eltern Sheryl und Richard Hoover, ihrem pubertierenden Bruder Dwayne, ihrem heroinabhängigen Großvater Richard und ihrem suizidgefährdeten und homosexuellen Onkel Frank unternimmt sie im gelb-weißen VW-Bus einen Roadtrip von Albuquerque, dem Süden der USA, nach Los Angeles, Kalifornien, um dort am bundesweiten Finale des Wettbewerbes *Little Miss Sunshine* teilzunehmen.

Es kommt während des Trips im Bus immer wieder zu Streitigkeiten unter den Familienmitgliedern, von denen die kleine Olive meistens nur wenig oder gar nichts mitbekommt, weil sie über ihre Kopfhörer Musik hört. Der unkonventionelle Großvater provoziert mit seinen sexuellen Bedürfnissen und seiner Rauschmittelsucht. Außerdem trainiert er Olive für den Schönheitswettbewerb. Worin genau dieses Training besteht, bleibt unklar. Nur eine Stelle lässt uns Zuschauer:innen vielleicht verwundert zurück. Denn zum Programm ihres Auftritts gehört es offensichtlich, wie eine Katze wild zu fauchen. Vater Richard möchte unbedingt ein Gewinnertyp sein und teilt Menschen in Gewinner und Verlierer ein. Er will sein Neun-Stufen-Programm vermarkten, das verspricht, jeden zu einem Gewinner zu machen. Dwayne, Olives Bruder, möchte Testpilot bei der Air Force werden und hat, um Disziplin zu üben, seit neun Monaten nicht mehr gesprochen.

Der Roadtrip wird zu einem Trip des Scheiterns. Onkel Frank begegnet unterwegs dem Mann, in den er sich unglücklich verliebt hat. Der 15-jährige Dwayne stellt fest, dass er farbenblind ist, was ihn für den Job als Testpilot untauglich macht. Vater Richard scheitert mit der Vermarktung seines Neun-Stufen-Programms, Sheryls Ersparnisse scheinen deswegen zu schwinden, und unterwegs stirbt der Großvater an einer Überdosis Heroin. Und die kleine pummelige Olive gerät zunehmend in Selbstzweifel über ihre Eignung als Model. Es stellt sich nicht mehr die Frage, *ob* Olive den Schönheitswettbewerb gewinnen kann, sondern wie sie und ihre Familie mit einem Misserfolg umgehen würden, ohne daran zu zerbrechen.

3.1.2 Lachen als Ausdruck von Schaulust, Fremdscham und Schadenfreude

Es gibt diverse Szenen in *Little Miss Sunshine*, die mich zum Lachen bringen. Meinen Fokus möchte ich aber auf das Ende des Filmes legen. Nachdem die Spannung sich im aristotelischen Sinne stetig erhöht hat und ich auf ein Unheil warte, aber vor allem auf einen guten Abschluss für Olivia und ihre Familie hoffe, erreichen die Ereignisse am Ende ihren Höhepunkt. Glücklicherweise muss ich nicht traurig sein, also *jammern* (s. Infobox 7), sondern kann sehr befriedigt aus dem Film aussteigen.

> **Infobox 7: Befriedigung (Katharsis) nach Aristoteles**
>
> Schon vor 2500 Jahren wusste Aristoteles um die kathartische Wirkung insbesondere des tragischen Schauspiels. Katharsis versteht Aristoteles sehr wahrscheinlich „im medizinischen Sinne als Abreaktion eines Affektstaus" (Gelfert 1995, S. 17) und die damit einhergehenden physiologischen und psychologischen Lusterlebnisse bei den Zuschauenden. Diese Lusterlebnisse kommen, so der antike Philosoph, durch das Anheben und Absenken der Erregung zustande (vgl. ebd., 16 f.). Die Erregung wird durch Schauder und Schrecken gesteigert. Dies bewirkt zugleich eine Erwartungslust, eine Spannung in den Zuschauenden. Sie begreifen, dass ein Unheil droht. Eine allmähliche Erleichterung und damit ein Abflachen der Erregung soll eintreten, wenn das Unheil nicht mehr abzuwenden ist und die Zuschauenden statt Schauder und Schrecken das Gefühl des Jammers, der Trauer entwickeln, weil sie wissen, dass alles auf eine Katastrophe hinausläuft. Das Erregungsniveau flacht damit ab (vgl. ebd., 17). Sie haben sicher schon beobachtet, dass die Atmosphäre eines Filmes/einer Serie noch lange in einem nachhängen kann (s. ▶ Kap. 7). Unser leibliches Betroffensein ist kein auf die Dauer des Filmes abgegrenztes Betroffensein, sondern wirkt auch noch darüber hinaus.

Ich beschreibe hier einige Aspekte aus dem letzten Teil des Filmes von der Ankunft der Familie beim Wettbewerb bis hin zur Talentshow, auf die ich im nächsten Unterkapitel eingehe. Die Familie ist gerade noch rechtzeitig zum Wettbewerb erschienen. Die Teilnehmerinnen, die alle Little Miss Sunshine werden wollen, machen sich für ihre Auftritte hübsch. Das einzige Mädchen, das noch aussieht wie es selbst, ist Olive. Alle anderen sind übertrieben geschminkt und lächeln künstlich breit, manche tragen Perücken und Selbstbräuner. Nur Olive fällt aus dem Rahmen, mit ihrem kleinen Pummelbauch und ihrem einfachen Pferdeschwanz. Einzig ihre wuchtige Brille legt sie ab. Ich als Zuschauerin werde zunehmend unsicher, ob Olive an den konkurrierenden Zuständen nicht zerbrechen wird und fälschlicherweise lernt, dass sie zu dick ist. Der Moderator des Wettbewerbs passt sich dem Gesamtbild der Show an. Sein dauerhaftes Grinsen, seine gebräunte Gesichtshaut, die unerträgliche körperliche und leibliche Nähe, die er zu den Kindern aufbaut, und sein falscher Gesang stoßen mich ab, ich lehne mich automatisch weiter zurück, um mich seiner Nähe nicht aussetzen zu müssen. Gleichzeitig wirkt diese gesamte Szenerie so bizarr in ihrer Komposition der verschiedenen einzelnen Merkmale (die aufgedonnerten Mädchen, der schmierige Moderator, die jubelnden Mütter), dass ich immer wieder lachen muss.

Ich möchte also einerseits eine Nähe zu dieser Szenerie aufbauen, sie mir einverleiben, weil sie mich interessiert und ich *schaulustig* bin. Ich neige mich also leiblich, vielleicht sogar körperlich, dem Bildschirm konzentriert zu. Gleichzeitig möchte ich mich von den Menschen und damit den Subjekten, mit denen ich einseitig leiblich verbunden bin, wieder ausleiben – mich wegdrehen, aus dem Raum gehen – und so die leibliche Verbindung auflösen, weil mir die dargestellten Figuren so unsympathisch sind. Ich tue es aber nicht, verspüre dies lediglich als eine Bewegungssuggestion (s. zum Begriff der *Sehnsucht* ▶ Kap. 7).

Dennoch hat dies komödiantischen Charakter, da hier Figuren und ihre Situationen satirisch zugespitzt dargestellt werden. In solchen Fällen wünschen wir uns die Entlarvung und Bestrafung eines negativen Helden, hier sind es der Moderator, die Mütter der Teilnehmerinnen und die Organisatorin des Wettbewerbes (vgl. Gelfert 2002, S. 27 ff.).[1] Es könnte sich hierbei um eine *moralische Lust* handeln, die mich ergreift, und die mit dem Gefühl der „Erleichterung, der Genugtuung oder sogar des Triumphes" (Anz 2019,

---

1 Neben dieser satirischen lässt sich noch die humoristische Form einer Komödie unterscheiden, bei der wir auf die Errettung eines positiven Helden hoffen, in diesem Fall auf Olives Errettung (vgl. Gelfert 2002, S. 27 ff.).

S. 167), ja sogar der *Schadenfreude* (eine Freude darüber, dass die betreffenden Personen ein Unglück wegen begangener Missetaten verdient haben), einhergeht (vgl. ebd.).

Ich lache die mir unsympathischen Figuren aus und entlade mein Gefühl von Schaulust, Verwunderung und Fremdscham. Es verbünden sich also mehrere Gefühle zu einer komplexen Atmosphäre. Die *Schaulust*, die mich mit der dargestellten Szene gebannt einverleiben lässt und meinen Blick fixiert, die *Verwunderung* und *Fremdscham* über das Verhalten der Figuren, von denen ich mich distanzieren möchte. Beim Lachen ist mein ganzes Gesicht zu den Außenseiten hin angespannt. Trotz dieser körperlichen Gesichtsspannung spüre ich leiblich ein leichtes Übergewicht hin zur Schwellung, denn ich weite mich leiblich in der Brustregion und atme heftig aus. Es kommt zu einem rhythmischen, d. h. fluktuierenden Wechsel aus Enge und Weite, in dem das eine Mal die Anspannung und ein anderes Mal die Entspannung ein Übergewicht hat (jeweils vor allem in der Gesicht-, Brust- und Schulterregion). Ich schütte mich aus vor Lachen. Es hilft mir, mich von den skurrilen Umständen und von der mich ergreifenden Fremdscham – nicht ganz, aber doch ein wenig – zu erlösen; ich gewinne eine gewisse Distanz zum Geschehen und zu den mir unsympathischen Figuren.

Die *Fremdscham* erscheint mir ein sehr spezielles Gefühl zu sein, denn diese Form der Scham empfinden wir zwar als Zuschauer:innen, jedoch nicht primär bezogen auf unser eigenes Verhalten, sondern auf das einer anderen Person. Die Scham bezieht sich auf Verhaltensweisen, die wir Zuschauer:innen als einen Verstoß gegen gesellschaftliche Normvorstellungen bewerten. Wir als Zuschauer:innen sind zugleich Beobachter:innen des Normverstoßes und verspüren (so vermute ich) stellvertretend die Scham desjenigen, der gegen die Norm verstoßen hat. Oftmals intensiviert sich das Schamerlebnis, wenn wir als Beobachter:innen spüren, dass die Person, die gegen die Normen verstößt, dies selbst gar nicht wahrnimmt. Man denke da an solche Formate wie *Deutschland sucht den Superstar*, wo sich häufig wenig talentierte Menschen offenbaren. Wir versinken dann stellvertretend für diese Person im Boden und senken unseren Blick. Scham ist eine leibliche Engung, die uns auf einen Schlag „überfluten" (Demmerling und Landweer 2007, S. 222) sowie lähmen und blockieren kann, die aber auch relativ schnell wieder „abebbt" (ebd.). Wenn ich also beobachte, wie die verschiedenen Mütter versuchen, ihre Töchter wie Püppchen zu schminken und anzukleiden, bestimmte unnatürliche Posen mit ihnen einüben, dann überfällt mich eine gewisse Fremdscham in Bezug auf dieses Verhalten. Unzählige moralisch bedeutsame Fragen schießen mir durch den Kopf: Wieso machen die Mütter das? Warum machen die Töchter mit? Wozu gibt es solche Formate überhaupt? Werden die Kinder psychische Schäden davontragen, wenn sie an diesem Wettbewerb teilnehmen? Welches Bild von Mädchen und Frauen erlernen die Kinder? Werden sie dieses Bild weitertragen?

3.2 Lachen und Weinen als gemeinsam auftretende Regungen in *Little Miss Sunshine*

Die nächste Szene handelt von Olives Auftritt bei der Talentshow. Während sich Olive für die Talentshow umkleidet, beschleicht mich das Gefühl, dass sie zunehmend weniger von einem Sieg überzeugt ist und schließe mich der Meinung ihres Vaters, Onkels und ihres Bruders an, dass sie abbrechen sollte, um nicht gedemütigt zu werden. Ich übernehme also ihre Perspektiven, schwinge empathisch mit. Nur ihre Mutter Sheryl stärkt ihre Tochter, lässt es ihre Entscheidung sein, ob sie den Talentauftritt zeigen möchte oder nicht. Olive entscheidet sich dafür. Ihr Auftritt ist wesentlich von ihrem Opa, dem alten Hippie, beeinflusst und es wird nun deutlich, warum sie mit ihrem Großvater wie eine Katze zu fauchen geübt hat: Unterlegt mit dem Song *Super Freak* von Rick James führt Olive einen wilden Striptease auf, der das gesamte Publikum völlig überrascht. Erste Gäste erheben sich von den Stühlen und gehen angewidert. Andere schauen sich mit offenem Mund fassungslos den Auftritt an. Aus purer Schadenfreude (vgl. Demmerling und Landweer 2007, S. 170) lache ich diese Spießer laut aus, es schüttelt mich und sehr wohlwollend lache ich ebenfalls laut für die kleine Olive. Die Ursachen für meinen Gemütszustand sind demnach recht komplex. Noch hat sich Olive ihren Show-Anzug nicht heruntergerissen, aber die ersten Zeilen des Songs brechen bereits sämtliche Normen des Wettbewerbs. Sie singt über sich als „very kinky girl" (sehr versautes Mädchen), das ein Junge besser nicht mit nach Hause bringen und der Mutter vorstellen sollte.

Schon hier geht mein Lachen langsam in Weinen über. Mir kommen die Tränen, ich lache weiter und weine gleichzeitig. Die gesamte Szene ist so rührend, denn alles, was für die kleine Olive nun geschieht, empfinde ich als so gerecht und wichtig für die persönliche Entwicklung des kleinen Mädchens. Ich weine, weil ich erlöst bin, dass das kleine Mädchen über alle seine Zweifel erhaben und so voller Freude ist. Olives Großvater hat ihr einen Weg gezeigt, selbstbewusst zu sein und sich von Bildern des Perfekten nicht einschüchtern zu lassen. Vermutlich ohne dass sie sich selbst darüber bewusst ist, tanzt Olive mit dem Striptease gegen das perfekte Sauber-Image des Schönheitswettbewerbes an. Sie insistiert, dass sie als „Super Freak" „all right" ist und provoziert einen Skandal. Die Eltern Sheryl und Richard, Bruder Dwayne und Onkel Frank sind zunächst erstaunt und realisieren erst allmählich, dass Olive sich hier keiner Demütigung (s. ▶ Abschn. 4.2) hingibt, wie befürchtet, sondern dass sie eine grandiose, sehr selbstbewusste Show zeigt. Mein Lachen geht weiter in ein Weinen über. So nach und nach erhebt sich jede:r einzelne aus der Familie und feuert Olive mit Klatschen an. Ein skurriles Fangspiel zwischen dem Moderator und Olive entsteht auf der Bühne, aber immer wieder entkommt sie ihm. Das Weinen verschiebt sich wieder mehr in Richtung Lachen. Ihr Vater schreitet ein und hindert den Moderator daran, Olive auf der Bühne einzufangen. Die Situation eskaliert und die Organisatorin fordert Richard vehement auf, Olive von der Bühne zu holen. Er geht zwar auf die Bühne, ist im ersten Moment etwas ratlos, blickt umher, tanzt erst langsam, dann aber hemmungslos mit. Dazu gesellen sich Frank, Dwayne und Sheryl, die ebenfalls wild mit Olive tanzen. Nun weine ich hemmungslos und lache gleichzeitig mit den Figuren mit. Weil ich weine, ziehen sich meine inneren Organe in der Bauchregion zusammen. Und weil ich auch lache, ziehen sich meine Mundwinkel erneut nach außen. Gleichzeitig fließen die Tränen, ich fühle mich innerlich und im Gesicht warm. Mein Atem geht tief und schnell, sodass Schwellung und Spannung sich rhythmisch mit einem leichten Überhang zur jeweiligen Seite zeigen. Mal empfinde ich mehr Spannung (beim Einatmen) und mal empfinde ich mich eher weit (beim Ausatmen). Allmählich scheine ich mich zu beruhigen und meine Halsregion öffnet sich, weil ich nun tiefer aus- statt einatme, sodass ich leiblich eine Schwellung und Weite verspüre, die mir Erlösung und eine gewisse leibliche Ruhe bringt. Ich genieße die affektive (emotionale) Entladung und spüre eine tiefe Weite, nämlich eine Befriedigung und ein körperliches Aufatmen in mir, die mich beim Lachen und Weinen geradezu gleichmäßig im gesamten Körper von unten nach oben durchströmt. Meine leibliche Verfassung ummantelt die letzten Szenen des Films, ich leibe sie gnadenlos ein, damit der Film nicht zu Ende geht. Der Film macht es mir aber einfach, glücklich Abschied zu nehmen, da die Familie im dritten Gang ihres Hippie-VW-Busses eine Schranke durchbricht und damit das Showgelände verlässt. Sehr zu meiner *Schadenfreude* wartet an der Schranke daneben die verbitterte Organisatorin sittsam darauf, dass sich ihre Schranke öffnet. Ihre Verbitterung steigert sich ins Unermessliche, als sie die Familie bei einem erneuten Regelbruch beobachten muss. Die Organisatorin hat es verdient, warten zu müssen, sie hat es verdient, verbittert auf das Glück anderer zu schauen, weil sie der Inbegriff körpernormativer Vorstellungen bei Frauen und Mädchen ist und diese Vorstellungen mittels eines Wettbewerbes in die Welt trägt und im schlimmsten Fall für diverse Selbstzweifel bei jungen Mädchen und Frauen sorgt. Meine Schadenfreude erscheint mir in diesem Fall also gerecht und bestärkt mich sogar noch in meiner Freude über die Familie Hoover und deren normverstoßendes, aber gerechtes Verhalten. Voller Wärme und Weite lässt mich dieser Film also zurück.

3.3 Leibliches Betroffensein beim Weinen in *Dancer in the Dark*

In diesemKapitel lege ich den Schwerpunkt vorrangig auf Beschreibungen leiblicher und körperlicher Regungen in Bezug auf bestimmte Szenen des Filmes *Dancer in the Dark*. Mein Ziel ist es zu beschreiben, wie intensiv sich die Gefühle leiblich und körperlich äußern. Dazu nutze ich auch hier das Vokabular der Neuen Phänomenologie, welches ich in der Einleitung vorgestellt habe.

3.3.1 *Dancer in the Dark* (2000): Worum geht es?

❗ Achtung Spoileralarm: 100 Prozent

Selma droht zu erblinden. Die tschechische Einwanderin möchte ihrem 12-jährigen Sohn Gene, der – ohne dies zu wissen – an derselben Erkrankung leidet, dieses Schicksal ersparen. Daher spart sie jeden Cent, den sie als Fabrikarbeiterin mit zusätzlichen Überstunden verdient, für eine Operation ihres Sohnes. Das hart verdiente Geld versteckt sie in einer Dose in ihrem Haus. Selma erzählt niemandem von ihrer Erblindung, auch nicht ihren Freunden Cathy und Jeff, der in Selma verliebt ist. So nach und nach begreifen ihre Freunde jedoch, dass Selma kaum noch sehen kann. Geräusche sind für Selma daher besonders wichtig, denn sie regen sie an, in Tagträumereien zu versinken und so vor der harten Realität hin und wieder zu fliehen.

Zusammen mit ihrem Sohn lebt Selma auf dem Grundstück ihrer Vermieter Bill und Linda Houston. Linda lebt verschwenderisch und kann mit dem Geld aus einer Erbschaft nicht recht umgehen. Bald ist alles ausgegeben, was Linda jedoch nicht bewusst ist. Bill vertraut Selma dieses Geheimnis an. Im Gegenzug verrät Selma ihr Geheimnis, nämlich, dass sie blind wird, ihr Sohn ebenfalls krank ist und sie Geld für seine Operation gespart hat. Daraufhin bittet Bill sie, ihm Geld zu leihen, was Selma nicht tun kann, da sie den Arzt in Kürze bezahlen muss. Bill findet heraus, wo Selma das Geld versteckt und er bestiehlt sie. Selma bemerkt den Diebstahl wenig Zeit später und bittet Bill, ihr das Geld zurückzugeben, was er nicht tut, weshalb sie das Geld an sich nimmt. Aus Verzweiflung bedroht Bill sie mit seiner Waffe – er ist ortsansässiger Polizist – und lenkt die Situation so, dass es für seine Frau Linda aussehen muss, als bestehle und bedrohe Selma ihn. Linda holt auf Bills Anweisung Hilfe. Zwischen ihm und Selma kommt es zu einem ungleichen Kampf, denn Bill manipuliert die fast blinde Selma physisch und psychisch, sodass sie ihn zunächst aus Versehen mit seiner Waffe anschießt, später dann auf seinen Wunsch hin erschießt und ihm – wie betäubt – den Schädel einschlägt.

Selma ist traumatisiert, wird etwas später verhaftet, in einem unfairen Gerichtsverfahren zum Tode durch Erhängen verurteilt, welches schließlich vollstreckt wird.

3.3.2 Weinen als bedrückendes Erlebnis

Dieser Film eignet sich besonders gut, das Weinen als sehr bedrückendes, fast schon erdrückendes leibliches Betroffensein zu beschreiben. Aus dem Kino gehe ich leiblich besonders schwer und geschwächt. Ab etwa der Mitte des Filmes fühle ich mich zunehmend bedrückter und weine hin und wieder. Ab etwa dem letzten Viertel muss ich fast permanent weinen. Einzig Selmas Tagträumereien, pathetische Musicalszenen komponiert aus den Geräuschen und Menschen ihrer Umwelt und in denen sie frei sein kann und voller Kraft und Lebensfreude ist, lenken mich als Zuschauerin von Selmas eigentlicher Realität ab und erlösen mich hin und wieder von der andauernden Anspannung des Weinens. Ich gerate in diesen Szenen regelrecht in den Bann ihrer Träumereien, sodass ich weit weg bin von Selmas und meiner eigenen Realität. Ich bin geradezu gefesselt, vergesse mich selbst und gerate in Trancezustände (s. ▶ Abschn. 5.4).

Nachdem Selma Bill erschossen hat und sie traumatisiert in eine Musicalszene flüchtet, wird es mir als Zuschauerin das erste Mal sehr schwer ums Herz. Ich fühle mich leiblich wie eingeschnürt, ein tiefe Sorge macht sich breit und beengt meine Herzregion. Aber der gesamte Song *Scatterheart* wirkt leicht hypnotisch, ist langsam inszeniert und beruhigt nicht nur Selma, sondern auch mich als Zuschauerin nach der sehr aufwühlenden Tötungsszene.

In ihrem Traum erwacht der blutüberströmte, auf dem Boden liegende Bill von den Toten, indem Selma ihn sanft antippt. Er lächelt, ist ihr nicht böse, singt, er hätte ihr mehr wehgetan als sie ihm, dass sie stark sein müsse. Ihr Sohn Gene taucht auf, fährt mit seinem Fahrrad im Kreis, beruhigt singend seine Mutter. Sie hat getan, was sie tun musste („You just did what you had to do."). Selma bittet Bill um Vergebung, er tut es und umarmt sie. Auch Linda, die Ehefrau Bills, hilft Selma. Sie rät ihr, sich zu beeilen, das Grundstück zu verlassen, denn sie habe die Polizei gerufen, die sich schon in der Nähe befinde. In ihrem Lied verdichtet Selma den Zwiespalt ihrer Schuld und der Notwendigkeit ihrer Tat auf poetische Weise. So brauche es Zeit, bis ihr vergeben werden könne. Und Selma weiß, dass die Zeit der Vergebung kein festgesetztes Maß ist: Vielleicht benötigt Vergebung so lange, wie eine Träne braucht zu fallen, oder solange, wie ein Herz einen Herzschlag aussetzt, oder solange, wie eine Rose bedarf, um Dornen zu bekommen.

In die Realität findet Selma weinend zurück. Nur kurz wird ihr schmerzverzerrtes Gesicht gezeigt. Hier fängt auch mich Selmas eigentliche, sehr schmerzvolle Wirklichkeit ein. Den gesamten Song schaue ich fassungslos, mit angewinkelten Beinen und meinem rechten Arm mich umarmend und festhaltend, an. Ich enge mich leiblich und körperlich ein, mache mich klein und weine los, als ich Selmas Schmerz in ihrem Gesicht kurz aufblitzen sehe. Es schüttelt mich, ich atme mehrfach hintereinander ein, ohne auszuatmen, was mich leiblich noch mehr anspannt. Beruhigend wirkt auf mich kurz danach, als Jeff Selma am Ufer sitzend findet, sie an die Hand nimmt und in sein Auto begleitet. Seine Berührung suggeriert in mir ihr Nachspüren, fast spüre ich selbst die beruhigende Berührung seiner Hand (s. ▶ Kap. 7 zum Begriff der *Bewegungssuggestion*). Selma kann sich nun ausruhen und schlafen. Auch meine Atmung wird ruhiger und wieder gleichmäßig. Ich kann wieder leichter einatmen, ohne stocken zu müssen. Mein Hals und meine Luftröhre fühlen sich innerlich wieder geschwellter, weiter an, was einer Entspannung gleichkommt.

Eine fast durchgängige emotionale Schwere und Fassungslosigkeit tun sich auf, als die Geschworenen und der Richter das Todesurteil durch Erhängen verkünden. Die Handkamera zoomt dicht an Selmas Gesicht, ihre Augen kann sie kaum öffnen, sie wirkt erschöpft, blass und kraftlos. Etwas später findet Jeff heraus, dass Selma das Geld für Genes Operation gesammelt hat. Dies ist ein wichtiges Motiv, das Selmas Anwalt nicht berücksichtigt hat. Daher kümmern sich Selmas Freunde Kathy und Jeff um einen neuen Anwalt, der Selma besser verteidigen soll. Selma ist jedoch voller Sorge, dass Gene im Zuge einer Revision von seiner Erkrankung erfahren könnte. Sie glaubt, dass Gene deswegen bekümmert sein könnte und seine

Augen sich deswegen verschlechtern würden. Zudem muss sie den Anwalt selbst bezahlen – von dem Geld, das eigentlich für Genes Operation geplant war. Daher lehnt sie das Angebot einer Revision ab. Ihre ganze Situation ist ausweglos.[2] Auch hier bin ich sehr angespannt, meine Schultern habe ich nach oben an die Ohren gezogen, mein Kopf ist gesenkt, ich schaue von unten auf den Bildschirm, weil ich mich kaum traue, meinen vollen Blick auf den Bildschirm zu richten. Denn ein ganzer Blick wäre ein noch viel intensiverer Augenblick der Verletzlichkeit Selmas und der Ungerechtigkeit, die ihr widerfährt, welche ich nicht weiter ertragen kann. Ich muss mich davor schützen, indem ich mich leiblich und körperlich klein mache und mich vom Bildschirm auch mit meinem Blick zurückziehe.

Und dennoch bin ich im Bann, leiblich-affektiv betroffen von dem Film und von Selma und möchte wissen, wie es weitergeht. Meine Aufmerksamkeit ist gesammelt, was meint, dass mein vitaler Antrieb an das Thema gebunden ist. Weitung fühle ich in diesem Zusammenhang nur in Form einer Erwartungshaltung, als „Aussicht auf das Bevorstehende" (vgl. Schmitz 2011a, S. 18). Immer wieder verspüre ich die Hoffnung, dass doch noch alles gut wird. Der Phänomenologe Hermann Schmitz würde hier vielleicht sagen, dass ich die Richtung des Bildschirmes, auf welcher sich die sehr einnehmende Szene zeigt, leiblich spüre. Dass ich leiblich geradezu in diese Richtung gezogen werde, obwohl ich einerseits dagegen ankämpfe und andererseits wie magisch angezogen bin, sodass mein Blick der Richtung nachgibt und ihr nachspürt, wenn auch leicht gesenkt und tiefer in den Schädel sinkend, um nicht allzu dicht am Geschehen zu sein.

Am Tag ihrer Hinrichtung wird die Situation noch wesentlich bedrückender. Die blinde Selma liegt seitlich zusammengekrümmt auf ihrer Pritsche, ihr rechter Zeigefinger bewegt sich nervös, sie hört Stahltüren dröhnen, Schlüssel metallisch aneinanderschlagen und sich nähernde schwere Schritte. Sie weint leise und hat Angst. Der Aufforderung, sich zu erheben, kann sie nur mit Hilfe nachkommen. Ich spüre leiblich, wie schwer sie sich fühlen muss, wie sich jede Faser ihres Körpers wehrt, ihrem Tod entgegen zu gehen. Mein eigener Leib verspürt diesen Widerstand. Dieser Wechsel aus epikritischen (kalten, stechenden) und protopathischen (dumpfen, schweren) Phänomenen strengt an (s. ▶ Abschn. 4.1.3 für die Begriffe *epikritisch* und *protopathisch*). Ihre Gefängniswärterin, die Selmas Situation sehr be-

---

2 Selma schafft es dennoch, sich würdevoll der Situation zu stellen und die leibliche Souveränität zumindest in ihren Traumwelten zu behalten. In ▶ Abschn. 4.2 gehe ich auf die Würde als leibliche Souveränität und das Gefühl der Demütigung ein.

dauert, hilft ihr mit lautem und rhythmischem Stapfen der Füße, sich aus der Zelle in die Richtung des Galgens zu bewegen. Durch diesen Rhythmus versinkt Selma wieder in einem Musicalsong. Insgesamt einhundertsieben Schritte muss Selma nun gehen, bis sie am Galgen angelangt ist. Als Grundrhythmus hört man das Abzählen dieser Schritte, Selma singt darüber die Anzahl ihrer Schritte „one, two, three, four, ..." , sie tanzt, besucht andere Gefängnisinsassen und wird von tanzenden Gefängniswärtern sanft auf ihren Weg zum Galgen zurückgeholt. Zwar verhilft auch mir dieser Rhythmus zu Beginn, die leibliche Enge etwas loslassen zu können, aber der Song kann nicht mehr darüber hinwegtäuschen, dass Selma sich in einer ausweglosen Situation befindet. Der Hoffnungsschimmer wird immer kleiner, ich fasse kaum noch Mut und schaue mit verweinten Augen, weiter in mich zusammengesunken und leiblich eingeengt, der Szene zu. Ich habe Mühe, tief Luft zu holen, meine Luftröhre verkrampft sich. Noch trauriger, fassungsloser, bestürzter bin ich, als Selma am Galgen ankommt, sich auf die Falltür stellen muss, sich nicht mehr halten kann und in sich zusammenfällt und deswegen an einem Brett festgebunden werden muss. Sie weint, hat Todesangst, schreit. Diese Szene ist kaum zu ertragen. Ich möchte mich aus meinem Sessel winden, bin aber leiblich starr vor Kummer und von der Schwere, die auf meinem Leib lastet. Sie drückt mich leiblich und körperlich in meinen Kinosessel, mir tun die Augen weh, weil die Tränen sie verstopfen, meine Nase verflüssigt sich und läuft mir auf den Pullover, die Tränen überschwemmen meine Hände und lassen sie als Leibesinseln nasskalt spürbar werden. Sie fühlen sich wie ein Fremdkörper an. Ich hebe mit Mühe einen schweren rechten Arm, der meine Tränen abwischen soll. Mein Hals und meine Luftröhre lassen kaum Luft rein und ich ersuche meinen vitalen Antrieb, dass er mir meine Atemfunktion wieder ermögliche. Durch einen Schleier sehe ich, wie Selma sich beruhigt, als Kathy sich zu ihr durchkämpfen kann, um ihr mitzuteilen, dass Gene erfolgreich operiert wurde. Selma wird ruhiger, ich jedoch schaffe es nicht, denn ich warte gespannt darauf, ob es noch Hoffnung für Selma gibt und sie errettet wird. Selma beginnt ein letztes Lied, ohne Traumwelt, ohne Musical. Für alle sichtbar singt sie laut und hemmungslos den bekannten Song *My favorite things* aus dem Musical *The Sound of Music*. In angespannter Haltung, ohne dass es diesmal eine Erlösung gibt, erwarte ich das Schlimmste und kann es dann doch nicht fassen, als sich plötzlich die Falltür öffnet und Selma hindurchfällt und am Strick hängt. Alle meine Dämme brechen, ich habe keine Kontrolle über meine leiblichen und körperlichen Regungen, ich zittere unkontrolliert und zusätzlich schütteln sich im unregelmäßigen Takt mit der Ein- und Ausatmung mein ganzer Rücken, meine Schultern und mein Bauch. Meine

Augen quellen mit Tränen über, ich kann nichts mehr sehen. Ich möchte nichts mehr sehen, denn ich kann nicht glauben, was ich sehen muss. Ein letzter Song noch im Abspann könnte mich wieder beruhigen, tut es aber nicht. Völlig geschwächt von all den leiblichen und körperlichen Regungen, mit brennenden Augen und hängendem Kopf verlasse ich das Kino.

3.4 Fazit

Wir schauen Filme aus verschiedenen Gründen. Manchmal möchten wir unsere Stimmungen (Fröhlichkeit, Traurigkeit, Nachdenklichkeit usw.) verstärken. Manchmal schauen wir Filme auch aus purem Zufall, etwa, wenn er gerade bei Freunden läuft und wir zufällig dazu stoßen und mitschauen. Manchmal kommt einfach nichts Anderes im Fernsehen und man hat keine Lust, sich aktiv auf die Suche nach einem anderen Film zu begeben und man schaut dann das, was gerade läuft. Ob wir nun bewusst einen Film/eine Serie schauen oder nicht, unsere leibliche Disposition (z. B. die Stimmung) kann dadurch verändert werden. Interessant ist es zu beobachten, wie sich die Stimmung verändert, auch im leiblich gespürten Sinne. Im Alltag weinen wir meistens, weil wir selbst direkt von etwas betroffen sind. Wir sind traurig darüber, weil uns jemand verlassen hat, weil wir etwas als ungerecht empfinden, weil wir körperlichen Schmerz empfinden, weil wir den Schmerz uns geliebter Menschen spüren. Mit einem Film bietet sich uns die Möglichkeit, mit einer Figur zu weinen/zu lachen und empathisch zu sein (s. ▶ Kap. 2). Dass nicht nur echte Menschen eine solche Wirkung auf uns haben, sondern auch fiktive Geschichten mit fiktiven Figuren, zeigt uns, wie intensiv wir uns auf Erlebnisse leiblich-affektiven Betroffenseins einlassen können. Das Sehen von Filmen und Serien kann für uns zu einem überwältigenden Erlebnis werden, an das wir uns auch Jahre später noch erinnern.

Mit welchem Gefühl Sie aus einem Film/einer Serie hinausgehen, ob gelangweilt, befremdet, verärgert, genervt oder gar verstört, hängt sicherlich auch von Ihrer Tagesverfassung und den Gründen, warum Sie diesen Film gesehen haben, ab. Auch ob Sie etwas lustig oder sehr traurig finden, ist ebenfalls individuell, je nachdem, welche Erwartungen, Interessen, Bedürfnisse usw. Sie mit in den Film/die Serie bringen. Während die einen die deutsche Komödie *Fack ju Göhte* (2013) in der Regie von Bora Dağtekin besonders lustig finden und sich vor Lachen kaum halten können und es sie am ganzen Leib schüttelt, können andere nur genervt und vielleicht sogar verärgert den Kopf darüber schütteln. Vielleicht ist die eine Person ein:e Schüler:in, der/die endlich mal eine lustige Version von Schule gezeigt bekommt, während die verärgerte Person vielleicht ein:e Lehrer:in ist, der/die die gesamte Darstellung völlig unrealistisch findet und sich in seiner/ihrer Lehrer:innen-Ehre verletzt fühlt.

Es sind Erlebnisse, die uns vielleicht verändern, weil wir uns für Verhaltens- und Erlebensweisen anderer Menschen öffnen, aber auch weil wir uns für unsere eigenen Verhaltens- und Erlebensweisen öffnen können, indem wir Emotionen und leibliches Betroffensein zulassen. Vielleicht entdeckt sich jemand völlig neu im Spüren leiblicher Regungen. Vielleicht entdeckt jemand auch tieferliegende Gründe für das Lachen oder Weinen. Manchmal wird uns erst am Ende eines Filmes oder einer Serienfolge klar, dass es dringend nötig war, aufgestaute Gefühle zu entladen. Hier kann man es mit Aristoteles halten, der in diesem Zusammenhang von einer Katharsis spricht: Der Wechsel aus der physiologischen Anspannung in eine Entspannung kann als lustvoll empfunden werden, was uns Zuschauer:innen befriedigen kann (vgl. Gelfert 1995, S. 17).

Zum Nachdenken
1. In welchen Filmen haben Sie besonders gelacht oder geweint?
2. Ich habe das Lachen als Ausdruck der Schadenfreude, Schaulust und Fremdscham beschrieben. Welche Arten des Lachens haben Sie beim Film-/Serienschauen an sich selbst beobachten können? Konnten Sie sogar noch andere Arten an sich beobachten?
3. Ich habe das Weinen als sehr bedrückendes Erlebnis (bei *Dancer in the Dark*) aber auch als Erlösung (bei *Little Miss Sunshine*) vorgestellt. Konnten Sie beim Filme- bzw. Serienschauen noch andere Arten des Weinens an sich beobachten? Welche sind das?

Literatur

Anz, Thomas (2019). Ekel. Unlust- und Lustgefühle in interdisziplinären Perspektiven. In: H. Kappelhoff, J.-H. Bakels, H. Lehmann & C. Schmitt (Hg.). Emotionen. Ein interdisziplinäres Handbuch. Berlin: Metzler, S. 165–173.
Demmerling, Christoph & Landweer, Hilge (2007). Philosophie der Gefühle. Von Achtung bis Zorn. Stuttgart, Weimar: Metzler.
Gelfert, Hans-Dieter (1995). Die Tragödie. Theorie und Geschichte. Göttingen: Vandenhoeck & Ruprecht.
Gelfert, Hans-Dieter (2002). Wie interpretiert man einen Roman? Stuttgart: Reclam.

Literatur

Hanich, Julian & Menninghaus, Winfried (2014). Im Wechselbad der Gefühle. Zur Emotionsvielfalt im filmischen Melodram. In: G. Gebauer & M. Edler (Hg.). Sprachen der Emotionen. Kultur, Kunst, Gesellschaft. Frankfurt, New York: Campus Verlag, S. 101–133.

Schmitz, Hermann (2011a). Der Leib. Berlin u. a.: Walter de Gruyter.

Wild, Elke, Hofer, Manfred & Pekrun, Reinhard (2006). Psychologie des Lerners. In: A. Krapp & B. Weidenmann (Hrsg.). Pädagogische Psychologie. Ein Lehrbuch. Weinheim; Basel: Beltz, S. 203–267.

Filme, die uns abstoßen – Filme, die wir aushalten

Inhaltsverzeichnis

4.1 Leibhaftiges Grauen, Horror, Nervenkitzel und Gewalt aushalten – 59
4.1.1 Schwierigkeiten bei der Auswahl eines Filmbeispiels – 61
4.1.2 Ring (2002): Worum geht es? – 61
4.1.3 Die Leiblichkeit des Horrors – 63
4.1.4 Warum empfinden wir Grusel und Schrecken? – Eine psychologische Antwort – 70

4.2 Erniedrigung und Demütigung von Figuren aushalten – 73
4.2.1 Die Leiblichkeit von Würde – 76
4.2.2 Die Leiblichkeit der Demütigung – 77
4.2.3 Das Sehen wird unerträglich – ausgewählte Szenen aus Game of Thrones (2011–2019) – 79

© Springer Fachmedien Wiesbaden GmbH, ein Teil von Springer Nature 2022
W. Schwelgengräber, *Wer sehen will, muss spüren*, Über/Strom: Wegweiser durchs digitale Zeitalter, https://doi.org/10.1007/978-3-658-37300-9_4

4.3		Abstumpfen gegenüber Horror, Nervenkitzel und Gewalt – 85
	4.3.1	Die Leiblichkeit des Abstumpfens – 85
	4.3.2	Warum stumpfen wir manchmal ab? – Psychologische Antworten – 86
4.4		**Unerträgliche Langeweile – 90**
	4.4.1	Formen von Langeweile – 90
	4.4.2	Die Leiblichkeit der Langeweile – 92
	4.4.3	Warum langweilt man sich? – Eine psychologische Antwort – 94
4.5		Fazit – 96
		Literatur – 99

Das vierte Kapitel steht ganz im Zeichen von Filmen und Serien, die wir abstoßend finden, aber vielleicht trotzdem schauen. Am Film *Ring* gehe ich auf Ekel, Schreck und Angstlust ein. Ich erkläre weiterhin, warum wir uns ängstigen, warum wir bestimmte Bilder abstoßend finden und wie wir uns dabei fühlen. Auch die Frage, warum wir uns an Gewaltszenen gewöhnen, versuche ich zu beantworten. Zudem gehe ich am Beispiel von *Game of Thrones* auf demütigende und entwürdigende Situationen ein, die wir als Zuschauer irgendwie aushalten oder auch nicht. Auch Langeweile stößt ab. Sicherlich haben Sie schon Filme und Serien gesehen, in denen Sie angespannte und geladene, pure Langeweile verspürt haben. Nicht das entspannte Zurücklehnen, sondern geradezu ein Auflehnen gegen diesen einen Film oder diese eine Serie macht sich leiblich breit. Daher beschreibe ich in diesem Kapitel auch die einengende, sich ziehende Langeweile und mögliche Gründe dafür.

4.1 Leibhaftiges Grauen, Horror, Nervenkitzel und Gewalt aushalten

Folgender Film steht im Mittelpunkt dieses Kapitels
Ring (2002)

Genre:	Horrorfilm
Produktionsland:	USA
Drehbuch:	Ehren Kruger
Regie:	Gore Verbinski
Musik:	Hans Zimmer
Darsteller:innen:	u. a. mit Naomi Watts (Rachel Keller), David Dorfman (Aidan Keller), Brian Cox (Richard Morgan), Daveigh Chase (Samara Morgan), Shannon Cochran (Anna Morgan)

Horrorfilme und Psychothriller ziehen uns geradezu in ihren Bann, weil wir uns gruseln und zutiefst erschrecken können und wollen. Wir haben *Angstlust*.[1] Wir wollen bewegt sein (s. ▶ Kap. 2). Während wir im Alltag diese Gefühle vermutlich weniger wertschätzen, so sind sie uns oftmals höchst willkommen, wenn Filme und Serien sie in uns auslösen. Filme und Serien bieten uns Sekundärerfahrungen, Als-ob-Szenerien, die wir im Alltag nicht am eigenen Leib erleben möchten. Wahrscheinlich kaum jemand möchte nachts durch einen dunklen Wald laufen und dort Grusel und Angst empfinden. Wir tauchen freiwillig in diesen Kunstraum ein und können wieder aus ihm auftauchen, um Distanz zu gewinnen. Eine Geschichte ist ein solcher Kunstraum, der uns die Möglichkeit bietet, in das Innere eines Menschen (hier einer Figur) zu blicken oder Verhaltens- und Erlebensweisen eines Menschen/einer Figur zu erfahren, ohne dass wir uns einer Gefahr aussetzen müssen (vgl. Anz 2019, S. 169). Wir sind Voyeure, weil wir Lust am Sehen und damit am leiblichen Betroffensein, am Bewegtsein empfinden. Aber wie erleben wir solche Szenarien? Und warum haben wir bei vielen Serien und Filmen das Gefühl, mittendrin zu sein? Ein wichtiger Begriff, um diese Fragen aufzuklären, ist der der Atmosphäre (vgl. Infobox 8).

Infobox 8: Beispiele für Atmosphären

Der trübe und verhangene Morgen, die heitere Stimmung auf einer Party, die bedrückende Stille auf einer Trauerfeier, der düster und spannungsgeladene Film, die tranceartige Yogastunde, die dicke Luft, die Sie spüren, wenn sich zwei Menschen streiten, die drückende Luft eines schwülen Sommertages, die klare grüne Luft nach einem erfrischenden Gewitter, die düstere, bedrohliche Stille bevor das Monster aus dem Loch kriecht, die nebelverhangene Stadt, das bedrohlich metallische Hämmern auf Eisengittern… Dies sind alles Atmosphären, denen wir im Alltag oder in Filmen/Serien begegnen und die unsere Stimmungen beeinflussen können. Atmosphären schweben nicht frei im Raum, sondern gehen von Objekten aus. Richtig messen können wir Atmosphären nicht, aber wir können mit Hilfe bestimmter Mittel Atmosphären erzeugen. Je nach leiblicher Disposition, also je nachdem, wie resonanzfähig unser Leib gerade ist, nehmen wir Atmosphären unterschiedlich intensiv wahr. Wir können von ihnen leiblich betroffen sein, oder sie auch einfach nur wahrnehmen, ohne von ihnen betroffen zu sein (s. ▶ Kap. 1).

---

1 Der Begriff der *Angstlust* lässt sich auf den Psychologen Michael Balint zurückführen (vgl. Anz 2019, S. 169).

Wir lassen uns geradezu von der Atmosphäre eines Filmes gefangen nehmen und sind leiblich von ihr ergriffen. Ich möchte im Folgenden keine Kategorisierung unterschiedlicher Genres von Horrorfilmen und Psychothrillern aufmachen, sondern meinen Schwerpunkt auf einige wenige Beispiele legen, in denen Filme und Serien uns in eine Atmosphäre des Horrors und Grusels mitnehmen.

4.1.1 Schwierigkeiten bei der Auswahl eines Filmbeispiels

Interessant ist vielleicht das Problem, einen guten Horrorfilm zu finden, den ich hier beispielhaft anführen kann. Bei meiner Suche bin ich immer wieder an gewisse Barrieren gestoßen, die ich jedoch nur schwer ausmachen konnte. Meine Befürchtungen waren recht vielschichtig. Dazu gehörte einmal der Umstand, dass der Film für mich zu gruselig sein und ich ihn gar nicht aushalten könnte (z. B. Filme, in denen Arme und Beine abgehackt werden und die betreffenden Personen laut schreien, oder Filme, in denen permanent geschrien wird, was ich als Zumutung empfunden hätte, da mich dieses Schreien geradezu stechend – epikritisch – vereinnahmt hätte). Zum anderen hatte ich die Befürchtung, dass der ausgesuchte Horrorfilm/Psychothriller für mich nicht mehr *funktioniert*. Ich schaue beispielsweise sehr gerne Klassiker wie *Es* (die neue Version). Beim Sehen läuft mir zwar noch ein Schauder über den Rücken, aber diesen sich leiblich aufdrängenden Grusel empfinde ich kaum noch (s. dazu auch das ▶ Abschn. 4.3). Nach längerer Recherche habe ich den Film *Ring* gefunden, der gerade zu meiner leiblichen Disposition passt. Er ist eher ein Krimi mit Elementen des Psychothrillers und Horrorfilms. Die von ihm ausgehende Atmosphäre könnte ich also gut aushalten. Doch worum geht in diesem Film?

4.1.2 *Ring (2002)*: Worum geht es?

 Achtung Spoileralarm: ca. 95 Prozent

Im US-amerikanischen Film *Ring*[2] recherchiert die Journalistin Rachel Keller die Todesursache für den mysteriösen Tod ihrer Nichte Katie. Rachel erfährt zufällig aus einem Gespräch zwischen Katies Freundinnen, dass sich

---

2 Der US-amerikanische Horrorfilm *Ring* aus dem Jahr 2002 ist eine Neuverfilmung des japanischen Horrorfilms *Ring – Das Original* (1998).

ihre Nichte in einem naturnahen Feriendorf in einer alten Hütte ein ominöses Videoband angeschaut hat und danach einen Anruf erhielt, der ihr ankündigte, in sieben Tagen zu sterben. Zu sehen ist auf dem Band unter anderen ein ringförmiger Lichtschein.

Um Katies Todesumstände zu klären, reist Rachel in das Feriendorf, findet das Videoband, schaut es sich an und erhält ebenfalls unmittelbar danach den Anruf, der ihr ihren Tod prophezeit. Von nun an hat sie sieben Tage Zeit, ihr eigenes sowie das Leben ihres Ex-Mannes und das ihres Sohnes, die ebenfalls beide das Video gesehen haben, zu retten. Mit jedem Tag, der verrinnt, zeigen sich Symptome ihres baldigen Todes, wie etwa eine blutende Nase, der Handabdruck eines Kindes auf ihrem Arm oder das Auswürgen eines dünnen Stranges langer schwarzer Haare, an deren Ende sich die Kontaktscheibe eines EKG-Gerätes befindet.

Auf dem Band findet Rachel Hinweise auf einen bestimmten Ort. Da sie nur wenig Zeit hat bis sie stirbt, sucht sie diesen Ort auf. Dort verdichten sich die Spuren darauf, dass das Videoband mit einer tragischen Familiengeschichte im Zusammenhang steht: Ein Ehepaar, Anna und Richard Morgan, hat ein Mädchen namens Samara adoptiert. Allerdings fügt Samara Menschen und Tieren – ungewollt, wie sie beteuert – Schaden zu. Da sich keine Besserung einstellt, verzweifelt ihre Adoptivmutter Anna so sehr, dass sie sich in einer psychiatrischen Klinik behandeln lassen muss. Auch Samara wird aufgrund ihrer Persönlichkeitseigenschaften untersucht. Eine Besserung ist jedoch nicht in Sicht. Weil ihr Adoptivvater Richard nicht weiter weiß, sperrt er Samara im Pferdestall ein.

Rachel setzt sich zusammen mit ihrem Ex-Mann Aidan das Ziel, Samara zu retten, denn sie interpretieren das Video als Hilferuf des Mädchens Samara. Ihre Ermittlungen führen sie vom Wohnort des Mädchens zurück zur Hütte im bewaldeten Feriendorf, in der Rachel und auch ihre Nichte Katie das Video gesehen haben. Sie entdecken, dass die Hütte auf einem tiefen Brunnen erbaut wurde und lösen das Rätsel. Samara wurde von ihrer Mutter in den Brunnen gestoßen, in dem Samara noch sieben Tage lang am Leben war. Rachel selbst, die aufgrund der Wirkmächte des Mädchens ebenfalls in den Brunnen fällt, sieht von unten, wie sich der Brunnen schließt. Dort erkennt sie, dass der Deckel den Brunnen nicht gänzlich schließt, sondern dass die Ränder einen Kreis aus Licht in die Dunkelheit hinabscheinen lassen – einen hellen Ring.

4.1.3 Die Leiblichkeit des Horrors

„Es ist doch nur ein Film: So schlimm kann das doch nicht sein!" – „Doch!"
So oder ähnlich könnte ein Gespräch zwischen einem Ehepaar ablaufen, von dem die Frau den Film schauen möchte, der Mann sich jedoch dagegen sträubt. Die Frau empfindet das Schauen als Lust, der Mann als Zumutung. Warum gruseln wir uns, fühlen uns beklommen oder erschrecken zutiefst, obwohl wir doch wissen, dass es nur ein Film ist?

- **Atmosphäre**

Eine Antwort darauf kann uns die Phänomenologie der Atmosphäre geben. Atmosphären können gemacht und mit Absicht erzeugt werden. Wir nehmen sie als eine ganzheitliche Situation wahr, die von einem Film oder einer Serie ausgeht. Filme/Serien sind dann impressive Situationen, das heißt, sie kommen für uns in einem einzelnen Augenblick ganz zum Vorschein (vgl. Schmitz 2003, S. 252). Solche Atmosphären begrenzen sich auf einen bestimmten Raum, den des Wohnzimmers und der Küche, oder auch auf einen Personenkreis, in dem der Film/die Serie abgespielt wird (vgl. ebd. 2011, S. 89 f.).

In Horrorfilmen werden Atmosphären mithilfe verschiedener stilistischer Mittel erzeugt. Sie können wahrgenommen werden, ohne dass sich Zuschauer:innen von ihnen leiblich ergriffen fühlen. Dann *funktioniert* der Horrorfilm nicht so wie es die Filmemacher:inner gewünscht haben. Werden wir von Atmosphären aber leiblich ergriffen, dann werden diese Atmosphären zu je eigenen Gefühlen (vgl. ebd., 4) und wir schwingen mit der Atmosphäre des Filmes leiblich mit. Mit dem Vokabular der Neuen Phänomenologie lassen sich diese Mittel hervorragend beschreiben, sodass deutlich wird, welche leiblichen Regungen sie bewirken können. Unter anderen werden Atmosphären spürbar mit Hilfe von *synästhetischen Charakteren*, wie etwa Farben, Klänge, der Beschaffenheit von Flächen wie Glätte und Rauheit usw. (vgl. Infobox 9), und mit Hilfe von *Bewegungssuggestionen*, zu denen etwa der Rhythmus und die Musik gehören (s. ▶ Kap. 7 für den Begriff *Bewegungssuggestion*). *Synästhetische Charaktere* und *Bewegungssuggestionen* vermitteln als sogenannte leibnahe Brückenqualitäten Einleibung und binden Gefühle (vgl. Schmitz 2011, S. 95). Das bedeutet, diese Phänomene sind in sich schon so beschaffen, dass sie sich uns geradezu aufdrängen und Atmosphären noch besonders befördern können.

> **Infobox 9: Synästhesien/synästhetische Charaktere**
>
> Damit ist nicht – wie es wohl eher bekannt ist – das Hören von Farben oder das Sehen von Klängen gemeint. Vielmehr ist damit gemeint, dass wir bestimmten Reizen nachspüren spüren, weil sie uns diese Empfindungen suggerieren, ohne dass wir sie tatsächlich aufgrund eingehender Sinnesdaten auf unserer Haut empfinden, und ohne, dass wir sie wirklich hören oder sehen können. Stattdessen wohnen synästhetischen Charakteren – wie sie in der Phänomenologie gemeint sind – Suggestionen/Anziehungen inne, die uns die Ahnung eines bestimmten Gefühls geben. Eine Liste mit Beispielen soll dies verdeutlichen: „das Scharfe, Grelle, Sanfte, Spitze, Helle, Harte, Weiche, Warme, Kalte, Schwere, Massige, Zarte, Dichte, Glatte, Raue der Farben, Klänge, Gerüche, des Schalls und der Stille, des hüpfenden oder schleppenden Ganges, der Freude, des Eifers, der Schwermut, [sic!] der Frische und Müdigkeit" (vgl. Schmitz 2011, S. 37).

In *Ring* wirken zum Beispiel verschiedene Töne als Synästhesien und bestimmte rhythmische Bewegungen als Bewegungssuggestionen. Insbesondere das todbringende Video bietet hier einige Beispiele, die gruselig wirken und eine beklemmende Atmosphäre auslösen. Eine wesentliche Bewegungssuggestion löst das Mädchen Samara aus, als es aus dem todbringenden Video heraustritt und zu einer realen Person wird. Wir schauen zu, wie Aidan Keller – Rachels Ex-Mann – sich das Video zum Ende der Handlung hin noch einmal anschaut, nachdem sein Fernseher sich automatisch und ohne das Zutun einer sichtbaren Person anschaltet und nicht wieder ausschalten lässt. David und auch wir sehen den Brunnen, in den Samara gestoßen wurde. Wir erblicken plötzlich Hände und schwarze Haare, die sich aus der Brunnenöffnung winden. Samara, in einem dreckigen weißen Gewand und mit langen schwarzen Haaren, die ihr Gesicht bedecken, klettert aus dem Brunnen. Die ◘ Abb. 4.1 zeigt Samara, wie sie in Richtung des eigenen Bildschirmes zugeht. Ihre langen schwarzen Haare drängen sich vor dem grell wirkenden bläulich-kalten Hintergrund dumpf, undurchsichtig und bedrohlich auf. Das Gesicht ist nicht zu erkennen, was die aufkommende Gefahr nur noch mehr intensiviert. Die kalten, blattlosen Bäume und das graue Blattwerk symbolisieren das Lebensfeindliche, Todbringende, das von Samara ausgeht. Wo sie ist, kann nichts und niemand überleben!

Samara bewegt sich gar nicht schnell, sie hebt und senkt ihre Schultern, was nicht menschlich, sondern verdreht aussieht. Ich tendiere dazu, mich von meinem eigenen Bildschirm wegzubewegen und führe die leibliche Regung körperlich aus, indem ich automatisch meine Beine an mich heranziehe und sie fest umarme. Samara kommt immer dichter, noch ist sie am Brunnen, aber im nächsten Schnitt steht sie plötzlich schon viel dichter am Bild-

4.1 · Leibhaftiges Grauen, Horror, Nervenkitzel und Gewalt...

◘ **Abb. 4.1** Samara steigt aus dem Brunnen und kommt dem eigenen Bildschirm näher. Screenshot erstellt von der Autorin, aus *Ring* (2002), Regie: Gore Verbinski, Dreamworks LLC

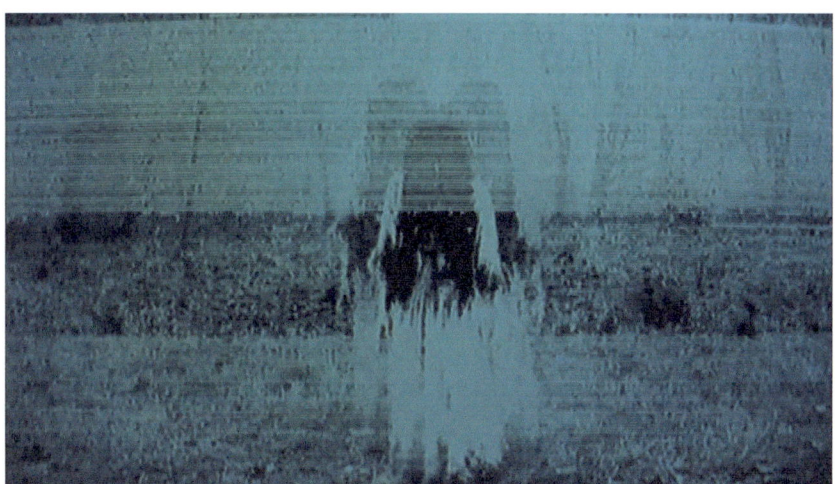

◘ **Abb. 4.2** Samara steht nun schon fast vor dem eigenen Bildschirm. Screenshot erstellt von der Autorin, aus *Ring* (2002), Regie: Gore Verbinski, Dreamworks LLC

schirm. Auf der ◘ Abb. 4.2 sehen Sie Samaras gebückte Haltung, die hängenden Arme und das herunterhängende Haar. Normalerweise wirkt eine solche Körperhaltung auf uns passiv und apathisch. Aber dieses Bild ist voller Bewegung und drückt damit das Gegenteil von Passivität aus: Das Bild flimmert und wird unscharf, wie der ◘ Abb. 4.2 zu entnehmen ist. So entstehen Lücken beim Sehen, was Fragen anregt: Kommt sie näher? Bleibt sie stehen? Wie dicht ist sie schon an meinem eigenen Bildschirm? Zu erkennen ist, dass Samara noch einige wenige Schritte geht, und im nächsten Schnitt nun schon direkt an *meinem* Bildschirm steht. Diese Bildbewegungen suggerieren in mir die Bewegungen, mich mit jedem Näherkommen weiter zurückziehen, mich vom Bildschirm wegbewegen zu wollen. Ich spüre den inneren Widerstand in mir, an meinem Sitzplatz zu verbleiben.

Samaras lange, schwarze, strähnige Haare durchdringen nun das Display, sie kriecht hindurch, steht kurz vor *meinem eigenen (!)* Bildschirm. Im nächsten Schritt ist sie noch dichter an *meinem* Bildschirm. Dadurch wirkt ihr Gang auf mich ruckartig. Diese Bewegungen suggerieren mir das leibliche Gefühl, vor Samara wegzulaufen, ähnlich wie Aidon es versucht. Stattdessen fällt Aidan vor lauter Panik über ein Regal, was mich selbst leiblich abbremst und gleichzeitig meine Atemkurve beschleunigt.

Das Video in *Ring* ist voll von synästhetischen Charakteren. Es beginnt mit kreischenden, andauernden Tönen, die sich hell wie ein Tinnitus in die Ohren bohren. Solche Geräusche nennt man epikritische Reize, da sie spitz zulaufen und grell wirken (vgl. Infobox 10 und ◘ Abb. 4.3). Epikritisch wahrgenommene Sachverhalte tendieren eher zur Engung (vgl. Schmitz 2011, S. 24). Diese epikritische Engung wird bei „plötzlichen, aufschreckenden Reizen aller Art" (ebd.) wahrgenommen. Typische Geräusche

◘ Abb. 4.3   Beispiele für epikritische und protopathische Phänomene (eigene Abbildung)

4.1 · Leibhaftiges Grauen, Horror, Nervenkitzel und Gewalt…

wie das Kreischen von Menschen oder Tieren, grell-klingende Musik oder Töne, das Rasseln von Ketten, das Schleifen eines Messers bewirken aufgrund einer leiblichen Spannung eine solche Engung. Das gilt auch für visuelle epikritische Reize wie scharfe oder spitze Gegenstände, die sich in Haut und Fleisch bohren. So sieht man in dem todbringenden Video in *Ring*, wie ein Daumen von einem Nagel durchstochen wird. Übrigens sind auch die ruckartigen, zackigen Bewegungen von Samara, als sie aus dem Video steigt, epikritisch, und sie suggerieren nicht nur ein Weglaufen, sondern sie schnüren mir zusätzlich noch die Kehle zu. Auch der bläuliche Hintergrund, die kahlen Bäume, die weißen und grauen Farben (vgl. ◘ Abb. 4.1 und 4.2) sind epikritische Phänomene, die abweisend und beengend auf Zuschauer:innen wirken können.

> **Infobox 10: protopathische und epikritische Phänomene**
>
> Wir können Sachverhalte (z. B. Musik) eher dumpf, diffus, dunkel, dröhnend, schwer usw. oder auch hell, klingend, spitz, grell, scharf, frisch usw. leiblich spüren. Solche synästhetischen Charaktere, wie Hermann Schmitz sie kennzeichnet, können dafür sorgen, sich leiblich eng oder geschwollen (weit) zu fühlen (vgl. Schmitz 2005, S. 57). Die Synästhesien mit verschwommen-dumpfer Tendenz nennt Schmitz protopathisch, die anderen mit spitzer oder zuspitzender, präzisierender Tendenz, sind epikritische Synästhesien.
>
> Auch die Architektur bietet Beispiele: Gebäude mit Rundungen und Stuckverzierungen sind als protopathisch zu bezeichnen, weil sie eher weich und dumpf wahrgenommen werden. Gebäude, die spitz zulaufen, scharfe Ecken und Kanten haben, sich vielleicht sogar bis in den Fußgängerweg spitz hineinstecken, sind als epikritisch zu bezeichnen.
>
> Solche Tendenzen können künstlich Atmosphären erzeugen, von denen wir umfangen, eingefangen und zugleich/oder abgestoßen werden.

Anders berührt uns dunkle, voluminöse Musik. Sie wirkt eher protopathisch und regt zur Weite an. Allerdings kann gerade solche Musik in Verbindung mit dem Thema, auf das sich die „gesammelte Aufmerksamkeit" (Schmitz 2011, S. 18) bezieht, zu einem vitalen Antrieb in Richtung Spannung und damit zu einer tendenziellen Enge führen. In *Ring* begleitet häufig eher protopathisch-sanfte Musik, getragen von voluminösen Streichern, dunklen Blasinstrumenten und sanften, manchmal fein-lebendigen Klaviersequenzen, das Thema, welches zu einer Weite und damit Entspannung einlädt. Dennoch überwiegt an manchen Stellen das Thema als Moment gesammelter Aufmerksamkeit die protopathische Musik, weshalb die Weitung dann eher latent durchscheint und sich als Erwartungshaltung und Aussicht auf das Bevorstehende bemerkbar macht (vgl. ebd.). Spannung wird erzeugt. Weitere protopathische Reize können das Gefühl der Anspannung noch um das besondere Gefühl des Ekels ergänzen und zu einem Konglomerat aus leiblichen Regungen binden, die zu einem echten Erlebnis werden. So kann das protopathisch-schleimig-klebrige Geräusch, das durch das langsame Eindringen eines spitzen Gegenstandes in das feuchte Fleisch verursacht wird, Ekel hervorrufen. Auch die dumpfen, dichten Haare von Samara (vgl. ◘ Abb. 4.1 und 4.2) sind ein protopathisches Phänomen und können Ekel auslösen.

- **Ekel**

Ekel ist eine Empfindung, die ich hier gerne näher ausführen möchte. Ekel empfinden wir vor etwas, das uns anwidert (z. B. Gedärm, Spinnennetze, blubberndes Blut, bestimmte Geräusche wie das Kratzen an einer Kreidetafel usw.), welches zum Beispiel im Film/in einer Serie gezeigt wird. Der Ekel als leibliche Regung ist in sich zerrissen, denn die wahrnehmende Person befindet sich in einer Ambivalenz zwischen Abstoßung und Anziehung. Die Engung (engendes Zurückhalten im eigenen Leib) und die Weitung (hier in der leiblichen Richtung des Auswurfs/Würgens) agieren konträr zueinander. Anlässe sich zu ekeln sind zum Beispiel Feuchtigkeit, Breiartigkeit, Klebrigkeit, aber auch formlose, schleimige, zerfließende, fädenziehende Reize verbinden wir mit Ekelanlässen (vgl. Schmitz 2011, S. 68). In *Ring* würgt Rachel Keller sehr langsam einen langen, schwarzen, feuchten, verdrehten Strang schwarzer Haare aus. Sie muss ihn sich aktiv aus dem Rachen ziehen, um ihn loszuwerden. Ich kann nur schwer nicht hinschauen, möchte aber gleichzeitig nicht sehen, was sich Rachel aus dem Rachen zieht. Es fasziniert mich und stößt mich gleichzeitig ab. Ich kämpfe geradezu mit meinem Blick, der zerrissen in der Ambivalenz aus Abstoßung und Anziehung festhält. Bei diesen Phänomenen handelt es sich um sogenannte synästhetische Charaktere mit protopathischer Tendenz, die uns abstoßen und die gleichzeitig merkwürdig anziehend auf uns wirken. Aufgrund der Tendenz der Weitung gehört das Protopathische unerlässlich zum eigenen Leib, weshalb der Ekel als protopathisches Phänomen nicht abgestoßen werden kann (vgl. ebd). Werden feste Formen, Schärfen, Kontraste, Pointen in Verschwommenheit überführt, z. B. als wimmelndes Ungeziefer, das ebenfalls in dem todbringenden Video zu sehen ist, dann finden wir das eklig. Die Atmosphäre des Ekels wird noch verstärkt durch sich kräuselnde und schmierige Klangverbindungen, die an das Zirpen und Knatschen von Millionen Insekten erinnern. Eklig kann aber auch das Wasser im Brunnen sein, dass Rachel untersucht, nachdem sie in eben diesen gefallen ist. Allein eine Ahnung davon zu haben, was sich in dieser protopathisch-dunklen fließenden Masse befindet, löst Ekel aus. Auch groteske Fratzen verursachen Ekel, „weil sie an der festen Bestimmtheit biologischer Gattungen irre werden lassen" (Schmitz 2011, S. 69). Verzerrte und zerkratzte Gesichter finden sich auch in *Ring* (2002) sowie in der Fortsetzung *Ring 2* (2005). Das Mädchen Samara erscheint mit den langen, strähnigen, tiefschwarzen Haaren fast immer als blass verzerrter, böse schauender Zombie mit Ödemen und Wunden im Gesicht. Wenn sich Samara bewegt, sind ihre Bewegungen epikritisch-ruckelnd, Arme und Beine sind dabei verdreht.[3] Diese Szenen lösen neben Ekel auch Beklommenheit und Furcht aus, wobei die engende Spannung zeitweise so stark an Übergewicht gewinnt, dass sie den vitalen Antrieb fast erdrückt (vgl. Schmitz 2011, S. 18). Wir halten im wahrsten Sinne des Wortes den Atem an.

- **Schreck**

Wer vielleicht noch nicht desillusioniert ist und Horrorfilme oder Psychothriller nur schwer aushalten kann, neigt eventuell dazu, sich hin und wieder zu erschrecken. *Schreck* ist eine sehr heftige und akute Empfindung. Ist der Schreck so heftig, dass nur noch Engung und kein Antrieb mehr vorhanden ist, dann ist der Mensch „weg" (vgl. Schmitz 2011, S. 2). Es dominiert die privative Enge, in der die erschreckende Person sich ihrer selbst nicht mehr bewusst ist. Das Band des vitalen Antriebs und damit das Gefühl von Zeit ist beim reinen Schreck zerrissen (vgl. ebd.). Nach einem Schreck muss man erst wieder zu sich kommen, im wahrsten Sinne des Wortes. Wenn Sie sich also zutiefst erschrecken sollten, während Samara sich auf ihre ruckelnd-zackige Art aus dem Brunnen in Richtung Ihres Bildschirmes bewegt und dabei in der nächsten Bildeinstellung ganz plötzlich viel dichter an Ihrem Bildschirm steht, dann befinden Sie sich in einer angespannten Enge, in der Ihr Atem möglicherweise kurz aussetzt. Vielleicht geht diese Anspannung mit einem Schrei einher, mit dem Sie sich zugleich in eine Weitung erlösen.

---

3 Hier beziehe ich mich auf den zweiten Teil *Ring*2 von 2005 (unter der Regie von Hideo Nakata) als Fortsetzung des ersten Teils *Ring*.

- **Grundton des Nervösen**

Beim Schauen eines sehr aufregenden Horrorfilms oder Psychothrillers haben Sie an sich vielleicht auch einen *Grundton des Nervösen* feststellen können. Ich bezeichne dieses nervöse Gefühl deshalb als Grundton, weil es sich als leibliche Regung während des ganzen Filmes aufdrängt. Der vitale Antrieb wird aufgrund der Anspannung in die Enge verschoben, was sich in „gesteigerte[r] Empfindlichkeit, leichte[r] Erschöpfbarkeit und Neigung zu raschen, ausgebreiteteren, aber weniger energischen Bewegungen" (Schmitz 2011, S. 86) zeigen kann. Beim Schauen eines gruseligen Filmes ist unser Blick einerseits wie magisch angezogen und wird gefesselt, andererseits möchte sich genau dieser aber losreißen von dem, was er sehen muss oder ahnt, sehen zu müssen. So entsteht ein permanenter Zwiespalt zwischen Hinwendung und Abwendung, zwischen Spannung und dem Versuch, Weite und damit Entspannung herzustellen, indem wir die unangenehmen Reize durch Wegschauen und Nichthinhören ausblenden. Wir halten den Film aus! Dass sich manche Zuschauer:innen am Ende eines solchen Filmes dann erschöpft fühlen, ist kein Wunder.

4.1.4 Warum empfinden wir Grusel und Schrecken? – Eine psychologische Antwort

Eben bin ich auf die besonderen stilistischen Mittel eingegangen, mit denen Atmosphären gemacht werden. Und obwohl wir wissen (Kinder sind sich darüber sicher noch nicht gänzlich bewusst), dass diese Atmosphären gemacht sind und dass wir uns in einer „Kunstrezeptionssituation" (Menninghaus 2012, ab Minute 00:01:28) befinden, sind wir von ihnen leiblich betroffen. Wenn der Horrorfilm oder Psychothriller dies geschafft hat, dann hat er *funktioniert* und sein Ziel erfüllt. Wie kann es also sein – trotz unseres Wissens über das Machen von Atmosphären –, dass wir uns gruseln, ekeln und erschrecken?

Mithilfe der Neuropsychologie lassen sich Antworten auf diese Frage finden. Joseph LeDoux (*1949), ein US-amerikanischer Psychologe und Neurowissenschaftler, konnte belegen, dass unangenehme Reize sehr schnell und grob verarbeitet werden können (er nennt das „quick and dirty") und unser Furchtzentrum (die Amygdala) über einen sehr kurzen Weg („low road") darüber informiert, ob ein Reiz gefährlich ist oder nicht (vgl. Horstmann und Dreisbach 2017, S. 131). Wie funktioniert das? Visuelle Reize wie etwa Bilder von Blut, Schleim oder aufgespießten Leibern werden mithilfe entsprechender Rezeptoren (z. B. über Sinneszellen der Augen) zum Thalamus geleitet (vgl. ◘ Abb. 4.4). Der Thalamus ist Teil des Zwischenhirns, in dem

4.1 · Leibhaftiges Grauen, Horror, Nervenkitzel und Gewalt…

Die schnelle Verarbeitung emotionaler Reize

Reiz

Thalamus

Alle sensorischen Reize werden an den Thalamus und von dort zur Amygdala geleitet.

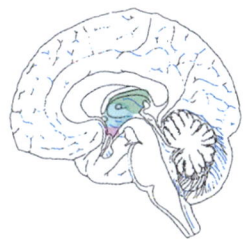

Amygdala

Sie bewertet die eintreffende Information in Bezug auf den emotionalen Inhalt und schickt für die körperliche Reaktion Signale an andere Hirnareale.

Hypothalamus

In diesem Hirnareal werden hormonelle Reaktionen (z.B. Stresshormone) ausgelöst, die zu Kampf oder Flucht befähigen.

Reflexartige Mimik und Gestik

Abb. 4.4 Die Entstehung von Angst und Schreckreaktionen (eigene Abbildung)

Sinnesreize aus der Umwelt verarbeitet werden. Von dort aus gelangen die Reizereignisse direkt und über kurze monosynaptische Verbindungen in die Amygdala des limbischen Systems, welches unter anderen für die Steuerung der Gefühle zuständig ist. Die Amygdala (auch als Mandelkern bezeichnet) spielt eine wichtige Rolle bei der emotionalen Bewertung und Wiedererkennung und der sehr schnellen Analyse von Situationen (vgl. Sokolowski 2002, S. 350 ff. sowie Bösel 2009, S. 474 f.). Der aufgenommene Reiz, z. B. das Bild von aufgespießten Leibern, wird in der Amygdala sofort – innerhalb von 12 Millisekunden – als gefährlich und eklig bewertet (vgl. Squire und Kandel 2009, S. 175). Dieser Prozess läuft unbewusst und sehr schnell ab und kann auch zu Fehlern führen, etwa, dass ein Reiz als gefährlich bewertet wird, obwohl er es nicht ist. Wird der Reiz als gefährlich beurteilt, kommt es zu autonomen Reaktionen wie z. B. verändertem Blutdruck, Schluck- und Würgereflex, zu endokrinen Reaktionen wie der Ausschüttung von Stresshormonen und zu rudimentären Verhaltensreaktionen wie z. B. Schreckreaktionen oder Erstarren (vgl. Sokolowski 2002, S. 350 ff.). Daran sind maßgeblich unter anderen das Stammhirn – zuständig für Atmung und Reflexe – und der Hypothalamus – das Steuerungszentrum unseres vegetativen Nervensystems – beteiligt.

Das heißt also, dass das vegetative Nervensystem aufgrund dieser Bewertung anfängt zu reagieren. Dabei lässt sich das vegetative Nervensystem in zwei antagonistisch wirkende Systeme einteilen: den Sympathikus und den Parasympathikus. Wenn Sie sich zu Tode erschrecken und aus dem Sessel springen, um dem Reiz zu entkommen, dann wirkt der Sympathikus, denn er treibt den Körper kurzzeitig zu Höchstleistungen an und bereitet ihn auf Kampf oder Flucht vor. Wenn Sie in eine Schockstarre geraten, dann ist der Parasympathikus aktiv (vgl. Bernard und Müller 2015, S. 40 f.).

Parallel zu dieser schnellen Reizverarbeitung (12 Millisekunden) findet eine bewusste Verarbeitung unserer Sinnesreize statt. Diese dauert einige Millisekunden länger. Und obwohl sich das Gehirn bei diesem zweiten Weg mehr Zeit nimmt, die Situation auf ihre Gefahr hin einzuschätzen, springen wir vor Schreck vor etwas schon hoch, obwohl wir just in diesem Moment die Situation als ungefährlich einschätzen. Unser Körper reagiert also schneller als unser Bewusstsein (vgl. Squire und Kandel 2009, S. 175 f.). Dieser zweite, langsamere Weg der Signalverarbeitung, erklärt übrigens, warum wir gegenüber Horrorfilmen abstumpfen können. Dazu aber mehr in
► Abschn. 4.3.

4.2 Erniedrigung und Demütigung von Figuren aushalten

> **Folgende Serie steht im Mittelpunkt dieses Kapitels**
> *Game of Thrones (2011–2019)*
>
> | | |
> |---|---|
> | Genre: | Fantasy, Drama |
> | Idee: | David Benioff, D. B. Weiss |
> | Musik: | Ramin Djawadi |
> | Produktionsland: | USA |
> | Episoden: | 73 Folgen in 8 Staffeln |
> | Darsteller:innen: | u. a. mit Alfie Allen (Theon Graufreud), Jack Gleeson (König Joffrey Baratheon), Peter Dinklage (Tyrion Lennister), Lena Headey (Cersei Lennister), Kit Harrington (Jon Schnee), Iwan Rheon (Ramsey Bolton), Sophie Turner (Sansa Stark), Maisie Williams (Arya Stark) |

Es gibt zahlreiche Filme und Serien, in denen Menschen erniedrigt und gedemütigt werden. Sie werden vergewaltigt, gefoltert, beschimpft, bespuckt und vor aller Augen ausgelacht. Wir als Zuschauer:innen fühlen empathisch mit, wenn Figuren klein gemacht, zutiefst beschämt und entwürdigt werden. Ich habe Ihnen einige Beispiele aus Filmen und Serien herausgesucht, in denen Figuren (teilweise massiv) gedemütigt werden.

Die folgende Auswahl an Filmen und Serien besticht durch solcherart von Szenen:

Film	Jahr	Form der Demütigung
Der letzte Tango in Paris	1972	Eine junge Französin wird von einem älteren Mann brutal anal vergewaltigt, indem er sie auf den Bauch dreht, ihr die Hose herunterzieht und Butter zwischen die Beine reibt. Sie wehrt sich, doch er hält sie fest und vergewaltigt sie. Diese Szene ist auch deswegen skandalös und nicht auszuhalten, weil die Schauspielerin Maria Schneider über den Ablauf der Szene nicht informiert war und tatsächlich missbraucht wurde.[4]

---

4 Vgl. Patalong (2016). Der Tango in Paris. Vom Missbrauch eines Machtgefälles. In: Spiegel Online vom 04.12.2016.

Film	Jahr	Form der Demütigung
Irreversibel	2002	Alex wird in einer dunklen Unterführung brutal und bis zur Bewusstlosigkeit vergewaltigt und zusammengeschlagen. Sie fällt daraufhin ins Koma.
Django Unchained	2012	Die Sklavin Brunhilde wird aufgrund eines Fluchtversuches bestraft und nackt in eine enge Kiste auf dem Feld vor dem Herrenhaus auf Candyland gefangen gehalten, bis sie auf Anweisung von Monsieur Candy von mehreren Männern dort brutal herausgezogen und in das Herrenhaus verschleppt wird. Dabei umklammern die Männer den nackten Körper Brunhildes. Sie ist ihnen hilflos ausgeliefert.
Whiplash	2014	Der Schlagzeug-Lehrer Terence Fletcher beschimpft („Du bist ein schwuchteliges Stück Scheiße"), schlägt und schreit seinen Schüler Andrew Neimann an.

Serie	Jahre	Form der Demütigung
Life on Mars	2005–2006	In der ersten Folge der ersten Staffel motiviert DI Sam Tyler seine Kollegin Anni Cartwright dazu, ein Täterprofil in einem Meeting vorzustellen. Ihre – allesamt männlichen – Kollegen lachen sie aus und beleidigen sie. In verschiedenen Verhörszenen beleidigt und foltert der Guv (DCI Gene Hunt) die Zeugen und Täter, um an Informationen zu kommen.
Dexter	2006–2013	In der vierten Staffel werden immer wieder Szenen gezeigt, in denen Lumen von mehreren Männern vergewaltigt und gefoltert wird. Häufig handelt es sich dabei um kurz aufflackernde Bilder und Geräusche. An einigen Stellen erzählt Lumen über ihre Erfahrungen, die ebenfalls nur schwer auszuhalten sind.
Black Mirror (2011–2019): Der Wille des Volkes	2011	Der britische Premierminister hat vor laufenden Kameras live Sex mit einem Schwein, um die entführte Prinzessin zu befreien.

4.2 · Erniedrigung und Demütigung von Figuren aushalten

Serie	Jahre	Form der Demütigung
Game of Thrones	2011–2019	In der dritten Staffel misshandelt Ramsey Schnee seinen Gefangenen Theon Graufreud schwer, weil Ramsey daran sadistische Freude hat. So schrauben Ramseys Lakaien Theon eine Art Korkenzieher durch Hände und Füße (3/02). In Episode 7 der dritten Staffel kastriert Ramsey Theon bei vollem Bewusstsein. König Joffrey, ebenfalls ein Sadist, foltert die Prostituierten Ros und Daisy. Er zwingt Ros mit vorgehaltener Armbrust, Daisy mit einem schweren Zepter zu schlagen und zu malträtieren. Daisy schreit vor Schmerzen. Unklar ist, ob sie diese Tortur überlebt. Joffrey fesselt Ros nackt an einen Bettpfahl und tötet sie mit mehreren Bolzen aus seiner Armbrust. In der fünften Staffel muss Cersei Lennister den Weg der Schande gehen (5/10). Ihre langen Haare wurden ihr abgeschnitten, das braune Lumpenkleid wird ihr vor der Menschenmenge vom Körper gerissen. Nackt muss sie den Weg durch die Menschenmenge gehen, während eine Nonne im Takt mit einer Glocke läutet und dazu „Schande" ruft. Die zahlreichen Menschen bespucken, beschimpfen und bewerfen Cersei mit Kot.
Orange is the New Black	2013–2019	Beim Einzug in das Gefängnis muss sich Piper Chapman vor den Augen der Wärterin ausziehen, in die Hocke gehen und husten (1/01). Der Gefängniswärter George Mendez ist sexistisch, transphob, sadistisch und zeigt kein Mitgefühl mit den Insassinnen von Litchfield. Er uriniert in Essen, beleidigt Sophia Burset, zwingt die drogensüchtige Tricia Miller zum Sex und verursacht zudem ihren Tod. Seine ganze Gestalt (lächerliche männliche Posen des Sich-Breit-Machens im Gang, der breite Oberlippenbart) sorgt für Abneigung beim Zuschauer. In der siebten Staffel werden die Hafteinrichtungen der Zuwanderungsbehörde und die damit verbundenen Schicksale der Figuren drastisch dargestellt. Es ist kaum auszuhalten, wie den Frauen keine Rechte mehr zugestanden werden (keine Telefonate, Ungewissheit bezüglich ihrer Aufenthaltsdauer, Trennung von ihren Kindern usw.). Mehrere Dutzend Frauen teilen sich einen Saal, der mit Doppelstockbetten aufgefüllt ist und keinerlei Privatsphäre und Rückzugsmöglichkeit bietet. Nur in kleinen Happen war es mir möglich, die letzte Staffel zu schauen.

Wie fühlt sich jemand, dem die Würde genommen wird? Und wie empfinden wir als Zuschauer:innen diesen Vorgang? Zur Klärung dieser Fragen versuche ich die Begriffe *Würde* und *Demütigung* aus phänomenologischer Perspektive zu klassifizieren.

4.2.1 Die Leiblichkeit von Würde

Bei meiner Recherche zu einem umfassenderen Begriff von Würde, der nicht nur das kognitive Wesen des Menschen erfasst, bin ich auf einen interessanten Artikel über Demenzkranke gestoßen. In diesem Artikel kritisieren die beiden Autoren Sebastian Ritzi und Andreas Kruse den Einsatz freiheitsentziehender Maßnahmen (u. a. „Fixiergurte, Bettseitenteile und sedierende Medikamente", Ritzi und Kruse 2019, S. 243) und wie diese legitimiert werden. Denn noch immer wird dafür die Kognition des Menschen als das argumentierende Maß aller Dinge herangezogen. Der Mensch wird auf „sein Gehirn und dessen Funktionsfähigkeit […] reduziert" (ebd., 245). Solch eine rein vernunftorientierte Betrachtung des Menschen ist jedoch zu kurz gegriffen, um den Menschen in seinem Wesen zu begreifen. Offensichtlich bin ich auf einen Artikel gestoßen, der sich kritisch mit dem würdevollen Umgang des Menschen (insbesondere von kognitiv Beeinträchtigten und Demenzkranken) beschäftigt. Die beiden Autoren des Artikels sind Forscher der Gerontologie und betrachten das Konzept der Würde vor dem Hintergrund der leiblichen Disposition eines Menschen. Sie verstehen, mit Bezug auf den Psychiater und Philosophen Thomas Fuchs, Würde als leibliche Souveränität.

Thomas Fuchs geht davon aus, dass der Leib als Verwirklichungsort von Freiheit zugleich Träger und „Mittel [der] Darstellung" von Würde ist (Fuchs 2008, S. 209 & 213 sowie Ritzi und Kruse 2019, S. 244). Würde äußere sich, so Fuchs, in der leiblichen Souveränität, die sich durch eine „bestimmte Weise des Erscheinens und Auftretens einer Person, eine Haltung, die zugleich als unmittelbarer Ausdruck eines Inneren erlebt wird" (Fuchs 2008, S. 204) zeige: Dies sind z. B. der aufrechte Gang, ein erhobenes Haupt, ein gemessener Schritt, die Beherrschung der Gefühle, ein souveräner Umgang mit unerwarteten Situationen usw. (vgl. ebd.).

Würde ist eng gekoppelt mit der Freiheit der „Leibbeherrschung" (ebd., 209). So ermöglicht die aufrechte Haltung dem Menschen, vom Boden Abstand zu nehmen, seine Hände frei zu bewegen und seinen Blick räumlich frei zu verorten. Damit ist der Mensch weniger seiner Umgebung ausgeliefert

4.2 · Erniedrigung und Demütigung von Figuren aushalten

(vgl. ebd., 208), was es ihm erlaubt, die innere Grundhaltung der Selbstachtung einzunehmen (vgl. ebd., 206).

Dennoch gibt es Situationen, in denen Personen diese Souveränität über ihren Leib genommen wird. Die Würde als solche ist jeder Person aufgrund ihrer je leiblichen Disposition in der Welt inhärent und unantastbar (vgl. Fuchs 2008, S. 212 ff.). Allerdings können Personen, die erniedrigende und demütigende Situationen erleben, ihre leibliche Souveränität nur noch gebrochen ausdrücken. Man denke da an die Verrichtung der Notdurft, bei der man unfreiwillig beobachtet wird, an die ungewollte Einnahme von Medikamenten, ungewolltes Fixieren am Bett in einer Demenzstation, aber auch an sexuelle Belästigungen, Vergewaltigungen und Folter. Massivste Verletzungen der Würde, so Fuchs, geschehen jedoch nicht durch Gewaltanwendungen an sich, sondern durch „demütigende Brechung der leiblichen Souveränität" (vgl. Fuchs 2008, S. 210). Das Opfer werde, so Fuchs, auf „seine nackte Körperlichkeit [reduziert], ohne ihm eine Möglichkeit zu lassen, seine Würde in seinem Leib darzustellen" (ebd.). In diesem Zusammenhang geht Fuchs auch auf den Verlust des Gesichtes ein, z. B. wenn jemand zur Schau gestellt wird.

» „Die Würde als Darstellung der Person in ihrem Leib zentriert sich noch einmal in einem Bereich, der nun ganz ungeschützt und unbedeckt dem Blick der Anderen ausgesetzt ist, nämlich im Gesicht. In ihren Gesichtszügen, in ihrem mimischen Ausdruck und in ihrem Blick erscheint die Person selbst. […] Gerade die Blöße des Gesichts, in dem sich die Person in ihrer ganzen Verletzlichkeit zeigt, ist aber auch der Grund für eine Wirkung, in der die leibliche Würde noch einmal eine besondere Steigerung erfährt" (ebd., 210 f.).

Bei der Verletzung der leiblichen Souveränität wirken verschiedene Gefühle wie die Scham und die Demütigung. Die Scham, so Fuchs, ist ein „Affekt des Schutzes vor der Entblößung" (ebd., 209). Die Demütigung ist „der Affekt, der eine solche Entblößung und Entwürdigung selbst zum Ausdruck bringt" (Fuchs 2008, S. 209 f.). Auf die Demütigung gehe ich im Folgenden ein.

4.2.2 Die Leiblichkeit der Demütigung

Demütigung wird hier mit der Philosophin Hilge Landweer als eine erzwungene Erniedrigung eines Menschen oder einer Gruppe verstanden und lässt sich unterscheiden vom Gefühl des Sich-gedemütigt-Fühlens. Mit Demütigung meint man Verhaltensweisen wie kleine Schikanen bis hin zu Folter und Vergewaltigung (vgl. Landweer 2016, S. 105 f.).

> „Der Kern des Begriffs der Demütigung ist aber die Herabsetzung, nicht die Mittel, durch die sie geschieht. Deshalb können sprachliche und andere Formen symbolischer Gewalt durchaus demütigend sein, etwa herabsetzende Personenbezeichnungen, aber auch kleinere oder größere Schikanen" (ebd., 107).

Demütigung ist mit Zwang verbunden: Eine Person, Gruppe oder Institution missbraucht ihre Macht und zwingt eine andere Person, Gruppe oder Institution gezielt in eine Unterwerfung. Aus dieser Situation gibt es zunächst kein Entrinnen, die erniedrigte Person ist dem Demütiger ausgeliefert (vgl. ebd., 106 f.). Es ist für die gedemütigte Person fast unmöglich, Gegenstrategien zu entwickeln, um der Situation zu entkommen. Fast immer ist die Art der Demütigung unvorhersehbar für den Gedemütigten und in der Regel geschehen Demütigungen willkürlich, weshalb, so Hilge Landweer, der Gedemütigte nicht damit rechnen kann, dass ihn eine Demütigung – gleich welcher Art – trifft (vgl. ebd., 107).

Parallel zu den charakteristischen Merkmalen des Begriffs *Demütigung* lässt sich das Gefühl des *Sich-gedemütigt-Fühlens* klassifizieren. Wie oben schon gesagt, gibt es für die gedemütigte Person kaum ein Entrinnen aus der für sie erniedrigenden Situation. Denn „[b]eim Sich-gedemütigt-Fühlen handelt es sich um ein Ohnmachtsgefühl, das wie die Scham leiblich [oft aber auch körperlich – vgl. ebd., 109] als massive Engung erlebt wird [...] – im Gegensatz zu Machtgefühlen, die als Weitung gespürt werden" (Landweer 2019, S. 236). Dabei ist das Gefühl des Sich-gedemütigt-Fühlens auf die eigene Person bezogen: Die eigene Ohnmacht, der Verlust der Handlungsfähigkeit und der Kontrolle über sich und die Situation, welche durch den Normverstoß eines anderen ausgelöst wurde, stehen im Zentrum dieses Gefühls (vgl. ebd. 2019, S. 236). Zum Sich-gedemütigt-Fühlen gehört, dass man sich „herabgesetzt, eingeengt, in eine aussichtslose Situation gezwungen, kurz: ohnmächtig fühlt" (ebd. 2016, S. 109). So sammelt sich das Gefühl des Sich-gedemütigt-Fühlens „in der eigenen Ohnmacht" (ebd., 111).

> „Damit zieht sich dieses Gefühl gewissermaßen in der Hilflosigkeit der eigenen Person zusammen und ist im Erleben deshalb weniger auf den Täter und das von ihm begangene Unrecht konzentriert, das aber notwendiger Anlass des Gefühls ist" (ebd., 111).

Die Philosophin Hilge Landweer weist auf einen normativen Charakter des Gefühls Sich-gedemütigt-Fühlen hin. So wird die betroffene Person in ihren Erwartungen erniedrigt, nämlich einen Anspruch auf einen Platz in der Gesellschaft zu haben, weswegen sie diese Verletzung als ein Unrecht auffassen kann (vgl. Landweer 2016, S. 109 f.): „Mir geschieht dadurch Unrecht, dass ich herabgesetzt werde" (ebd., 110). Kennzeichnend für die empfundene Demütigung ist jedoch das eigene Ohnmachtsgefühl, die Passivität und Hilflosigkeit, in welche die betroffene Person gezwungen wird, und die Gedanken an den Täter kaum zulassen. Würde die betroffene Person sich jedoch von ihrer Ohnmacht losreißen und sich mehr auf den Täter konzentrieren können, würde das Gefühl der Demütigung weniger intensiv erlebt und womöglich übergehen in andere Gefühle wie Angst, Enttäuschung oder auch Zorn auf den Demütiger (vgl. ebd., 111). Zwar wird die Demütigung als eine massive Engung empfunden, aber Landweer vermutet, dass auch eine aggressive und damit sich in die Weitung erstreckende Komponente im Gefühl des Sich-gedemütigt-Fühlens stecken könnte:

» „Ich denke, die aggressive Seite des Sich-gedemütigt-Fühlens ist wegen des erlittenen Unrechts mächtig, aber wird von der Ohnmacht in der Situation leiblich gewissermaßen in Schach gehalten. In der leiblichen Dynamik führt dies zu einem wechselseitigen Aufschaukeln der einander widerstrebenden Richtungen von Engung und Weitung, was aber wegen des Zwangs zur Unterwerfung letztlich nur die Engung verdichtet – etwa so, wie wenn man heftig am Ende eines verschlungenen Fadens zieht und damit den Knoten nur noch enger zurrt. Aus genau dieser leiblichen Dynamik resultiert die Dramatik des Gefühls" (ebd., 118).

4.2.3 Das Sehen wird unerträglich – ausgewählte Szenen aus *Game of Thrones* (2011–2019)

Game of Thrones (2011–2019) ist eine Serie, die bekannt für ihre Gewaltszenen ist. Und trotzdem – oder gerade deswegen? – stieg die Zuschauerzahl von Staffel zu Staffel kontinuierlich an (vgl. Diem und Lerche 2019). Bereits oben habe ich verschiedene ausgewählte Szenen aus *GoT* kurz beschrieben. Anhand einer weiteren Szene beschreibe ich die beim Zuschauen von gedemütigten Figuren entstehende leibliche Dynamik.

- **Die Beschreibung der Szene und Analyse der leiblichen Vitalität**

In der folgenden Szene aus der dritten Staffel stehen Theon Graufreud und Ramsey Bolton im Mittelpunkt. Im Zuge einer Schlacht auf Winterfell wird Theon von Ramseys Männern geschlagen. Ramsey Bolton, auch Ramsey Schnee genannt, weil er ein sogenannter Bastard ist, entführt Theon, hält ihn gefangen und foltert ihn qualvoll. Anfangs gibt sich Ramsay noch als niedere

Arbeitskraft aus, um so Theons Vertrauen zu gewinnen. Erst später zeigt er sich als der eigentliche Peiniger. Wie in vielen anderen zeigt Ramsey auch in dieser Szene seine sadistische Freude, Theon zu foltern.

Zur Struktur der Demütigung gehören verschiedene Aspekte, wie ich unter Bezugnahme der Philosophin Hilge Landweer weiter oben ausgeführt habe. Diese treffen hier zu: Theon wird schwer gedemütigt. Ramsey missbraucht seine Macht und unterwirft Theon zwanghaft. Ein Entrinnen ist Theon nicht möglich, er ist Ramsey ausgeliefert. Die Demütigung geschieht offensichtlich willkürlich, Theon und Ramsey haben keine Beziehung zueinander, sie sind sich eigentlich fremd und die Gründe für die Folter sind Theon zunächst völlig unklar, auch wenn Theon meint, diese gefunden zu haben (Ramsey lässt ihn in diesem Glauben).

Seine Würde kann Theon nur noch gebrochen zeigen. Ihm wird die Möglichkeit genommen, frei und souverän seinen Leib zu beherrschen. Stattdessen beherrscht jemand anderes seinen Leib. Denn Theon ist an ein Andreaskreuz gefesselt, seine Arme und Beine haben keinen Bewegungsspielraum, sein Körper ist zur maximalen Straffheit hin ins Epikritische gespannt. Suggestiv wirkt diese Angespanntheit in mir leiblich nach. Oberkörper, Waden und Füße sind nackt, Hüfte, Oberschenkel und Knie sind mit einer Hose bedeckt. Sein Gesicht und sein Körper sind ungewaschen, protopathisch und leicht eklig wirken des klebrige Blut an der rechten Gesichtshälfte, der schmierige Schweißfilm auf seiner Haut und die feuchten, ins Gesicht hängenden Haare. Seinem Foltermeister ist er völlig ausgeliefert. Die Machtpositionen werden auch durch die Richtungen der Blicke zwischen Peiniger und Gepeinigtem klar: Theon muss, um Ramsey ins Gesicht blicken zu können, leicht nach oben schauen, da ihn seine Position am Kreuz räumlich nach unten zwingt. Dieses Bild lässt Schlimmes erahnen, im vitalen Antrieb kommt es zu einem Übergewicht an Enge, die sich in einem Spannungsgefühl, einer Erwartungshaltung ausdrückt. Mit dem weiteren Verlauf beginnt ein Wechselspiel aus Engung und Weitung der leiblichen Dynamik, die sich aus der Befürchtung, es könne das Schlimmste, und aus der Hoffnung, dass doch noch einiges gut gehen könne, speist.

Ramsey ist Theon gänzlich unbekannt, was Ramsey zu seiner Freude für ein sadistisches Spiel nutzt: *„Lass uns ein Spiel spielen. Welchen Teil deines Körpers brauchst du am wenigsten?"*[5] Er „schlägt" ihm vor, den kleinen Finger abzuschneiden, denn den brauche man am wenigsten. Der Foltermeister untergräbt den Wert des kleinen Fingers nicht nur inhaltlich mit Worten,

---

5   Übersetzt aus dem Englischen von Wiebke Schwelgengräber.

4.2 · Erniedrigung und Demütigung von Figuren aushalten

sondern auch mit der Art und Weise seines Sprechens. Die Prosodie erinnert an die von Eltern, wenn sie ihr Kind trösten. Dabei ist die Sprechmelodie jedoch so ins Groteske verzerrt, dass sie nichts Tröstliches mehr, sondern nur noch Verhöhnung übrig hat. In seinem sadistischen Tun bietet Ramsey dem Gefolterten einen vermeintlichen Ausweg an, um seinen Finger zu behalten. Er fordert Theon im Gegenzug dazu auf, seinen Namen und den Grund der Folter zu erraten. Hier spannt sich die leibliche Enge immer weiter zu, denn Ramsey ist alles zuzutrauen. Ein Bewegungsimpuls des Sich-Ducken- und Wegschauen-Wollens drängt sich auf (den ich jedoch nicht körperlich ausführe), der sich aber der Neugier und Hoffnung hinsichtlich des weiteren Verlaufs entgegenstellt. Ein innerer Kampf scheint zu entstehen, was die leibliche Spannung erhöht.

Mit einer spitz zulaufenden Klinge bohrt Ramsey jedes Mal, wenn Theon falsch rät, in die Kuppe und – so wie es für mich aussieht (ich kann kaum hinschauen) – auch zwischen das Nagelbett – des kleinen Fingers. Theon windet sich, schreit auf vor Schmerz. Diese Szene ist für mich nicht zu ertragen, ich wehre mich gegen die Einleibung ebendieser, indem ich körperlich darauf reagiere: Meine Hände lege ich immer dann wie einen Schutz vor meine Augen, sobald ich glaube, Ramsey könne Theon die Klinge in den Finger stechen. Dies verschafft mir ein wenig leibliche Weitung und damit etwas Erholung. Aber die epikritische, weil spitz zulaufende, Klinge empfinde ich als Bedrohung, sobald sie ins Bild drängt. Gleichsam entwickle ich eine Vorstellung davon, wie sich die Klinge durch Haut, Fleisch, Knochen, Nagelbett bohrt und fühle mich leiblich abgestoßen. Ich erfahre den (wieder nicht körperlich ausgeführten) Bewegungsimpuls, meinen Blick nach innen zu richten, obwohl meine Augen körperlich auf die Szene fokussieren. Aber meine Handflächen bieten Schutz vor den Bildern, meine Beine ziehe ich unwillkürlich an. Ich ziehe Luft nach innen, sobald Ramsey die Klinge durch Theons kleinen Finger bohrt.

Theon wird die richtigen Antworten nicht finden, jedoch lässt ihn Ramsey im Glauben, sie gefunden zu haben. Ermutigt von Ramseys Wohlgefallen, erste richtige Antworten gegeben zu haben, ist Theon nun von den Gründen seiner Gefangenschaft und der Folter überzeugt. Mit jedem Wort seiner Antwort verschafft sich Theon Luft, macht sich frei von weiteren möglichen Quälereien und gewinnt – so meine ich dies wahrzunehmen – Kontrolle zurück. Erschöpfung und Erleichterung scheinen Theon zu ergreifen, er lehnt seinen Kopf an das Kreuz, schließt die Augen. Seine ganze Körperhaltung sagt aus, dass nun endlich Entspannung eintreten kann und er seinem Peiniger – zumindest hinsichtlich der befürchteten körperlichen Folter – zunächst nicht mehr ohnmächtig ausgeliefert ist. Ramsey signalisiert ein Ende der

Prozedur, denn er sitzt Theon nun einige Meter entfernt gegenüber auf einem Stuhl und neigt den Oberkörper nach unten und senkt den Kopf. Offensichtlich stellt er keine Gefahr mehr dar. Auch mich als Zuschauerin ergreift kurzzeitig das Gefühl der Weite und Entspannung, eine gewisse Erholung. Dennoch vertraue ich Ramsey nicht und erwarte weitere Folter, denn langsam schwenkt die Kamera auf Ramseys Finger, die mit der Klinge spielen. Der vitale Antrieb tendiert daher von der Ausleibung und Weitung wieder zurück in die Einleibung und Enge.

Obwohl die Klinge ein Zeichen der Vorwarnung aufkommendes Unheil ist, springt Ramsey für mich gänzlich unerwartet und voller Spannkraft aus seinem Stuhl. Ich erschrecke mich zutiefst, alles in mir zieht sich zusammen, der vitale Antrieb ist für Millisekunden bis zum Äußersten in der Enge angespannt.

Ramsey geht hinüber zum Gefesselten und sagt: *„Du hast vergessen, mir eine Frage zu stellen. Du hast vergessen zu fragen, ob ich ein Lügner bin!"*[6] Ramsey sticht mit der Klinge tief in den kleinen Finger. Sehr differenziert kann ich das Bild nicht beschreiben, weil ich diese Szene nicht in ihrer vollen Dimension anschauen möchte und mich gegen eine Einleibung in ihrer vollen Gänze wehre. Ich nehme aber wahr, dass der kleine Finger bereits voller Blut ist und diverse Wunden aufweist. Theon schreit vor Schmerz auf. Ramsey zieht am Finger und malträtiert ihn. Theon schreit unaufhörlich, das Kreuz wackelt – nicht nur wegen Theon, sondern vor allem wegen Ramsey, der mit voller Wucht den kleinen Finger rammt (ob mit Klinge ist für mich nicht zu erkennen). Auch hier spüre ich wieder deutlich das Gewicht der Enge. Meine gesamte leibliche Disposition sammelt sich in einer Engung, einer fast unerträglichen Anspannung. Ich muss abbrechen und mich von der Anspannung erholen.

■ **Die Rolle der Empathie beim Schauen der Szene**

Szenen wie die oben beschriebene sind nicht leicht auszuhalten. Das Wissen, dass wir uns in einem Kunstraum befinden, ändert offensichtlich nichts an der Intensität der Gefühle, die wir beim Zuschauen geradezu erleiden. Bereits in ▶ Kap. 2 bin ich auf einige Aspekte der Empathie eingegangen. So habe ich verdeutlicht, dass Empathie ein Mitschwingen mit den Figuren ist. Wir nehmen die Gefühle der Figuren nicht nur wahr, sondern können von ihren Gefühlen auch leiblich ergriffen und von ihnen bewegt sein. Zu unterscheiden ist sicherlich die Intensität der Empathie.

---

6   Übersetzt aus dem Englischen von Wiebke Schwelgengräber.

Es sind also nicht nur die Bilder und das Agieren der Figuren, die mich fast durchweg in der leiblichen Enge gefangen halten. Denn ich fühle mit der Figur Theon mit. Ich frage mich, ob Theon das Kreuz verlassen darf, um seine Muskeln zu entspannen, ob er seine Notdurft an einem entsprechenden Ort verrichten darf, ob er essen und trinken darf. Ich spüre, wieviel Kraft Theon in seiner Hilflosigkeit aufbringen muss, sich in die Gedankenwelt seines Peinigers hineinzuversetzen und die richtigen Antworten zu geben, um genau dieser Hilflosigkeit zu entkommen und ein bisschen Kontrolle zu gewinnen. Und ich spüre Theons Angst in Form leiblich-engender Beklemmung und reißender Schwere, als er feststellt, dass die Tortur doch kein Ende nimmt und es keine Hoffnung gibt. Seine Schmerzensschreie wecken in mir den Wunsch, Theons Leid möge endlich enden. In der gesamten Szene hat Theon keine Macht über seinen eigenen Körper und Leib. Ramsey beherrscht den Körper (d. h. alles, was äußerlich sichtbar ist) und Leib (d. h. alles, was Theon spüren kann) vollständig. Selbst in den Momenten, in denen Ramsey nicht mit der Klinge zusticht, kontrolliert er Theons Leib auf sadistischste Art und Weise, indem er psychologisch mit Theons Gefühlen spielt, die für Theon leiblich spürbar sein müssen. Nur gebrochen kann Theon seiner Würde noch Ausdruck verleihen. Lust, seinem Leid zuzusehen, habe ich nicht, weshalb ich diese Szenen im Verlauf der Serie immer wieder ein Stück weit ausklammere. Aber was sorgt dafür, dass ich – und auch viele andere Zuschauer:innen – das leibliche Band der Einleibung immer wieder aufsuche und sogar strapaziere, also die Serie (nicht jedoch die für mich schlimmsten Szenen) weiterschaue? Womöglich ist es hier das Wissen um die Situation, dass wir uns in einem Kunstraum befinden, in dem uns keine Gefahr droht (vgl. Menninghaus 2012, ab Minute 00:01:28).

Möglicherweise motiviert mich auch die Figur Ramsey, die mich vor eine Herausforderung stellt, da ich mich frage, warum jemand Lust daran hat, andere zu quälen und wie diese Person den Schmerz des anderen aushalten kann. Obwohl ich starke Abneigung gegen diese Figur empfinde, interessiere ich mich für sie. Da ich *Game of Thrones* nun schon länger geschaut habe, weiß ich, dass es Figuren gibt, die einfach sadistisch sind, ohne dass dafür echte Gründe in der Serie genannt werden (s. Infobox 11). Vielleicht schaue ich weiter, weil ich hoffe, dass auch ihn ein schlimmes Schicksal ereilen wird und er somit seine gerechte Strafe erhält. Schon Aristoteles wusste um den Effekt der Zuschauerbefriedigung, wenn eine schuldige Person ihre gerechte Strafe erhält (vgl. Gelfert 1995, S. 18). Ein anderer Grund dafür, dass ich weiterschaue, könnte sein, dass ich im Verlauf der Serie doch noch Gründe für Ramseys sadistisches Verhalten erfahre.

> **Infobox 11: Ramsey als empathischer Sadist**
>
> Meine These ist: Ramsey verfügt über ein hohes Maß an Empathie, welches ihm die Möglichkeit bietet, Schmerz und Leid anderer lustvoll auszukosten. Fritz Breithaupt (2019) nennt dies die dunklen Seiten der Empathie und schlägt eine Abfolge von Schritten für die Entwicklung sadistischer Empathie vor. Sie können diese Schritte bei Fritz Breithaupt (2019, S. 185) nachlesen. Ich wende sie im Folgenden direkt auf Ramsey an:
>
> 1) Ramsey nimmt Theon gefangen und manipuliert ihn.
> 2) So gelingt es Ramsey, die emotionalen Reaktionen und Verhaltensweisen seines Gefangenen einzuschätzen.
> 3) Diese Einschätzungen und Theons Leiden ermöglichen es Ramsey, Empathie zu entwickeln.
> 4) Ramsey erlebt Theons Leid und Leiden mit.
> 5) Aber Ramsey lässt den geteilten Schmerz nicht zu, er „blockiert oder unterdrückt" (ebd. 185) ihn.
> 6) Ramsey „erlebt Lustgewinn über 1), 2), 3), 4) oder 5) und Kombinationen von ihnen. Von Empathie kann nur im Falle von 2) – 5) gesprochen werden" (ebd.).
>
> Ramsey erfüllt klassischerweise alle die von Breithaupt aufgezählten Tatbestände, was ihn zu einem empathischen Sadisten macht.
>
> Eine weitere These meinerseits ist: Wir sind an solchen Charakteren durchaus interessiert. Nicht zuletzt deswegen sind Filme wie *American Psycho* (2000), *Zodiac – Die Spur des Killers* (2007), *Sieben* (1995) und Serien wie Dexter (2006–2013), *Mindhunter* (2017–2019) oder *Hannibal* (2013–2015) (mit dem gleichnamigen Psychopathen Hannibal) für uns von besonderem Interesse. Eindringlich zeigt sich dies aktuell auch an den vielen Doku-Crimes über Serienmörder wie *Ted Bundy – Selbstporträt eines Serienmörders* (2019), *Nightstalker: Auf der Jagd nach einem Serienmörder* (2021), *Der Yorkshire Ripper* (2020), *Inside the Criminal Mind* (2018) usw.

Doch nicht immer verlassen wir den Kunstraum ob solcher Bilder. Mit zunehmender Erfahrung kann es passieren, dass ein Gewöhnungseffekt eintritt, der uns Folter- und Vergewaltigungsszenen und andere Formen brutalster Gewalt aushalten lässt. Im folgenden Kapitel versuche ich das Gefühl des Abstumpfens einmal leiblich zu beschreiben und stelle anschließend verschiedene Erklärungsansätze für solche Gewöhnungseffekte vor.

4.3 Abstumpfen gegenüber Horror, Nervenkitzel und Gewalt

Vielleicht stellen Sie fest, dass Sie heute oder in manchen Situationen Horror und Gewalt eher aushalten als in früheren Zeiten oder in anderen Situationen. Möglicherweise sind Sie dann nicht mehr so empfänglich für diese Reize. Ihre leibliche Disposition hat sich womöglich verändert.

4.3.1 Die Leiblichkeit des Abstumpfens

An einem Beispiel möchte ich das verdeutlichen. Als ich die ersten Folgen von *Game of Thrones* (2011–2019) oder auch von *Hannibal* (2013–2015) sah, war ich leiblich von diversen synästhetisch-epikritischen (z. B. Köpfe werden abgeschlagen, Schwerter stechen tief in Arme, Beine, Brust, Vergewaltigungen, Haare werden ausgerissen, Haut wird abgezogen usw.), synästhetisch-protopathischen (Blut quillt, Gehirnmasse liegt herum, Organe hören sich geräuschvoll klebrig und schleimig an, Schwertklingen drehen sich geräuschvoll schleimig in Gedärme) Momenten und von Bewegungssuggestionen (Messer drehen und stechen, Köpfe rollen, Drachen fliegen, Äxte surren, Körper bzw. Körperteile werden zerschnitten usw.) betroffen. Es war kaum auszuhalten, mehr als einmal musste ich Folgen unterbrechen, um sie etwas später weiterzuschauen (Warum mache ich das bloß? Antworten darauf gibt u. a. ▶ Kap. 2.). Nach und nach jedoch gewöhnte ich mich an den Anblick einiger (nicht aller!) Gewaltszenen in beiden Serien.

Aufgrund seiner Resonanzfähigkeit ist der Leib nicht nur ein Spiegel empfangener Reize, sondern er ist eingebettet in Kommunikations- und Interaktionszusammenhänge, wie ich bereits im ersten Kapitel ausgeführt habe. Er agiert mit anderen Körpern (wenn man im Straßenverkehr anderen Körpern ausweicht, oder beim Tanzen mit anderen zusammen synchron im Takt interagiert) (vgl. Andermann 2017, S. 29). Diese Art der leiblichen Dynamik kann wechselseitig geschehen, d. h. Leiber oder Körper reagieren aktiv zusammen mit dem eigenen Leib, oder eben einseitig, wie beim Filme- und Serienschauen. Offensichtlich ist mein Leib jedoch nicht mehr sehr empfänglich, wenn ich längere Zeit am Stück *Game of Thrones* oder *Hannibal* schaue. Ich bin leiblich nicht mehr so betroffen. Möglicherweise hat sich im Verlaufe meiner Erfahrungen mit der Serie meine leibliche Disposition verändert. Mit der leiblichen Disposition ist gemeint, wie empfänglich, d. h. resonanzfähig unser Leib für das leibliche Wechselspiel aus Spannung und

Schwellung (den „vitalen Antrieb") ist. Die leibliche Disposition kann sich aufgrund von Erfahrungen und anderen Faktoren wie der Tagesstimmung verändern (vgl. Schmitz 2011, S. 80 f.) und ist von der jeweiligen Kultur, in der man lebt, abhängig. Einige Antworten, wie ein solcher Gewöhnungseffekt eintreten kann, erhalten Sie im nächsten Kapitel.

4.3.2 Warum stumpfen wir manchmal ab? – Psychologische Antworten

- **Die langsame Verarbeitung emotionaler Reize**

Bereits im ▶ Abschn. 4.1.4 habe ich die Rolle der Amygdala (dem Angst- und Furchtzentrum in unserem Gehirn) bei der Verarbeitung negativer Reize erklärt. Die von uns empfangenen Reize werden direkt an die Amygdala weitergeleitet, in welcher innerhalb von sehr kurzer Zeit (12 Millisekunden) entschieden wird, ob es sich um gefährliche Reize handelt.

Gleichzeitig nimmt der Reiz vom Thalamus einen Umweg über den Cortex in die Amygdala (vgl. ◘ Abb. 4.5), die sogenannte „low road", der langsame Weg der Reizverarbeitung (Sokolowski 2002, S. 350 ff.). Im Cortex werden feine Unterscheidungen über den Inhalt des Reizes getroffen, die dafür Sorge tragen, die Situation, in der man sich befindet, analytisch einzuschätzen. Wenn wir bereits viele Erfahrungen mit Horrorfilmen, Psychothrillern, Gewalt im Film etc. gesammelt haben, dann bewerten wir diese Reize möglicherweise als nicht mehr gefährlich bzw. unangenehm. Dazu nutzt der Cortex auch unsere Erinnerungen aus dem Hippocampus (einer Schaltstelle zwischen dem Kurz- und dem Langzeitgedächtnis, in dem unsere Erinnerungen abgespeichert sind) (vgl. Erhardt und Schmidt 2015, S. 43 f.). Erst dann beurteilt die Amygdala den Reiz. Dies dauert insgesamt etwas länger – wohl 19 Millisekunden (vgl. Squire und Kandel 2009, S. 175). Unser Körper hat somit Zeit, sich die Situation (Kunstraum), in der wir uns befinden, bewusst zu machen. Die Erfahrungen, die wir bisher mit Horrorfilmen und Psychothrillern gemacht haben, helfen uns dabei, die Situation als nicht *wirklich* gefährlich einzuschätzen (vgl. Horstmann und Dreisbach 2017, S. 131). Im „schlimmsten" Fall haben Horrorfilme und Psychothriller keinen Grusel-Effekt (mehr) für uns.

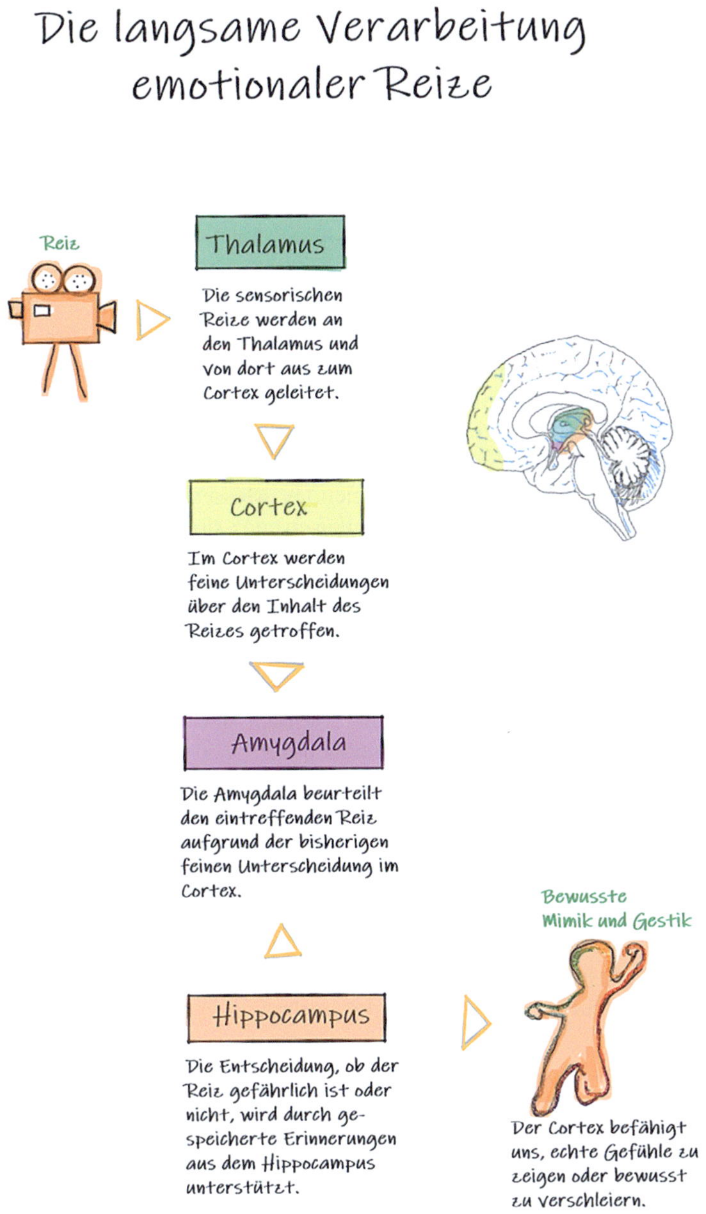

Die langsame Verarbeitung emotionaler Reize

Thalamus

Die sensorischen Reize werden an den Thalamus und von dort aus zum Cortex geleitet.

Cortex

Im Cortex werden feine Unterscheidungen über den Inhalt des Reizes getroffen.

Amygdala

Die Amygdala beurteilt den eintreffenden Reiz aufgrund der bisherigen feinen Unterscheidung im Cortex.

Hippocampus

Die Entscheidung, ob der Reiz gefährlich ist oder nicht, wird durch gespeicherte Erinnerungen aus dem Hippocampus unterstützt.

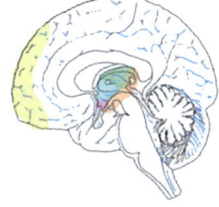

Bewusste Mimik und Gestik

Der Cortex befähigt uns, echte Gefühle zu zeigen oder bewusst zu verschleiern.

Abb. 4.5 Weshalb wir uns an vermeintliche angst- und schreckeinflößende Reize gewöhnen (eigene Abbildung)

■ **Habituation**

Eine Gewöhnung an schnelle Schnitte und Szenen voller Gewalt kann auch durch den Prozess der *Habituation* erklärt werden. Wird ein bestimmter Reiz wiederholt präsentiert, kann es passieren, dass man nach einiger Zeit weniger stark auf diesen reagiert (vgl. Mazur 2006, S. 84 f.). Gewaltszenen wie bei *Hannibal* oder *Game of Thrones* lösen womöglich noch zu Beginn Ekel, Schreck und Beklemmung aus. Die Reaktion lässt mit jeder Wiederholung nach. Ein Beispiel wäre auch der Vorspann zur Serie *Dexter* (2006–2013). Der Forensiker Dexter Morgan analysiert für die Miami Metropolitan Police Blutspuren. In seiner „Freizeit" bringt er Mörder um. Der Vorspann zur Serie zeigt den Zwiespalt seines Alltags: Dexter steht auf, rasiert sich, zerschneidet und brät ein Steak, mahlt Kaffee, säubert seine Zähne mit Zahnseide, schnürt sich die Schuhe zu usw. Ein ganz normaler Alltag. Aber eben der Alltag eines Serienmörders. Und der Vorspann verdeutlicht diesen Umstand mit unappetitlichen Nahaufnahmen: Runzelige, mit Öl befeuchtete Finger, ein in Fleisch stechend-wühlendes Messer, Orangenhaut, die an Menschenhaut erinnert und Orangenfleisch, das sich wie unordentlich zerfaserte blutige Fleischstücke auftürmt oder Schnürsenkel, die wie tote Haut durch ein nah herangezoomtes Loch gezogen werden, lassen mich als Zuschauerin bei den ersten Malen ratlos und voller Ekel zurück. Ratlos, weil die Nahaufnahmen erst auf den zweiten Blick das eigentliche Bild offenbaren. Und Ekel, weil jedes Bild mit den Erwartungen der Zuschauer:innen spielt. Nach mehrmaligem Sehen jedoch habe ich mich an diese Bilder gewöhnt und kann sie außerdem als ungefährlich einordnen.

Habituation kann allerdings auch wieder verschwinden, etwa nach einer längeren Unterbrechung bestimmter Bilder. Sie kann dann dafür umso schneller wieder auftreten, wenn wieder ein entsprechender Reiz präsentiert wird (vgl. Mazur 2006, S. 87).

■ **Flucht- und Vermeidungskonditionierung**

Häufig gibt es auch das Phänomen, dass wir den Film/die Serie trotz der Gewaltbilder weiterschauen, uns aber der besonders unangenehmen Reize entziehen. Hier greifen die Strategien der Flucht und der Vermeidung. Sicherlich kennen Sie auch die Erfahrung, dass Sie bei schlimmen Szenen wegschauen, sich wegdrehen, die Augen und die Ohren zuhalten und den Kunstraum temporär (vielleicht sogar ganz) verlassen. Psychologisch lässt sich diese Erfahrung mithilfe des sogenannten Flucht- und Vermeidungsverhaltens im Rahmen der operanten Lerntheorie erklären. Wenn Sie schon länger eine Serie wie etwa *Game of Thrones* schauen und vor den Gewalt- und Folterszenen regelmäßig wegschauen oder den Raum verlassen, dann haben Sie womöglich bestimmte Hinweisreize wahrgenommen, die Sie auf die kommende Gewaltszene aufmerksam werden lassen und die Sie dazu bringen, die unangenehmen Szenen von vornherein zu vermeiden. Vielleicht möchten Sie einmal selbst beobachten, was das für Reize sein könnten, die Sie vor der bestehenden Gefahr des Ekelhaften und Grausamen warnen. Das können schnell gezückte Waffen sein, ein drohender Blick, aufwallend bedrohliche Musik usw. sein. Wenn Sie noch nicht so geübt darin sind, schon im Vorfeld solche warnenden Hinweisreize auszumachen, könnte es sein, dass Sie erst im Moment der für Sie unangenehmen Erfahrung den Kunstraum verlassen, quasi die Flucht ergreifen. In beiden Fällen (vgl. Gerrig 2018, S. 233) findet vermutlich kein Gewöhnungseffekt statt, aber Sie haben einen Exit-Umgang mit Szenen gefunden, gegen deren Einleibung Sie sich erfolgreich wehren können.

Spannend ist es, warum wir oft doch „am Ball bleiben" und bestimmte Szenen aushalten oder sogar genießen. Vielleicht motiviert uns dazu ein „Betätigungsdrang der Seele" (Anz 2019, S. 169), die Angst vor der eigenen inneren emotionalen Leere, dem sogenannten *Horror vacui*? Möglicherweise ist das Schauen solch extremer Szenen ein Versuch der Kompensation dieser inneren Leere? Zerstreuen wir damit vielleicht eine Art Langeweile? Im folgenden Kapitel gehe ich auf die Langeweile im Besonderen ein.

> **Zum Nachdenken**
> 1. Welche Kategorien von Horrorfilmen schauen bzw. vermeiden Sie: z. B. Monsterfilm, Tierhorror, Slasher-Filme (Teenager werden von einem Stalker verfolgt), Body Horror (Zombiefilme, zerstörerische Veränderungen des Körpers), psychologischer Horror, Splatter-Filme?
> 2. Bei welchen Filmen erleben Sie eine Lust am Bewegtsein: Angstlust, Lust am Ekeln usw.?
> 3. In welchen Fällen stoßen Sie Filme bzw. Szenen besonders ab? Wann ist für Sie eine Grenze erreicht, an der Sie nicht zuschauen/weiterschauen können?
> 4. Gab es bereits Horrorfilme/abstoßende Szenen, in deren Atmosphäre Sie auch nach dem Schauen längere Zeit gefangen waren? Wie gelingt es Ihnen, sich leiblich von den erlebten Szenen wieder zu lösen?

4.4 Unerträgliche Langeweile

> *„Langeweile ist ausgemacht die schmerzlichste Art von Anstrengung und gewiss auch die schädlichste."* (Annette von Droste-Hülshoff 2018)
>
> *„Die Schwester der Gleichgültigkeit ist die entsetzliche Langeweile, ihr Bruder der Müßiggang; eine furchtbare Sippschaft."* (Ernst Freiherr von Feuchtersleben 1879)
>
> *„Nun wird es ihm auf einmal klar, daß sein erbärmlicher Zustand von Langeweile eigentlich eine unausgefüllte Tiefe, eine unbefriedigte Sehnsucht ist."* (Ernst Freiherr von Feuchtersleben 1879)

All diesen Zitaten ist gemein, dass Langeweile als ein unangenehmes Gefühl wahrgenommen wird. Langeweile wird als anstrengend, gar als schmerzhaft, schädlich, entsetzlich und furchtbar, als unausgefüllte Tiefe und als eine unbefriedigte Sehnsucht empfunden. Langeweile wird aber nicht überall so negativ bewertet. In psychologischen Fachzeitschriften finden sich relativierende Aussagen zum Erleben von Langeweile: Es handle sich um „einen subjektiv *relativ schwach* [Hervorh. V. W.S.] negativ erlebten Gefühlszustand […]" (vgl. Perkins und Hill 1985, zit. n. Götz et al. 2007, S. 315). Oder auch: Langeweile biete die Chance, sich anderen, neuen Aufgaben zuzuwenden und kreatives Potenzial auszuschöpfen (vgl. Spitzer 2020, S. 620).

Anders als Langeweile empfinden wir die Muße, die ich von der Langeweile abgrenze. In der Muße erleben wir die Zeit als ausgefüllt und gegenwärtig, wir bestimmen frei über unser Tun oder Nichtstun im Hier und Jetzt.

4.4.1 Formen von Langeweile

Sowohl in philosophischen als auch in psychologischen Ausarbeitungen zur Langeweile finden sich häufig zwei Formen der Langeweile. Philosophen unterscheiden einmal die *einfache Langeweile*, ein von außen herbeigeführter Zustand, der sich auf etwas Konkretes bezieht wie zum Beispiel ein langweiliger Film (vgl. Breuninger und Schiemann 2015, S. 10). Die zweite Form ist die *existenzielle Langeweile*, mit der Philosoph:innen eine innere Leere und die Last der Existenz an sich meinen (vgl. ebd. sowie Fuchs 2013, S. 24 f.), der sogenannte *Horror vacui* (Anz 2019, S. 169). Man fühlt sich gelangweilt, einem ist langweilig zumute.

Ähnlich, aber doch etwas anders betrachten Psychologen das Gefühl der Langeweile. Es gibt einerseits den Zustand der Langeweile, der von außen herbeigeführt und als *state* bezeichnet wird (vgl. Spitzer 2020, S. 616).

Andererseits kann Langeweile auch eine von innen kommende Langeweile sein. Sie ist dann ein Persönlichkeitsmerkmal – im Fachjargon wird dies als *trait* bezeichnet –, das bei einigen Menschen mehr und bei anderen weniger stark ausgeprägt ist (vgl. ebd.).

Thomas Fuchs, Professor für Psychiatrie und Psychotherapie an der Universität Heidelberg, betrachtet Langeweile als eine Stimmung.[7] Stimmungen sind im Gegensatz zu Gefühlen über einen längeren Zeitraum anhaltende Zustände, die meist langsam zu- oder abnehmen (s. ▶ Kap. 1). Langeweile als Stimmung durchdringt mehr oder weniger bewusst das gesamte Erlebnisfeld und lässt sich nur schwer lokalisieren oder zeitlich abgrenzen. Fuchs spricht davon, dass Langeweile „allen Dingen eine blasse oder leere Qualität [verleiht]" (Fuchs 2013, S. 24).

Ich sehe einen Zusammenhang zwischen der einfachen Langeweile, d. h. dem Gelangweiltsein von einem Film, und der langweiligen Stimmung, in der man sich befindet. Ich habe schon in der Einleitung darauf verwiesen, dass uns Stimmungen und Atmosphären, die von einem Film ausgehen, ergreifen können (s. ▶ Kap. 1). Sich in einem Film zu langweilen, weil der Film langweilig ist, kann uns durchaus in eine Stimmung der Langeweile versetzen, insbesondere dann, so vermute ich, wenn wir uns länger dieser Situation/diesem Film aussetzen. Sie können an sich selbst einmal beobachten, wann der Film Sie langweilt und wann diese Langeweile zu einer Stimmung, d. h. zu einer leiblich-affektiven Betroffenheit führt.

Diese Differenzierungen zur Langeweile im Vorfeld vorzunehmen halte ich für wichtig, weil die Art und Weise, wie sich Langeweile leiblich und psychologisch aus welchen Gründen zeigt, subjektiv unterschiedlich ist. Wir müssen also unterscheiden, ob es die Serie oder der Film an sich ist, der uns langweilt. Dann könnten wir ja relativ schnell handeln, uns abwenden und etwas Anderes tun, das uns befriedigt. Es könnte aber auch sein, dass wir Filme und Serien schauen, weil wir gelangweilt/in einer langweiligen Stimmung sind. Womöglich wollen wir einer unerträglichen emotionalen Leere, dem *Horror vacui* (Anz 2019, S. 168 f.), entkommen und nehmen sogar Ekel und Schrecken dafür in Kauf. Dies könnte ein Grund dafür sein, warum wir Szenen voller Gewalt und Ekel aushalten, obwohl wir uns gegen deren Einleibung geradezu wehren, indem wir wegschauen, aus dem Raum gehen usw.

---

7 Mit *Stimmung* ist in der Psychologie ein weniger intensiver, dafür aber längerer emotionaler Zustand gemeint. Das Gegenteil von *Stimmung* ist der *Affekt*, der ein sehr intensiver, aber nur sehr kurzanhaltender emotionaler Zustand ist (vgl. Sokolowski 2002, S. 341). Auch Thomas Fuchs nimmt diese Unterscheidung vor (vgl. Fuchs 2013, S. 24).

Daraus resultieren dann Fragen, ob wir mit dem Schauen von Filmen und Serien die Langeweile zerstreuen können oder ob uns dann erst so richtig bewusst wird, dass es sich bei unserer Langeweile um eine Stimmung handelt, die uns vielleicht zu einem Wechsel bestimmter Tätigkeiten auffordert/ oder uns sogar lähmt.

Was spüren wir, wenn uns langweilig ist? Und warum ist uns langweilig? Obwohl die Langeweile uns so vertraut ist, ist sie noch nicht lange Gegenstand der Forschung. Trotzdem versuche ich, auf diese Fragen so gut es geht zufriedenstellende Antworten aus phänomenologischer und psychologischer Perspektive zu geben.

4.4.2 Die Leiblichkeit der Langeweile

Langeweile ist zäh, sie vergeht nicht. Besonders, wenn man sich einen Film oder eine Serie anschauen muss, die einen zu Tode langweilt, will die Zeit einfach nicht vergehen. Das bedeutet aber nicht, dass die Zeit dauerlos ist. Dauerlos ist stattdessen ein Zustand, den man als primitive Gegenwart bezeichnen kann, als das Hier und Jetzt, in dem wir uns befinden und welcher durch Neues (psychologisch betrachtet sind damit alle Reize gemeint, die wir empfangen), das sich uns permanent aufdrängt, zerrissen wird (vgl. Schmitz 2014, S. 170 f.). Im Zustand der Muße etwa tendieren wir zur Weite, in welcher wir im Hier und Jetzt die Ausdehnung der Zeit mit Lust empfinden. Eine Idee davon, was mit primitiver Gegenwart, d. h. einem Zustand ohne Dauer und Weite, gemeint ist, bieten uns das Dösen oder die Benommenheit. Es lässt sich nichts mehr fassen, wenn wir in diese Zustände gleiten. Damit jemand sich als sich selbst wahrnehmen kann, damit es Identität geben kann, braucht es jedoch Einschnitte in die primitive Gegenwart, d. h. Neues, das sich uns aufdrängt (vgl. ebd. 2011, S. 74). In der Langeweile spüren wir stattdessen eine sehr intensive Dauer (vgl. ebd. 2014, S. 171), eine Langsamkeit (vgl. ◘ Abb. 4.6). In der Langeweile sind wir uns unserer selbst bewusst, wir dösen nicht und sind nicht entspannt. Sie ist erwartungsvolles Warten, ein „unruhiger Stillstand", wie der Soziologe Martin Doehlemann es so treffend auf den Punkt bringt (vgl. Beckers 2020).

Leibliche Kommunikation in Form einer Einleibung ist uns nur schwer möglich, da wir in der Unruhe unseres Leibes keinen Fokus fassen können. Der vitale Antrieb aus Anspannung und Schwellung tendiert hin zur Enge, die drückend und schwer ist. Der Antrieb versucht nach oben zu drängen in eine gezielte Enge, raus aus der Schwere, rein in eine sinnvolle Tätigkeit mit gezielter Richtung, um so in einer Weite, einer Entspannung nach getaner

4.4 · Unerträgliche Langeweile

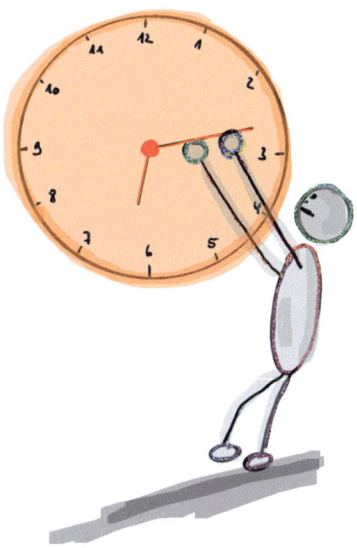

In der Langeweile spüren wir eine sehr intensive Dauer, eine Langsamkeit, eine unbefriedigte Sehnsucht. Der Soziologe Martin Doehlemann spricht von einem "unruhigen Stillstand" (Beckers 2020).

Abb. 4.6 Die Langeweile (eigene Abbildung)

Tätigkeit erlöst im beruhigten Wechsel enden zu können. Dieses leibliche Empfinden wird dann häufig körperlich ausgedrückt, wir zappeln nervös, bewegen unsere Finger, laufen vielleicht umher, lassen unruhig unseren Blick hin- und herwandern, auf der sehnsuchtsvollen Suche nach dem, was wir vermissen. So kann es sein, dass wir den Film oder die Serie vorzeitig abbrechen, um diesem Zustand zu entkommen.

Schwierig wird es vermutlich, wenn sich die Langeweile als eine lang anhaltende Stimmung niederschlägt, der man nur schwer entkommen kann. „Stimmungen erschließen […] bestimmte Möglichkeitsräume und verschließen andere", so Thomas Fuchs (2013, S. 25). So ist ein spannender

Film für Personen, die sich in solchen Stimmungen befinden, vielleicht kein möglicher Zeitvertreib, um diese Stimmung zu zerstreuen. Denn die Stimmung selbst lässt dies nicht zu.

4.4.3 Warum langweilt man sich? – Eine psychologische Antwort

Was Langeweile ist, beantworten Psychologen unterschiedlich. Eine mögliche Definition von Langeweile lautet so: „[B]oredom is the aversive state that occurs when it is not possible to achieve an optimal level of arousal through engagement with the environment" (Eastwood et al. 2012, S. 484). Übersetzt heißt das: „Langeweile ist das unangenehme Gefühl, keinen optimalen Grad an Aktivierung durch Beschäftigung mit der Umgebung erreichen zu können." Langeweile scheint also ein Mangel an Anregung zu sein, dem wir (dringend) Abhilfe schaffen wollen (vgl. Koerth-Baker 2016, S. 147). Ursachen für Langeweile sind also monotone, reizarme Aufgaben und Situationen. Dazu können auch immer gleiche Muster des Tuns zählen, wie das Schauen von Filmen und Serien. Insbesondere wenn wir wenige Möglichkeiten der Ablenkung haben, etwa weil uns Kinos, Ausstellungen oder andere Bereiche des gesellschaftlichen Lebens verschlossen bleiben oder weil wir nur wenig Kontakt zu anderen Menschen haben (Stichwort „Corona"), kann sich Monotonie und damit das Gefühl der Langeweile einstellen.

Der kanadische Neuropsychologe James Danckert vermutet, dass wir aufgrund solcher monotonen und sinnlosen Tätigkeiten keine positive Erwartungshaltung für die Zukunft entwickeln können, da sich mit ihnen keine möglichen Veränderungen in der nächsten Zukunft ergeben werden können (vgl. Hubert 2017). Allerdings brauchen wir das Gefühl der Selbstkontrolle und Selbstwirksamkeit und damit auch den Einfluss auf unsere nächste Zukunft, weil dieses grundlegend für die positive Entwicklung einer stabilen Identität ist (vgl. Gerrig 2018, S. 409 ff.). Hier zeigt sich die Ambivalenz des Gefühls der Langeweile also besonders deutlich: Wir sind gefangen im Nichts-tun-können, sind aber zugleich auf der Suche nach etwas Bedeutungsvollem. Wir haben die Kontrolle über uns und die Situation verloren. Der irische Sozialpsychologe Eric Igou unterstützt diesen Zusammenhang. Wir wollen ein sinnvolles Leben führen. Wenn wir jedoch das Gefühl haben, nichts Sinnvolles zu tun, kann dies zur Langeweile führen. Umgekehrt erinnert uns Langeweile daran, dass wir etwas Sinnvolles tun wollen bzw. dass das Leben nicht sinnvoll ist (vgl. Hubert 2017).

4.4 · Unerträgliche Langeweile

Auch Serien und Filme können uns zutiefst langweilen. Dies kann verschiedene Ursachen haben: Das Thema ist uninteressant, die Figuren sind zu eindimensional, die Story ist vorhersehbar, die Aktivität des Filmschauens an sich bringt keine Abwechslung, da sie sich zu oft wiederholt. Und es gibt sicherlich noch viel mehr Gründe. Vielleicht fallen Ihnen weitere ein? Beispielhaft möchte ich den Film *2001: Odyssee im Weltraum* (1968) in der Regie von Stanley Kubrick anführen. Der ganze Film stieß mich nach etwa 30minütiger Sehzeit ab. Kaum ein interessanter Reiz durchbrach die Langsamkeit dieses Filmes, ich fühlte mich schwer, ausgeliefert, nervös. Zugleich versuchte mein Antrieb aus der Enge in die Weite zu drängen, es gelang ihm kaum. Die Erlösung kam mit dem Ende des Filmes. Aus dem Kinosaal entkommen, verschaffte ich mir erst mal Luft, und dies im doppelten Sinne: Ich atmete tief ein und aus und schimpfte über den Film, der mir geradezu wehtat.

Doch was passiert eigentlich in unserem Gehirn, wenn wir Langeweile empfinden? Es gibt erste Ansatzpunkte, diese Frage zu klären (vgl. Koerth-Baker 2016, S. 147). Vermutlich spielen zwei Hirnbereiche eine wichtige Rolle. James Danckert stellte fest, dass einerseits das Basis- und Ruhezentrum, das sogenannte „default-mode-network" (DMN), aktiviert wird, wenn seine Probanden Langeweile empfanden (vgl. Hubert 2017). Das Gehirn ist dann nicht auf eine Aufgabe fokussiert, sondern treibt vor sich hin. Das DMN ist zum Beispiel aktiv, wenn wir unsere Gedanken schweifen lassen, uns erinnern, dösen, träumen oder fantasieren (vgl. Ayan 2016, S. 14). Das passiert Ihnen manchmal sicher auch, wenn Sie eine Serie oder einen Film schauen, der Sie ins Grübeln oder zum Träumen bringt. In der Regel bemerken wir nicht, dass wir mit unseren Gedanken abdriften (vgl. ebd., 15). Auch in anderen Situationen kennen Sie solche Grübeleien oder Tagträumereien bestimmt, z. B. wenn Sie Auto fahren, einkaufen oder Wäsche aufhängen. Dies kann sich sogar sehr schön anfühlen, wir empfinden dann vielleicht sogar vollkommene Muße (vgl. ebd.). James Danckert hat aber noch eine zweite Hirnregion entdeckt, die maßgeblich das Gefühl der Langeweile beeinflusst. Während einerseits das DMN aktiviert wurde, wurde der vordere insulare Cortex (auch als Insellappen bezeichnet) bei seinen Probanden deaktiviert (vgl. Hubert 2017). Mit diesem Bereich des Gehirns können wir unser Denken und Verhalten gezielt steuern und kontrollieren. Wir wissen dann nichts mehr mit unserer Umgebung anzufangen. Während das Gehirn ziemlich stumpf ist, ist der Körper allerdings wach: Danckerts Probanden konnten einerseits ihre Aufmerksamkeit nicht mehr gezielt auf etwas richten, andererseits empfanden sie Stress (vgl. ebd.). Das unterscheidet Langeweile von Muße und Apathie.

Wenn Sie sich beim Filmschauen also wohlfühlen, hin und wieder vielleicht sogar abdriften, kann dies sehr angenehm sein. Wenn Sie jedoch das Gefühl haben, die Situation nicht mehr kontrollieren zu können, kann dies für Sie zur Qual werden. Das kann auch dann der Fall sein, wenn Sie den Zeitraum, wie lange Ihre Langeweile andauern wird, genau abschätzen können: Nach 121 Minuten ist Schluss! Natürlich könnten Sie den Film schon vorzeitig verlassen und damit die Situation kontrollieren. Vielleicht bleiben Sie aber aus Höflichkeit Ihren Freunden gegenüber, mit denen Sie zusammen diesen Film schauen. Dann haben Sie womöglich etwas weniger Kontrollempfinden, was das Gefühl der Langeweile intensivieren kann. Etwas komplexer wird die Angelegenheit, wenn die Tätigkeit des Filme- und Serienschauens zu einem alltäglichen Muster geworden ist, das Sie selbst quälend langweilt und die Langeweile zu einer existenziellen Grundstimmung wird. Hier wäre zu überlegen, welche Möglichkeiten Sie haben, aus diesem Muster auszubrechen (sofern Sie dies möchten). Ein erster nötiger Schritt besteht sicher darin, dass Sie sich dieses Gefühlszustandes zunächst bewusst werden. Wer sehen und sich erkennen will, muss sich selbst zunächst einmal fühlen und sich dieser Gefühle bewusst werden. Weiter wäre wichtig, dass Sie einschätzen, ob und wie sehr Sie unter diesem Zustand leiden. Weitere Schritte könnten dann darin bestehen zu reflektieren, welche Erwartungen Sie an sich selbst haben und welche Tätigkeiten und Aufgaben für Ihr Leben bedeutsam sind.

> **Zum Nachdenken**
> 1. Ist Ihnen das Gefühl bekannt, aus Langeweile Filme, Serien, Dokus etc. zu schauen?
> 2. Ist dies für Sie ein Aspekt, der Sie stört? Wenn ja, können Sie sich vorstellen, diesen zu verändern?
> 3. Auch wenn die folgenden Fragen vielleicht schmerzhaft sind, denken Sie trotzdem gern einmal darüber nach: Welche Erwartungen haben Sie an sich und an Ihr Leben? Was möchten Sie *eigentlich* unternehmen/womit möchten Sie sich *eigentlich* befassen? Was hält Sie davon ab? Wie und mit wessen Hilfe könnten Sie aus der Alltagslangeweile ausbrechen?

4.5 Fazit

Abstoßende Bilder der körperlichen und psychischen Gewalt und des Ekels, aber auch langweilige Situationen drängen in eine leibliche Enge. Die Lust am leiblichen Bewegtsein (vgl. Menninghaus 2012) ist es, die uns diese Enge nicht nur aushalten, sondern teilweise sogar genießen lässt. Wichtig dafür ist, dass auf diese Anspannung eine Erholung in Form einer Ausleibung und damit einer leiblichen Weitung geschehen kann. Sonst kann aus Genuss eine unaushaltbare Anspannung werden.

Je mehr leibliche Enge eine Geschichte auslöst, desto körperlich anstrengender kann sich diese Erfahrung anfühlen. Die von solchen Filmen und Serien ausgehende Atmosphäre umfängt uns Zuschauer:innen (ausgenommen ist dies wohl bei Langeweile). Und je mehr wir uns auf den Kunstraum einlassen und mit einer gewissen leiblichen Disposition in diesen treten (indem wir in eine diffus-protopathische Stimmung bei beginnender Dunkelheit kommen oder eine besondere Sensitivität für epikritische und protopathische Reize oder für synästhetische Charaktere entwickeln), desto effektvoller und intensiver kann diese Atmosphäre der Beklemmung, der Kälte, der Düsternis uns ergreifen. Dann zucken wir bei spitzen Schreien zusammen, ducken uns beim Fall in den protopathisch-dunklen Brunnen und halten die Luft an bei scharfen Klingen, die metallisch-zischend an Haut ansetzen. Leiblich verspüren wir Impulse sogenannter Bewegungssuggestionen des Nach-hinten-gedrückt-Werdens, wenn eine abstoßende Figur auf uns zugeschossen kommt, ohne dass wir dieser Suggestion tatsächlich körperlich nachgeben müssen. Wir erschrecken bei unvermittelt auftauchenden, angsteinflößenden Figuren oder Objekten – vielleicht erschrecken wir so heftig, dass die privative Engung dominiert und ein Bewusstsein für die eigene Situation nicht möglich ist. Wir empfinden die unerträglichen Qualen, die Ohnmacht, Gebrochenheit und Demütigung gefolterter und vergewaltigter Figuren empathisch nach, indem wir uns eine Vorstellung davon machen, wie sie sich fühlen könnten. Auch dies führt in eine leibliche Enge, die bisweilen nicht mehr zu ertragen ist. Übrigens ist in dem Kontext auch das Spielen von Computerspielen ein sehr interessantes Feld der leiblichen Regungen. Hier kommt häufig noch der Aspekt hinzu, dass Spiele aus einer Ego-Perspektive heraus gespielt werden können. Man selbst ist es, der/die vom Monster angegriffen wird. Mit eigenen Händen muss es erschossen, erstochen und/oder erschlagen werden, weswegen die Nähe des Monsters und die Leibhaftigkeit des Grauenhaften wohl noch viel eindringlicher wahrgenommen und erlebt werden kann. Die Wahrnehmung von Orten im Spiel, von Spielatmosphären und wie wir uns selbst beim Spielen erleben, beschreibt Mario Donick in seinem Buch *Let's Play! Was wir aus Computerspielen über das Leben lernen können* (2020).

Wird das Erlebnis im Kunstraum unerträglich, so bleibt der Ausweg, den Kunstraum zu vermeiden oder aus ihm zu entfliehen: etwa den Bildschirm ausmachen, sich von ihm abwenden oder voller Schreck aus dem Raum stürzen. Etwas anders verhält es sich womöglich mit Bildern, die nicht dem fiktiven Kunstraum entspringen, sondern der Realität. Auch Bilder der Gewalt, wie die vom Tod des lybischen Diktators Muhammar al-Gaddafis[8] oder von Menschen, die aus Fenstern springen, um vor einem Feuer zu fliehen, drängen sich immer wieder unvermittelt in unser Blickfeld. Das Perfide daran ist, dass wir manchmal nichts dagegen tun können, da diese Bilder ohne Vorwarnung in den Nachrichten gezeigt werden. So erinnere ich mich daran, die digitale Version einer lokalen Zeitung lesen zu wollen und beim Aufrufen der Website plötzlich mit Muhammar al-Gaddafis leblosem Körper, der wie Vieh auf einem Wagen eine Straße entlang gefahren wurde, konfrontiert wurde. Gegen die Wucht und Wirkmacht des Eindringens des Bildes in meine leibliche Disposition konnte ich mich nicht wehren. Obwohl Gaddafi selbst Unrecht begangen hat, fühlte ich die Brechung seiner Würde in seinem leblos dahingeworfenen Körper. Eine massive Engung schnürte mir den Leib zu. Natürlich kann ich auch hier den medialen Raum wieder verlassen. Dennoch können diese Bilder – sowohl Bilder aus einem fiktiven als auch aus dem realen Raum – atmosphärisch lange Zeit nachhängen, selbst wenn wir aus dem entsprechenden Raum längst ausgetreten sind (s. ▶ Abschn. 6.2.1). Bei realen Bildern kommt noch hinzu, dass ich weiß, dass es sich um echte Ereignisse aus dem echten Leben handelt, sodass die moralische Komponente hier wirkmächtiger ist als bei fiktionalen Ereignissen: Wie weit darf man gehen, solche Bilder zu veröffentlichen? Denn es wird doch die Würde desjenigen, der auf solche und ähnliche Arten in der Öffentlichkeit gezeigt wird, verletzt.

Auch in Filmen und Serien gibt es immer wieder kaum erträgliche Situationen, die wir jedoch weiterschauen. Dies könnte daran liegen, dass mit zunehmender Seherfahrung eine Habituation eintritt oder kognitive Prozesse der Bewertung stattfinden, indem die Bilder als etwas künstlich Produziertes gedeutet werden. In diesem Zusammenhang spielen auch neuropsychologische Prozesse in der Amygdala eine Rolle, die – je nach Schnelligkeit der Reizverarbeitung – einen Reiz als gefährlich oder ungefährlich einstuft. Möglicherweise ist die Lust am Erschrecken, an der Angst (*Angstlust*), an der Beklemmung oder am Ekel aber auch ein Ausdruck von Langeweile, die drückend und schwer, unruhig nach sinnvoller Betätigung sucht. Filme und

---

8 Muhammar al-Gaddafi (1942–2011) war von 1969 bis 1979 das Staatsoberhaupt und anschließend Revolutionsführer in Lybien bis zu seinem Tod. Gaddafis Wirken wird in Zusammenhang mit verschiedenen terroristischen Anschlägen wie dem Bombenanschlag auf die Diskothek La Belle im Jahr 1986 und mit dem Lockerbie-Anschlag 1988 mit 270 Todesopfern gebracht, wobei diese Erkenntnisse nach wie vor nicht gesichert scheinen.

Serien bieten Möglichkeiten, die Langeweile zu zerstreuen und zu vergessen. In dieser Perspektive könnte man behaupten: Alles ist besser, auch Ekel, Gewalt und Grusel, als die emotionale Leere, den *Horror vacui,* zuzulassen.

Das Spektrum an Gründen für die Lust an Psychothrillern und Horrorfilmen ist somit ein sehr breites und in diesem Buch sicher längst nicht vollständig erfasst. Man könnte zum Beispiel noch genauer auf die Darstellung und die Rezeption des Bösen eingehen. So verdeutlicht Kaspar Maase in seinem Artikel „Massenkunst und Böses – oder: George R. R. Martin und William Shakespeare" (2020), dass das Böse in der Populärkultur nicht mehr ethisch, sondern nur noch ästhetisch beurteilt wird (vgl. Maase 2020, 53). Die Frage, die sich daran anknüpft, ist, ob eine ethische Beurteilung des Bösen in der Populärkultur nötig wäre. Zumindest ist es interessant zu fragen, ob die stetige Überbietung und Zunahme von Gewalt etwas mit dem Einzelnen und mit der Gesellschaft macht. Wenn wir die beiden Verfilmungen des Romans *Es* einmal aus dem Jahr 1990 und dann aus den Jahren 2017 (Teil 1) und 2019 (Teil 2) betrachten, können wir feststellen, dass die Möglichkeiten der Darstellung breiter geworden und Bilder der Gewalt facettenreicher und detaillierter sind. Tritt hier ein gesellschaftlicher Gewöhnungseffekt auf? Brauchen wir immer mehr, um bewegt zu sein?

Literatur

Andermann, Kerstin (2017). Leiblichkeit als kommunikatives Selbst- und Weltverhältnis. In: S. Volke & S. Kluck (Hrsg.): Körperskandale. Zum Konzept der gespürten Leiblichkeit. Freiburg/München: Verlag Karl Alber, S. 17–38.
Anz, Thomas (2019). Ekel. Unlust- und Lustgefühle in interdisziplinären Perspektiven. In: H. Kappelhoff, J.-H. Bakels, H. Lehmann & C. Schmitt (Hg.). Emotionen. Ein interdisziplinäres Handbuch. Berlin: Metzler, S. 165–173.
Ayan, Steve (2016). Tagträumen. Flieg, Gedanke, flieg! In: Gehirn & Geist 2016 (4), S. 12–17.
Beckers, Maja (2020). Das Öde und das Dasein. In: Hohe Luft Magazin. Veröffentlicht am 28.04.2020. URL: https://www.hoheluft-magazin.de/2020/04/das-oede-und-das-dasein/, Abruf am 09.02.2021.
Bernard, Elena & Müller, Martin (2015). Kampf oder Flucht – wie Angst auf den Körper wirkt. In: Gehirn & Geist. Ängste und Depressionen. 2/2015, S. 40–41.
Bösel, Rainer (2009). Neuropsychologie. In: V. Brandstätter & J. H. Otto (Hrsg.). Handbuch der Allgemeinen Psychologie – Motivation und Emotion. Göttingen u. a.: Hogrefe, S. 473–481.
Breithaupt, Fritz (2019). Die dunklen Seiten der Empathie. Berlin: Suhrkamp Verlag.
Breuninger, Renate & Schiemann, Gregor (2015). Langeweile. Auf der Suche nach einem unzeitgemäßen Gefühl. Ein philosophisches Lesebuch. Frankfurt am Main: Campus Verlag.

Diem, Viola & Lerche, Jelka (2019). „Game of Thrones". Kassensturz im Königreich. In: ZEIT Nr. 50/2019. Online unter: https://www.zeit.de/2019/50/game-of-thrones-fernsehserie-kosten-produktion-hbo, Abruf am 18.08.2021.

Donick, Mario (2020). Let's Play! Was wir aus Computerspielen über das Leben lernen können. Wiesbaden: Springer.

Droste-Hülshoff, Annette von (2018). Werke. Ausgewählt von Sarah Kirsch. Köln: Kiepenheuer & Witsch.

Eastwood, John D. et al. (2012). The unengaged mind: Defining boredom in terms of attention. Perspect Psychol Sci. 7(5), S. 482–495.

Erhardt, Angelika & Schmidt, Ulrike (2015). Fehlalarm! In: Gehirn & Geist. Ängste und Depressionen. 2/2015, S. 42–47.

Freiherr von Feuchtersleben, Ernst (1879). Zur Diätetik der Seele. Leipzig: Philipp Reclam jun. URL: https://www.projekt-gutenberg.org/feuchter/diaeteti/chap012.html, Abruf am 06.01.2021.

Fuchs, Thomas (2008). Die Würde des menschlichen Leibes. In: W. Härle & B. Vogel (Hg.). Begründung von Menschenwürde und Menschenrechten. Freiburg u. a.: Herder, S. 202–219. URL: https://www.kas.de/c/document_library/get_file?uuid=fda6e6a1-183e-b45e-0493-25d3afbae5de&groupId=252038.

Fuchs, Thomas (2013). Zur Phänomenologie der Stimmungen. In: F. Reents & B. Meyer-Sickendiek (Hrsg.). Stimmung und Methode. Tübingen: Mohr Siebeck, S. 17–31.

Gelfert, Hans-Dieter (1995). Die Tragödie. Theorie und Geschichte. Göttingen: Vandenhoeck & Ruprecht.

Gerrig, Richard J. (2018). Psychologie. Hallbergmoos: Pearson.

Götz, Thomas; Frenzel, Anne C. & Pekrun, Reinhard (2007). Regulation von Langeweile im Unterricht. Was Schülerinnen und Schüler bei der „Windstille der Seele" (nicht) tun. In: Unterrichtswissenschaft 35 (2007) 4, S. 312–333.

Horstmann, Gernot & Dreisbach, Gesine (2017). Allgemeine Psychologie 2 kompakt. Lernen, Emotion, Motivation, Gedächtnis. Weinheim: Beltz.

Hubert, Martin (2017). Das Geheimnis der Langeweile. In: Deutschlandfunk. Ein Beitrag vom 15.01.2017. URL: https://www.deutschlandfunk.de/neurologie-das-geheimnis-der-langeweile.740.de.html?dram:article_id=375889, Abruf am 08.02.2021.

Koerth-Baker, Maggie (2016). Boredom gets interesting. In: Nature Vol 529, 14 January 2016, S. 146–148. URL: https://www.nature.com/news/polopoly_fs/1.19140!/menu/main/topColumns/topLeftColumn/pdf/529146a.pdf, Abruf am 06.02.2021.

Landweer, Hilge (2016). Ist Sich-gedemütigt-Fühlen ein Rechtsgefühl? In: H. Landweer & D. Koppelberg (Hg.). Recht und Emotion I. Verkannte Zusammenhänge. München: Verlag Karl Alber, S. 103–135.

Landweer, Hilge (2019). Philosophische Perspektiven auf Scham und Schuldgefühle. In: H. Kappelhoff, J.-H. Bakels, H. Lehmann & C. Schmitt (Hg.). Emotionen. Ein interdisziplinäres Handbuch. Berlin: Metzler, S. 235–239.

Maase, Kaspar (2020). Massenkunst und Böses – oder: George R. R. Martin und William Shakespeare. In: L. Heidbrink & A. Gröppel-Klein (Hg.). Die dunklen Seiten des Konsums. Alte Probleme, neue Herausforderungen. Baden-Baden: Nomos Verlagsgesellschaft, S. 47–58.

Mazur, James E. (2006). Lernen und Verhalten. München u. a.: Pearson Studium.

Menninghaus, Winfried (2012). Die Lust am Ekelhaften, Traurigen, Ärgerlichen in der ästhetischen Erfahrung. Vortrag vom 14.02.2012 im Rahmen der Ringvorlesung „Languages of Emotions" der Freien Universität Berlin. URL: http://www.loe.fu-berlin.de/zentrum/einblicke/ringvorlesung/ekel/index.html, Abruf am 11.02.2021.

Ritzi, Sebastian & Kruse, Andreas (2019). Würde, Freiheit, Leiblichkeit. Ethische Kategorien bei der Anwendung freiheitsentziehender Maßnahmen bei Menschen mit Demenz im Akutkrankenhaus. In: Zeitschrift für Gerontologie und Geriatrie 2019/52. (Suppl 4), S. 243–248.

Schmitz, Hermann (2003). Was ist Neue Phänomenologie? Rostock: Ingo Koch Verlag.

Schmitz, Hermann (2005). Die Wahrnehmung. (=System der Philosophie. Dritter Band: der Raum. Fünfter Teil: Die Wahrnehmung). Bonn: Bouvier Verlag: Studienausgabe.

Schmitz, Hermann (2011). Der Leib. Berlin u. a.: Walter de Gruyter.

Schmitz, Hermann (2014). Phänomenologie der Zeit. Freiburg/München: Verlag Karl Alber.

Sokolowski, Kurt (2002). Emotion (Kap. 2c). In: Jochen Müsseler und Wolfgang Prinz (Hrsg.). Allgemeine Psychologie. Heidelberg, Berlin: Spektrum Akademischer Verlag, S. 337–384.

Spitzer, Manfred (2020). Langeweile ist nicht langweilig. Von der nebensächlichen Dummheit zur Funktion und Fehlfunktion. In: Nervenheilkunde 2020; 39, S. 612–625.

Squire, Larry R. & Kandel, Eric R. (2009). Gedächtnis. Die Natur des Erinnerns. Heidelberg: Spektrum Akademischer Verlag.

Flucht aus dem Alltag

Inhaltsverzeichnis

5.1 Sorgenfrei und lustig sein – 105

5.2 Der Film und die Serie als Nebenbei-Welt – 105
5.2.1 Was wir verlieren können – der Verlust des Atmosphärischen phänomenologisch betrachtet – 106
5.2.2 Was wir gewinnen können – der seichte Rückzug von uns selbst – 108
5.2.3 Was wir zu viel gewinnen können – Multitasking psychologisch betrachtet – 108

5.3 Binge Watching – 110
5.3.1 Binge Watching als Fluchterlebnis – phänomenologisch betrachtet – 110
5.3.2 Binge Watching als Stresserlebnis – phänomenologisch-psychologisch betrachtet – 112

5.4 Trancezustände – 114

5.5 Fazit – 115

Literatur – 116

© Springer Fachmedien Wiesbaden GmbH, ein Teil von Springer Nature 2022
W. Schwelgengräber, *Wer sehen will, muss spüren*, Über/Strom: Wegweiser durchs digitale Zeitalter, https://doi.org/10.1007/978-3-658-37300-9_5

Dass wir Filme und Serien aus eskapistischen Gründen sehen, weil wir also dem Alltag entfliehen möchten, ist kein Geheimnis. Der leiblich gespürten Enge des Alltags zu entkommen und die leibliche Weite zu suchen und zu finden und die Empfindung des Vergessens in dieser Weite auszumachen, ist Ziel des fünften Kapitels. Dazu gehe ich auch auf die Phänomene des Multitaskings und des Binge Watching ein. Verschiedene Filme und Serien ziehe ich beispielhaft in diesem Kapitel heran: *Mamma Mia!*, *Suits*, *Lost*, *Lucifer*, *Haus des Geldes* usw.

Gibt es gerade zu viele schlechte Nachrichten? Fühlen Sie sich von Ihrer Arbeit zu sehr eingenommen? Oder von Ihrer Familie? Haben Sie das Gefühl, noch Sie selbst zu sein? Wollen Sie sich vergewissern, dass es anderen noch schlechter geht als Ihnen, und so relativieren, dass Ihr Leben doch nicht so schlimm ist wie Sie dachten? Oder ist Ihnen einfach nur langweilig und wollen sich zerstreuen? Oder wollen Sie sich unangenehme Aufgaben wie Putzen oder Kochen ein wenig erleichtern? Oder wollen Sie vielleicht einfach nur sorgenfrei einen schönen und lustigen Film sehen? Nicht selten wollen wir unserem Alltag entfliehen und unsere Sorgen vergessen. Am einfachsten ist es, den Fernseher einzuschalten oder den Laptop aufzuklappen und sich etwas anzuschauen, um mal den Kopf frei zu bekommen, mal nichts zu machen, einfach nur passiv zu gucken und die Zeit vergehen zu lassen.

Es gibt sehr viele verschiedene Gründe, warum wir Serien, Filme oder Fernsehen (Dokumentationen, Trash-TV …) sehen. Ich konzentriere mich hier auf vier Aspekte: Der erste Aspekt betrifft das Phänomen, dass wir Serien und Filme schauen, um uns sorgenfrei und lustig zu fühlen. Absichtlich wollen wir mit Filmen und Serien unsere leibliche Disposition beeinflussen. Das zweite Phänomen betrifft das Filme-/Serienschauen, während wir eigentlich mit Alltagsaufgaben beschäftigt sind. Ich versuche zu beschreiben, was in solchen Situationen verloren geht und was wir dabei vielleicht gewinnen. Drittens beschreibe ich das Phänomen des Binge Watching. Innerhalb weniger Tage können wir uns alle sechs Staffeln von *Lost* (2004–2010), alle bisherigen fünf Staffeln von *Lucifer* (seit 2016) oder alle fünf Staffeln von *Breaking Bad* (2008–2013) anschauen. Wir würden dann täglich viele Stunden mit dem Schauen dieser Serien verbringen. Ist das noch normal? Sollten wir nicht lieber Besseres tun? Ist das auf Dauer nicht auch anstrengend und stressig? Und im vierten Aspekt gehe ich auf das Phänomen ein, wenn ein Film uns so in seinen Bann zieht, dass wir in einen Trancezustand geraten und puren, echten Eskapismus erfahren können.

5.1 Sorgenfrei und lustig sein

Mit Filmen wie *Mamma Mia!* (2008), *Burn after Reading* (2008) und Serien wie *Brooklyn Nine-Nine* (seit 2013) oder *How to sell Drugs online (fast)* (2019–2021) lässt sich eine sorgenfreie Zeit erleben. Wir suchen die Situation der Entspannung und Weitung vielleicht gezielt auf. Auch wenn wir mit den Figuren mitfiebern und immer wieder eine leibliche Enge verspüren (weil die Liebe der Figur nicht erwidert wird, weil jemand erschossen, entführt oder von der Polizei verhaftet wird o. Ä.), so tendiert zum Ende des filmischen oder seriellen Ereignisses die leibliche Weitung. Alleine oder zusammen mit anderen können wir mitsingen und lachen und uns von alltäglicher Last befreien.

Mamma Mia! ist aufgrund seines Musicalcharakters ein besonderer Film. Im Gegensatz zur Tragödie *Dancer in the Dark,* deren Musik eher mit einer Beklemmung und leiblichen Enge einhergeht, öffnet die Musik in *Mamma Mia!* emotional zur Weitung. Die erzählte Geschichte in *Mamma Mia!* scheint mir mehr Begleitung zur Musik zu sein als umgekehrt. Umso wirkungsvoller kann die Musik in diesem Zusammenhang sein.

Musik suggeriert dem Hörer Bewegungen, ohne dass diese körperlich tatsächlich ausgeführt werden müssen (vgl. zum Begriff *Bewegungssuggestion* das ▶ Kap. 7). Viele Lieder wie *Voulez vous, Mamma Mia* oder auch *Does your Mother know* drängen nach vorne, sodass auch leiblich eine beschwingte Haltung eingenommen wird. Man möchte am liebsten anfangen zu tanzen.

Selbst Songs, die eher melancholische und damit engende Eigenschaften aufweisen wie *Our last Summer* öffnen spätestens dann zur leiblichen Weitung, wenn sich beim Mitsingen der Bauchraum körperlich öffnet. Ich vermute, dass das Mitsingen an sich als eine Suggestion angelegt sein kann. So kann ich mir vorstellen, dass das Singen im Bauchraum schon leiblich vorgespürt wird, ohne dass es tatsächlich zu einem körperlichen Ausdruck kommen muss (dem Singen an sich).

5.2 Der Film und die Serie als Nebenbei-Welt

Beschwingte Filme und Serien wie die oben erwähnten schauen wir manchmal auch nebenbei. Oft schauen wir Serien/Filme als Flucht vor dem Alltag und tun dabei ausgerechnet sehr alltägliche Dinge wie abwaschen, staubsaugen, duschen, urinieren, Pizza bestellen, kochen usw. Vergessen wir, dass wir gerade abwaschen, wenn wir einen Film schauen? Ist der Abwasch vielleicht weniger langweilig? Haben wir das Gefühl, dass die Zeit beim Staubsaugen schneller vergeht? Wird Staubwischen erträglicher, wenn wir eine Serie sehen? Der Film oder die Serie läuft dann nebenher, man bekommt etwas vom Inhalt mit, aber nicht alles. Ähnlich ist es, wenn wir mit dem Smartphone während des Film- oder Serienschauens herumspielen. Ständig blinken neue Nachrichten auf oder wir lesen irgendetwas im Internet oder nutzen das Smartphone als Second Screen, um etwas über den Film/die Serie in Erfahrung zu bringen.

Vor Kurzem habe ich zwei Serien auf diese Art geschaut. Ich habe die ersten vier Staffeln der spanischen Serie *Haus des Geldes* (2017–2021) und im Anschluss die Staffeln 1 und 2 sowie einige Episoden der dritten Staffel der US-amerikanischen Serie *Suits* (2011–2019) auf Netflix angeschaut. Nebenbei habe ich einige Alltagsdinge erledigt. Ich habe abgewaschen, die Wohnung aufgeräumt, Wäsche gewaschen und so einige Dinge mehr erledigt.

5.2.1 Was wir verlieren können – der Verlust des Atmosphärischen phänomenologisch betrachtet

Die Anwalts-Serie *Suits* hat mich leiblich nicht einfangen können. Ich denke, dass ich sie nicht weiterschauen werde. Und das hat nicht nur mit den Charakteren dieser Serie zu tun, die wie aus einer Seifenoper entsprungen scheinen und häufig nur zwischen Schwarz und Weiß zu entscheiden in der Lage sind. Mir fehlt hier eine differenzierte, tiefgründige Charakterdarstellung. Und dass ich der Atmosphäre nicht nachspüren konnte hat auch damit zu tun, dass ich die Serie nur nebenbei geschaut habe. Und deswegen dürfen alle Leser:innen, die diese Serie toll finden, Einspruch gegen meine Kritik über die Figuren erheben: Vielleicht sagen Sie ja auch, dass ich die Serie falsch beurteile. Das kann durchaus sein, denn ich habe mich ja nicht auf die Serie eingelassen. Vielleicht ist die Serie aber wirklich nicht so gut und deswegen schaue ich sie nur nebenbei?

Besonders schön ist es für uns Zuschauer:innen, wenn wir in einer Serie/einem Film gänzlich aufgehen und alles um uns herum vergessen können. Das ist mir mit *Suits* nicht gelungen. Die Serie wurde nicht zu *meiner* Welt, sondern zu einer *Nebenbei*-Welt, einer Welt, die nebenbei (d. h. flüchtig, beiläufig) neben meiner Welt existiert. Ich kann keinen Zugang zu ihr finden, weil sie mich leiblich-affektiv nicht bzw. kaum berührt. Es findet kaum echte Einleibung statt, d. h. keine Vereinigung meines Leibes mit der mir begegnenden Serie (vgl. Schmitz 1994, S. 13). So verbleibe ich der Serie gegenüber in einer gewissen Distanz. Vermutlich habe ich wegen des Nebenbei-Sehens nicht alle wichtigen Handlungsfäden wahrgenommen, sodass ich nicht immer nachvollziehen kann, welche Motive die Figuren für ihr Handeln haben. Deswegen kann ich mich auch nicht mehr in die Figuren hineinversetzen und empathisch mitschwingen (vgl. zum Begriff der *Empathie* ▶ Kap. 2). Und damit kann mich auch die Atmosphäre, die vermutlich von dieser Serie ausgeht, nicht gefangen nehmen (vgl. zum Begriff der *Atmosphäre* u. a. in ▶ Kap. 1). Verloren geht also mindestens die Atmosphäre, die ein Film/eine Serie ausstrahlt und die wir leiblich wahrnehmen könnten. Wir nehmen diesen dramatischen (?) Verlust in Kauf – nicht immer wissentlich. Bei der Serie *Suits* finde ich das nicht so schlimm, vielleicht weil mich die Charaktere aufgrund ihres Schwarz-Weiß-Denkens und ihrer – aus meiner Sicht – übertriebenen Rachefeldzüge eher kaltlassen.

Dagegen bedaure ich, die spanische Serie *Haus des Geldes* (seit 2017) zu einem gewissen Teil nur nebenbei geschaut zu haben. Immer mal wieder habe ich neben dem Serienschauen den Haushalt gemacht. Es ist aber nicht so gewesen, dass ich mich beim Abwaschen gelangweilt habe. Vielmehr habe ich die Serie weitergeschaut, weil ich wissen wollte, wie es mit den Figuren weitergeht. Zudem hat mich die Atmosphäre hin und wieder gefangen genommen. Hier habe ich die Vorteile der Technik nutzen und zeitunabhängig vom allgemeinen Fernsehprogramm meine Serie schauen können, sogar wenn ich den Haushalt schmeiße. Etwas betrübt war ich, als in der vierten Staffel einer der Bankräuberinnen – Nairobi – nach einem Attentat stirbt. Betrübt war ich wegen zwei Dingen. Zum einen fand ich Nairobi selbst sehr sympathisch (ab und zu konnte ich mich auch empathisch mit ihr vereinigen). Und zum anderen war ich betrübt, weil ich die Atmosphäre, die von dieser Szene ausging, verpasst habe. Die Atmosphäre als solche habe ich wahrnehmen, aber nicht gänzlich einleiben können. Nur ein Teil der Atmosphäre hat mich ergriffen, die ausging von der tiefen Trauer, die Nairobis Weggefährten empfinden, wenn Nairobi stirbt. Erst als ich in ihre Gesichter sah, verletzte mich Nairobis Tod, spürte ich ebenfalls eine Trauer. Jedoch weiß ich, dass ich die Traurigkeit noch viel intensiver hätte spüren können, wenn ich nicht in den zwei Episoden zuvor nur nebenbei geschaut hätte.

5.2.2 Was wir gewinnen können – der seichte Rückzug von uns selbst

Aber was habe ich gewonnen, obwohl ich die Serien nur nebenbei geschaut habe? Vielleicht wollen wir nicht immer die großen Gefühle beim Sehen einer Serie oder eines Filmes verspüren? Vielleicht möchten wir nur so weit aus dem Alltag raus, wie es gerade möglich ist, um schnell wieder reinzukommen? Denn auch das Gefühl, eine Serie zu vermissen, kann recht anstrengend sein, wenn sich zum Beispiel der Schleier der Schwermut über einen legt (s. ▶ Kap. 6). Nicht immer möchten wir diese Gefühle empfinden. So ist vielleicht gerade dieser Raum zwischen Nebenbei- und Alltagswelt für uns das erholsame Moment. Wir vergessen ein bisschen den Alltag, spüren uns in der Nebenbei-Welt aber auch nicht zu intensiv und erleben einen leichten, seichten Rückzug von uns selbst und von unserem Alltag.

Beobachten Sie sich doch selbst einmal, wann Sie sich in solchen Zwischenwelten befinden. Gibt es vielleicht bestimmte Gründe und Zeiten, in denen Ihnen dies passiert? Eignen sich dafür vielleicht bestimmte Serien besser als andere?

5.2.3 Was wir zu viel gewinnen können – Multitasking psychologisch betrachtet

Interessant ist beim Nebenbei-Schauen auch das Phänomen, wenn wir permanent das Smartphone in die Hand nehmen. Das geschieht oft ganz unbewusst, eine automatisierte Handlung. Wir können ja alles Mögliche mit unserem Smartphone machen. Wir lesen und verschicken Nachrichten, wir schauen etwas nach, das mit der Serie zu tun hat (der sogenannte Second Screen), oder wir shoppen nebenbei Musikboxen und Bettwäsche. So wie die Serie/der Film auch, eröffnet uns das Smartphone eine Welt, die wir uns einleiben können. Gleichzeitig lenkt uns diese Welt von der Welt der Serie ab. Meine Erfahrung ist, dass der Versuch einer permanenten gleichzeitigen Fokussierung auf das Smartphone und auf die Serie sehr anstrengend sein kann.

Was wir hier machen, nennen wir im Alltag Multitasking. Darunter verstehen wir das gleichzeitige Ausüben mehrerer komplexer Tätigkeiten. Dabei ist erwiesen, dass das menschliche Gehirn nicht darauf optimiert ist, zwischen komplexen Tätigkeiten hin- und herzuwechseln (vgl. Sokolowski 2013,

S. 107). Stattdessen laufen im Gehirn nicht zwei Vorgänge gleichzeitig ab, sondern es handelt sich „‚nur' um *einen* schnell hin- und herwechselnden Vorgang" (ebd.), was eine sehr hohe kognitive Beanspruchung ist.

> **Multitasking**
>
> Multitasking ist das gleichzeitige Ausüben mehrerer komplexer Tätigkeiten, die das Gehirn jedoch nicht gleichzeitig verarbeiten kann. Stattdessen wechselt die Aufmerksamkeit schnell zwischen den Tätigkeiten hin und her, was zu einer hohen kognitiven Beanspruchung führt (vgl. Sokolowski 2013, S. 107).

Solange es sich um Tätigkeiten handelt, die wir eingeübt haben und wenig kognitiven Aufwand benötigen, wie z. B. das Abwaschen von Geschirr, kann der Fokus auf die Serie noch gelingen. Wenn wir aber eine Nachricht von jemandem lesen oder sogar hören, müssen wir uns schon mehr auf diese Tätigkeit konzentrieren, um den Inhalt zu erfassen. Ähnlich komplex sind das Verfassen einer Nachricht an jemanden oder einkaufen via Smartphone. Wenn wir uns darauf nicht konzentrieren, machen wir Fehler. Gleichzeitig einen Film/eine Serie dabei zu schauen und den Inhalt sowie die Atmosphäre in ihrer Gänze zu erfassen, ist nicht möglich.

Achten Sie doch mal darauf, wie oft Sie zum Smartphone greifen und ob es sich dabei um einen Dauerzustand handelt. Prüfen Sie auch mal, ob Sie die Serie/den Film wirklich versuchen zu schauen und ob es Sie möglicherweise stresst, wenn Sie versuchen, beide Tätigkeiten zu bewältigen. Wann genau greifen Sie zum Smartphone? Ist die Serie/der Film langweilig? Wollen Sie sich aus bestimmten Gründen vielleicht von der Serie/von dem Film distanzieren? Oder liegt es gar nicht an der Serie/am Film, sondern an einem „unabweisbare[n] Verlangen nach einem bestimmten Erlebniszustand" (Stangl 2021, Stichwort *Sucht*), welchen die Smartphonenutzung bei Ihnen auslöst (s. Infobox 13)? Würden Sie mal ausprobieren, das Smartphone zur Seite zu legen, auszuschalten und sich nur auf den Film/die Serie zu konzentrieren? Ändert sich dabei ihr leibliches Empfinden?

> **Stress**
>
> „Stress ist das Reaktionsmuster eines Organismus auf Stimulationsereignisse, die dessen Gleichgewicht stören und dessen Fähigkeit, Einflüsse zu bewältigen, stark beanspruchen oder übersteigen" (Gerrig 2018, S. 472).

Übrigens kann das Multitasking als Stress empfunden werden (s. Definitionsbox), etwa wenn der Zustand, zwischen mindestens zwei komplexen Aufgaben hin- und herzuwechseln, dauerhaft anhält, wenn Sie physisch und psychisch besonders verletzbar (=vulnerabel) sind und wenn Ihnen Ressourcen fehlen, den Zustand des Multitaskings zu beenden. Lesen Sie dazu auch ▶ Abschn. 5.3.2 *Binge Watching als Stresserlebnis*, in welchem ich u. a. ein psychologisches Stressmodell vorstelle.

5.3 Binge Watching

Mit Binge Watching ist das Phänomen gemeint, mehrere Folgen einer Serie am Stück zu schauen. Der Begriff setzt sich aus den englischen Wörtern „binge" für „Gelage" und „watching" für „schauen" zusammen. Geradezu euphemistisch schlagen Online-Zeitschriften wie die ZEIT regelmäßig Serien für einen sogenannten „Serienmarathon" etwa an Wochenenden vor. Besonders beliebt sind momentan auch Kurzserien wie das *Damengambit*, die sich an einem Wochenende eben mal „bingewatchen" lassen. Wir können uns über Stunden in andere Atmosphären gleiten lassen und selbst eine Atmosphäre der (trügerischen?) Unbekümmertheit erschaffen…

5.3.1 Binge Watching als Fluchterlebnis – phänomenologisch betrachtet

Das Binge Watching bietet uns die Möglichkeit, unabhängig von festgelegten Programmzeiten im TV über Stunden, Tage und Wochen hinweg alle Folgen einer Serie zu sehen, wenn wir denn wollen und dies zeitlich schaffen. Über Stunden hinweg können wir uns von der Atmosphäre einer Serie gefangen nehmen lassen und dem Alltag entfliehen. Dadurch, dass wir oft nicht mehr auf die nächste Folge einer Serie warten müssen, können wir uns ergehen in die nächste Folge und dann noch in die übernächste Folge usw. Es gibt manchmal kein Halten mehr, weil wir aufgrund des seriellen Aufbaus der Serien wissen möchten, wie sich die Charaktere entwickeln, was ihnen weiterhin zustößt. So sind zwar die Folgen der Serie *Lucifer* meistens immer gleich aufgebaut (es gibt einen Fall, in dem Detective Chloe Decker zusammen mit Lucifer Morningstar ermittelt), zugleich wird die Handlung aufgrund der Figurenentwicklung spannend vorangetrieben, sodass der Klick auf die Stopptaste sehr schwer fällt. In diesem Zusammenhang ist erwähnenswert, dass bei diversen Streamingdiensten automatisch die nächste Folge anläuft, ohne dass man aktiv diese auswählen und anklicken muss. Stattdessen muss man aktiv auf Stopp drücken, wenn man nicht auch die nächste Folge noch schauen möchte. Dass sich hieraus ein gewisser Automatismus beim Schauen von Serien entwickeln kann und dies eine Flucht aus dem Alltag sehr begünstigt, liegt auf der Hand.

Dieses Gefühl des Versinkens in eine andere Welt kann durchaus sehr reizvoll sein. Phänomenologisch betrachtet kann sich dies wie das Zerfließen in die Weite anfühlen. Es ist allerdings anders als die „wohltätige Müdigkeit", die sich als „weiche, gleichmäßige Schwere" auszeichnet, die „nichts Drückendes oder gar nach unten Reißendes hat" (Schmitz 2011, S. 19), oder dass der vitale Antrieb abgeschaltet ist und „aus der Schwellung frei gewordene Weitung frei zum Versinken in Bewusstlosigkeit, zum Einschlafen hin, ausströmen kann" (ebd.). Beim Binge Watching gibt es wohl verschiedene Arten des Versunkenseins: Es kann die tranceartige Versunkenheit sein, auf die ich im ▶ Abschn. 5.4 eingehe. Es kann aber auch ein Versinken in eine andere Atmosphäre der Unbekümmertheit/Sorglosigkeit sein, die sich mit der Atmosphäre der Serienwelt koppelt, sodass der vitale Antrieb hier zwischen Ausleibung im Sinne einer Weite in die Sorglosigkeit neigt und zum anderen in die latente (d. h. nicht bewusst wahrgenommene) Einleibung der Serienatmosphäre. Die Zuschauer:innen sind einerseits wie gefesselt von der Serie, andererseits fühlen sie sich aus der Schwellung heraus weit weg von allem, geradezu verschoben, was sie im Alltag sonst angeht. Sie sind frei von all diesen potenziellen „Partnern des Alltags", die sich ihnen latent aufdrängen wollen und eine Einleibung erzwingen.

> **Infobox 12: Macht Binge Watching süchtig?**
>
> Binge Watching kann durchaus zu einer Abhängigkeit, d. h. zu einem „unabweisbare[n] Verlangen nach einem bestimmten Erlebniszustand" (Stangl 2021, Stichwort *Sucht* sowie Heckmann 2000) führen. Einen Erklärungsansatz, wie es zu einem solchen Verhalten kommen kann, bieten lernpsychologische Modelle, etwa das Modell der operanten Konditionierung. Positive Erfahrungen wie das Gefühl der Sorglosigkeit und Unbekümmertheit können als sogenannte Verstärker fungieren. Sie werden als befriedigender Zustand wahrgenommen, die als positive Konsequenz auf das Binge Watching folgen (vgl. Gerrig 2018, S. 232). Dieser Zustand kann den Alltag und das Gefühlsleben insoweit beeinträchtigen, als dass es zu Ärger und Frustrationserlebnissen kommt, wenn das Bedürfnis nach Sorglosigkeit nicht befriedigt wird.

> Hier können Sie sich selbst auch befragen, ob dies bei Ihnen der Fall ist und ob das Binge Watching – falls Sie für sich feststellen sollten, dass Sie aus Ihrer Sicht zu viel bingewatchen – nicht auch ein Symptom für andere leibliche Regungen bzw. psychische Prozesse ist, die Ihnen (noch) nicht bewusst sind oder die Ihnen durch das Nachdenken über sich selbst gerade bewusst werden.

5.3.2 Binge Watching als Stresserlebnis – phänomenologisch-psychologisch betrachtet

Binge Watching kann zu einem Stresserlebnis führen. Unter Stress versteht die Psychologie „das Reaktionsmuster eines Organismus auf Stimulationsereignisse, die dessen Gleichgewicht stören und dessen Fähigkeit, Einflüsse zu bewältigen, stark beanspruchen oder übersteigen" (Gerrig 2018, S. 472). Solche Stressoren, also „Ereignis[se], [die] von einem Organismus eine Art von Anpassungsreaktion erforder[n]" (ebd.), können beim Binge Watching die Intensität und Dauer der visuellen und auditiven Reize sein (vgl. ◘ Abb. 5.1). Vielleicht haben Sie beim Binge Watching auch schon einmal das Gefühl gehabt, dass zu viele Reize auf Sie einströmen? Diese können – wenn wir im psychologischen Jargon bleiben – physische und emotionale Reaktionen (oder im phänomenologischen Sinne leibliche Regungen) auslösen: Das Licht des Displays blendet Sie irgendwann, Ihre Augen werden müde, klein und trocken, Töne werden als epikritisch-stechende Schmerzen spürbar, Ihr Kopf fühlt sich ganz protopathisch-dumpf an und Kopfschmerzen nageln sich pieksend ihren Weg von den Schläfen über den mittleren Scheitel in die Stirn, Ihr Gesicht fühlt sich verschoben an, Sie spüren das ziehend-stechende Knacken in den Knien und im Rücken, ehemals geschmeidige Bewegungen ruckeln nun durch die Gliedmaßen. Die ganze Situation kann plötzlich zu einer Ambivalenz aus einer dumpfen, schwer nach unten reißenden Müdigkeit führen, die jedoch stechend lebhaft immer wieder in die Aufrichtung nach oben zwingt. Wir versuchen, uns an die Situation anzupassen und den Stressor zu beseitigen oder ihm aus dem Weg zu gehen. Eine Anpassungsreaktion bzw. Möglichkeit der Stressbewältigung (auch *Coping* genannt), die auf der Hand liegt, ist, den Fernseher oder Laptop auszumachen.

Aber wie kann es überhaupt so weit kommen, dass wir Binge Watching als Stressor zulassen? Das kann ganz unterschiedliche Ursachen haben (vgl. Gerrig 2018, S. 473; vgl. auch ◘ Abb. 5.1). Zunächst einmal ist wichtig, welche Persönlichkeitseigenschaften wir als Zuschauer:innen mitbringen. Wenn

5.3 · Binge Watching

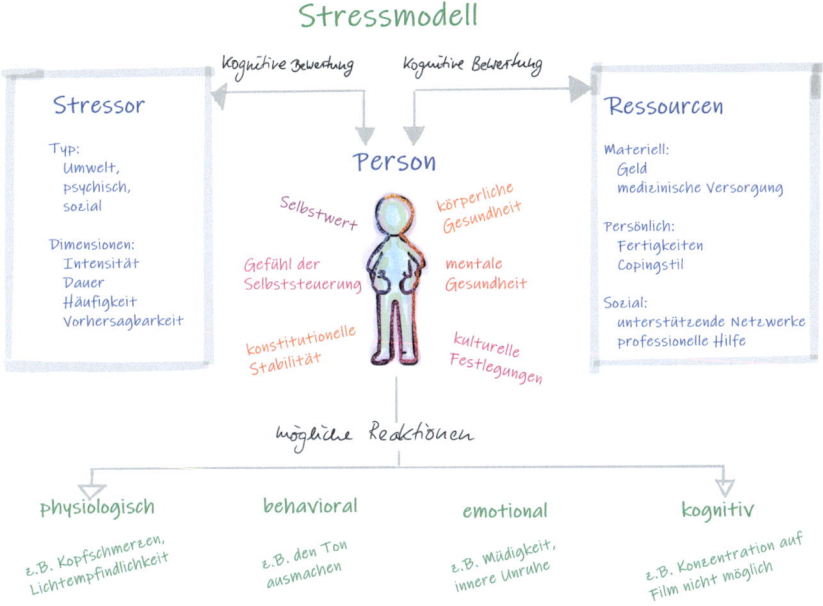

Abb. 5.1 Stressmodell (eigene Zeichnung in Anlehnung an Gerrig 2018, S. 473)

wir schon physisch und psychisch geschwächt sind und etwa mit Kopfschmerzen und müden Augen, niedergeschlagen, ungeduldig, nervös und wenig selbstwirksam in eine Binge Watching-Situation gehen, bewerten wir diese Situation womöglich eher als Stressor als wenn wir uns gesund fühlen. Wenn der Streamingdienst darüber hinaus noch automatisch immer wieder die nächste Folge lädt und abspielt, verlieren wir damit ein Stück weit die Kontrolle. Das kann dazu führen, dass wir uns als nicht mehr autonom und selbstgesteuert wahrnehmen, was das Stresserlebnis noch intensivieren kann. Ein weiterer Faktor kann sein, dass zu eigen gemachte kulturelle Festlegungen („*Schau nicht so viel Fernsehen!*") für ein schlechtes Gewissen sorgen und das Stressempfinden zusätzlich intensiviert. Neben der Art und Weise des Stressors, in diesem Falle könnten es die Intensität und Dauer der von der Serie ausgehenden Reize sein, spielen weiterhin die Ressourcen eine Rolle, die Zuschauer:innen mitbringen. Sind Sie persönlich stark genug, den Stressor zu beseitigen oder gar von vornherein zu vermeiden? Haben Sie ausreichende Kenntnisse darüber, das automatische Laden der nächsten Folge abzustellen? Verfügen Sie über Freunde, die Ihnen sagen, dass es nun langsam genug ist? Verfügen Sie selbst über genügend Selbstaufmerksamkeit, den

Stressor als solchen zu erkennen? Vielleicht ist Ihre Aufmerksamkeit sich selbst gegenüber von der Bilder- und Tonflut verschüttet, sodass Sie statt sich selbst nur noch die Bilder und Töne als präsent empfinden, sich selbst aber nicht mehr wahrnehmen?

5.4 Trancezustände

Geradezu meditativ kann es sein, wenn wir beim Filme- und Serienschauen die Außenwelt völlig vergessen, ja sogar uns selbst dabei vergessen, sodass wir uns unserer selbst nicht mehr bewusst sind. Sicherlich kennen Sie das auch: Sie nehmen außer der Stimmung und den Ereignissen im Film/in der Serie nichts mehr um sich herum wahr. Nicht einmal den Rahmen des Bildschirms sehen Sie noch. Und wenn jemand den Raum betritt und Sie anspricht, erschrecken Sie zutiefst und nehmen erst dann Ihre äußere Realität wieder wahr. Am Beispiel des Films *Dancer in the Dark* (2000) veranschauliche ich das Phänomen der Trance.

Dancer in the Dark (2000) (s. ▶ Abschn. 3.3.1 für die Inhaltsangabe) bedient sich der Elemente eines Musicals und wurde mit Handkameras gedreht, weshalb der Film dokumentarisch anmutet. Durchbrochen wird der Dokumentationscharakter, wenn die Protagonistin Selma in ihre Tagträumereien versinkt. Realität und Traum verwischen, so beispielsweise im Song *I've seen it all*. Selmas Freund Jeff erkennt, dass Selma blind ist und spricht sie darauf an. Die Kamera schwenkt in Großaufnahme auf Selmas Gesicht, ihre dicken Brillengläser und geschlossenen Augen sind im Fokus – mein Blick wird magisch angezogen –, sie fragt, was es zu sehen gebe, ein Güterzug rattert langsam und gleichmäßig auf den Schienen an ihnen vorbei – ich spüre den Rhythmus am eigenen Leib, er geht mir unter die Haut, aus der Spannung zerfließe ich allmählich in Weitung –, das rhythmische, mit Percussioninstrumenten unterlegte Rattern wird lauter, Selma wirft ihre Brille über die Eisenbahnbrücke und beginnt zu singen.

Gehört dies noch zur Realität oder schon zu ihrem Tagtraum? Der gleichmäßige Rhythmus baut sich mit zunehmend mehr Elementen auf: Nicht nur das Zugrattern, auch instrumentale und melodiöse Effekte gewinnen an Lautstärke und Volumen, der Gesang wird pathetisch und erfüllt meinen ganzen Leib ausladend, die Kamera schiebt lange Sequenzen, spürt den Pathos, hält ihn in Bildern teilweise lange fest und damit auch meinen Blick, er klebt... der Schwung der Streicher flacht ab, wieder ist besonders das langsame und gleichmäßige Zugrattern zu hören, vereinheitlicht mit synchron tanzenden Arbeitern auf den Güterwaggons. Und wieder baut sich die Szene voluminös auf, wenn Selma singt. Diese Wellenbewegungen, gleichsam ein- und Ausatmen, wiederholen sich, als Zuschauerin gerate ich in Trance, bin wie gebannt und eingefangen und gleichsam in der tiefen Weite. Ich vergesse nicht nur die Realität, in der sich die Protagonistin befindet (Jeff spricht sie darauf an, dass sie nichts sehen kann), sondern ich vergesse auch meine eigene Realität. Ich bin in einer privativen Weitung (s. Infobox 3 im ▶ Abschn. 1.2.2) angekommen und habe mich selbst völlig vergessen.

Der Film holt mich aus meiner Trance geschickt und elegant zurück: Es ist letztlich nur noch das rhythmische, mit Percussioninstrumenten unterlegte Zugrattern zu hören, in dieses spricht Jeff erneut: *„Du kannst nicht sehen, oder?"* Mit einem Mal sind auch die Percussioninstrumente nicht mehr zu hören, nur noch das tatsächliche, echte Zugrauschen. Ich komme langsam zurück in Selmas Realität. Von hier an wird mir klar, dass ich mich in einem Trancezustand befunden habe und auch meine Realität, meine Leiblichkeit wird mir wieder bewusst. Ich spüre umso mehr ganz bestimmte Leibesinseln: meine Pobacken auf dem Kinositz und meinen Rücken an der Rückenlehne. Und mein Kopf, der sich anfühlt, als würde er sachte in einer Blase stecken, die schwer, dumpf und behutsam auf meinem Hals hin und her schaukelt, kommt langsam zu mir zurück. Ich wache auf. Ob ich eine leibliche Regung während des Schauens gezeigt habe, kann ich nicht sagen, denn ich erinnere mich nicht an mich.

5.5 Fazit

Eskapismus kann auf verschiedene Weisen als schön und reizvoll empfunden werden. So könnte es sein, dass Sie sich absichtlich in eine Stimmung der Sorglosigkeit bringen wollen, und/oder dass Sie die Flucht aus dem Alltag als seichten Rückzug von sich selbst verspüren und sich so nicht zu intensiv mit sich selbst auseinandersetzen müssen. Befinden Sie sich dagegen in einem Trancezustand, weil Sie mittels leiblicher Kommunikation von der Atmosphäre des Films oder der Serie in den Bann gezogen werden, dann könnten Sie dies als angenehmes Zerfließen in die Weite wahrnehmen. Seherlebnisse können jedoch auch als stressig empfunden werden, etwa wenn einströmende Reize (im psychologischen Sinne) zu intensiv und dauerhaft sind bzw. die Einleibung der Fernseh-Situation sich als störender Zwang aufdrängt, von dem man sich leiblich abgestoßen fühlt. Ähnliche Gefühle kann auch das gleichzeitige Ausüben mehrerer komplexer Tätigkeiten wie das Sehen von Filmen und Nachrichtenverfassen auf dem Smartphone hervorrufen.

> **Zum Nachdenken**
> 1. Welche Gründe für die Flucht aus dem Alltag kennen Sie selbst von den hier beschriebenen? Kennen Sie weitere Gründe?
> 2. Schauen Sie aus Ihrer Sicht zu viele Serien und Filme (am Stück)? Fühlen Sie sich damit wohl oder unwohl? Was genau empfinden Sie dann?
> 3. Gelingt es Ihnen, die Serie abzuschalten, sollten Sie feststellen, dass Sie sich deswegen unwohl fühlen? Was machen Sie stattdessen?

Literatur

Gerrig, Richard J. (2018). Psychologie. Hallbergmoos: Pearson.
Heckmann, Wolfgang (2000). Sucht. In: Lexikon der Psychologie. Heidelberg: Spektrum Akademischer Verlag. URL: https://www.spektrum.de/lexikon/psychologie/sucht/15070, Abruf am 02.01.2021.
Schmitz, Hermann (1994). Situationen oder Sinnesdaten? Was wird wahrgenommen? In: Allgemeine Zeitschrift für Philosophie, Jg. 19/1994, S. 1–21.
Schmitz, Hermann (2011). Der Leib. Berlin u. a.: Walter de Gruyter.
Sokolowski, Kurt (2013). Allgemeine Psychologie für Studium und Beruf. München u. a.: Pearson.
Stangl, Werner (2021). Stichwort: ‚Sucht'. Online Lexikon für Psychologie und Pädagogik. URL: https://lexikon.stangl.eu/632/sucht/, Abruf am 02.01.2021.

Filme und Serien, die zu Ende sind

Inhaltsverzeichnis

6.1 Das Phänomen, in ein Loch zu fallen – 119

6.2 Filme und Serien, die wir erinnern wollen – 122
6.2.1 Erinnern der gespürten Atmosphäre – 123
6.2.2 Suche nach ähnlichen Objekten – 125
6.2.3 Wiederholtes Schauen – 126

6.3 Fazit – 130

Literatur – 131

© Springer Fachmedien Wiesbaden GmbH, ein Teil von Springer Nature 2022
W. Schwelgengräber, *Wer sehen will, muss spüren*, Über/Strom: Wegweiser durchs digitale Zeitalter, https://doi.org/10.1007/978-3-658-37300-9_6

Tiefe Traurigkeit, wenn ein grandioser Film oder eine tief beeindruckende Serie zu Ende geht, kann uns erfassen und lange Zeit nicht loslassen. Es fühlt sich an, als würde man in ein tiefes Loch fallen. Wir versuchen, die Geschichte, das Gesehene, die Atmosphäre zu erinnern, zu behalten, ihr nachzuspüren. Diese leiblichen Regungen beschreibe ich im sechsten Kapitel beispielhaft an den Serien *Ashes to Ashes* und *Battlestar Galactica*.

Folgende Serie steht im Mittelpunkt dieses Kapitels
Ashes to Ashes – Zurück in die 80er (2007–2010)

Genre:	Krimi-, Mystery (Fortsetzung von *Life on Mars – Gefangen in den 70ern*)
Idee:	Matthew Graham, Ashley Pharoah
Musik:	Edmund Butt
Produktionsland:	Vereinigtes Königreich
Episoden:	24 Folgen in 3 Staffeln
Darsteller:innen:	u. a. mit Philipp Glenister (DCI Gene Hunt), Keeley Hawes (DI Alex Drake), Dean Andrews (DS Ray Carling), Marshall Lancaster (DC Chris Skelton), Montserrat Lombard (WPC Sharon Granger/Shaz), Daniel Mays (DCI Jim Keats)

Zunächst einmal: Wieso ist die Serie denn **plötzlich** zu Ende? Wir wissen doch, wie viele Staffeln und Episoden eine Serie hat. Und wir verfolgen doch stets mit, wenn wir die nächste DVD einlegen oder den Abspann und das Intro unserer Serie hören. Ich denke, es kann mehrere Arten des Plötzlichen geben. Einmal kann es tatsächlich passieren, dass unsere Serie plötzlich zu Ende ist, weil wir wegen wollüstigem Binge Watching den Abspann und das Intro überspringen und nicht mehr auf dem Schirm haben, die wievielte Episode gerade läuft. Oder vielleicht wird die Serie plötzlich nach der zweiten Staffel abgesetzt. Mich interessiert aber eine dritte Art des Plötzlichen. Wir steuern wissend geradewegs auf das Ende zu. Bei einer sehr guten Serie zählen wir vielleicht sogar sehr genau mit, wie viele Episoden uns noch bleiben, vielleicht ähnlich wie ein Junkie (es gibt den Begriff *Serienjunkie*), der genau abmessen muss, wie lange sein Stoff noch hält. Colonel Tigh, der Erste Offizier aus der Serie *Battlestar Galactica* (2004–2009) misst seinen Alkoholvorrat, der nur noch aus einer halb vollen Flasche besteht, mit zwei Fingern breit ab, um abzuschätzen, wie lange sein Vorrat noch hält. Selbst wenn wir mit wissendem Auge das nahende Ende erblicken, es bleibt ein plötzlicher Augenblick.

6.1 Das Phänomen, in ein Loch zu fallen

Ich möchte bei den Serien *Life on Mars* und *Ashes to Ashes* bleiben (s. ▶ Abschn. 2.6 für die Inhaltsangabe). Als ich *Life on Mars* beendet habe, war ich längst nicht so erschüttert wie mit dem Ende von *Ashes to Ashes*. Nach dem Ende von *Life on Mars* gab es ja noch eine zweite Serie mit drei Staffeln! Prima! Alles ist gut! Ich kann mich entspannt zurücklehnen.

Wenn Sie meine Ausführungen im ▶ Kap. 2 gelesen haben, dann wissen Sie, dass ich zu den Figuren gerade in *Ashes to Ashes* eine Beziehung aufgebaut habe. Ich schwinge mit ihnen empathisch mit und bin bewegt, wenn sie emotional betroffen sind. Die verschiedenen Atmosphären aus liebesknisterndem Hin und Her zwischen Alex Drake und Gene Hunt, dem Verlorensein in der Fremde, der Verzweiflung über die eigenen tiefen Verletzungen und der Erkenntnis über den eigenen Tod und den Sterbevorgang und damit verbunden der Atmosphäre einer verzweifelten Sehnsucht nach einem Ankommenkönnen in einer heilen Welt, die alle Hauptfiguren vereint, tragen dazu bei, dass sich die Geschichte nach und nach, ganz allmählich metaphorisch verdichtet und zum Ende hin eine Auflösung und damit auch eine Erlösung bringt, nicht nur für Alex Drake, die nun endlich heilsam sterben darf, und nicht nur ein bisschen für Gene Hunt, der zwar in seiner Welt verbleiben muss, aber endlich jemanden getroffen hat, der ihn gänzlich erkennt. Nein, auch mich als Zuschauerin erlöst die Serie. Von was erlöst sie mich? Von den sich leiblich aufdrängenden Fragen, was wirklich passiert ist mit den Figuren Shaz, Raymond und Chris, welche Rolle Gene Hunt in der Serie spielt, ob Alex Drake wieder zurück zu ihrer Tochter Molly kann, ob der Gegenspieler von Gene Hunt – DCI Jim Keats –Shaz, Chris und Raymond verführen kann, in sein Revier überzuwechseln, was einer Ankunft in der Hölle gleichkommt. Diese Fragen sind im Moment des Schauens so drängend, dass sie mich an den Bildschirm fesseln. Mein Leib geht, entstanden aus dem gegenwärtigen Augenblick des Schauens, ein in sich bildendes übergreifendes leibliches Gefüge mit der Serie ein. Ich schwinge also mit der Serie mit, bin völlig versunken, einverleibt, absolut konzentriert. Ich wage nicht, obwohl die Serie nun wirklich zu Ende ist, mich zu bewegen, um diese leibliche Stimmung zu behalten und in dieser Atmosphäre zu verbleiben – ihr sozusagen leiblich nachzuspüren.

Nachdem sich allmählich – spätestens in der letzten Episode der letzten Staffel – die meisten Fragen klären, kann ich wieder eine leibliche Weite empfinden. Die auf die Geschichte bezogene konzentrierte Enge und Anspannung meines Körpers und der fokussierte Blick lösen sich auf. Ich kann mich innerlich in meiner Brust-, Rücken- und Mundregion lösen und entkrampfen. Das fühlt sich zunächst wie eine Wohltat an – ähnlich wie beim Yoga, wenn ich konzentriert Muskel für Muskel im Gesicht entspanne und eine Schwellung/Weitung der einzelnen Muskeln verspüre – der Kiefer öffnet sich, die Zunge liegt leicht am Gaumen und die Stirn entkraust sich und wird glatt. Doch: In diesem Fall möchte ich das überhaupt nicht! Mir ist das zu plötzlich.

Ich fühle mich überhaupt nicht erlöst, sondern sogar gefangen, weil ich, obwohl mich die Serie entlassen hat, ihrer Atmosphäre nachhänge. Ich möchte in den Gefühlen des Sehens und Spürens verbleiben, noch ein Stück mit den Figuren gehen. Ich falle in ein Loch, erlebe den Verlust meiner Serie, muss Abschied nehmen, bin erschüttert. Dieses Gefühl des Verlustes und der damit einhergehenden Trauer, dass eine Serie zu Ende geht, kennen einige von Ihnen sicherlich auch. Eigentlich ist Trauer eine „Reaktion auf den Verlust einer geliebten Person" (Freud 1997, S. 198). Sie „enthält die nämliche schmerzliche Stimmung, den Verlust des Interesses für die Außenwelt — soweit sie nicht an den Verstorbenen mahnt —, den Verlust der Fähigkeit, irgendein neues Liebesobjekt zu wählen — was den Betrauerten ersetzen hieße —, die Abwendung von jeder Leistung, die nicht mit dem Andenken des Verstorbenen in Beziehung steht" (ebd.). Sigmund Freud spricht hier von einer schweren Trauer und bezieht diese auf den Verlust eines geliebten Menschen. Es gibt aber auch aktuelle Überlegungen im Hinblick auf die Gefühle der Trauer und Melancholie (gemeint ist hier nicht die Depression, sondern eine Schwermut, die auch als angenehm erlebt werden kann). Der Philosoph Jan Slaby geht davon aus, dass uns Gefühle und Stimmungen bestimmte Möglichkeiten eröffnen oder eben nicht. Ist man traurig, dann begrenzen sich diese Möglichkeitsräume. Wir sind womöglich weniger offen für Neues und hängen in der leiblichen Enge und Schwere der Trauer – in diesem Fall einem Loch – fest (vgl. Slaby 2017, S. 225). Sehr wahrscheinlich ist das Gefühl der Trauer, wenn eine geliebte Serie zu Ende geht, eine andere als der Verlust eines Menschen. Dennoch würde ich hier den Versuch wagen, von einer Art Trauer zu sprechen, da auch das Ende eines guten Filmes oder auch eines Buches traurig stimmen kann, weil mit dem Ende ein Verlust der während des Schauens gespürten Stimmung verbunden ist. Es ist also – so vermute ich – gar nicht so sehr der Film oder die Serie, den/die wir vermissen, sondern die Stimmung selbst, die wir beim Schauen verspürt haben. Womöglich greift hier noch ein viel tieferer Anlass, warum sich jemand traurig fühlt, wenn eine bestimmte Stimmung verloren geht. Vielleicht ist damit die Wahrnehmung verbunden, dass sich jemand in „seinen persönlichen und sozialen Entfaltungsmöglichkeiten blockiert sieht" (Demmerling und Landweer 2007, S. 259), d. h. sich durch die sich von außen aufdrängende Situation des Zu-Ende-Gehens des Filmes fremdbestimmt fühlt und einen Kontrollverlust wahrnimmt.

Doch zurück zur Serie *Ashes to Ashes*: Die anfängliche Wohltat, dass nach Beendigung der Serie alle sich aufdrängenden Fragen geklärt sind, empfinde ich zunehmend als Belastung. Sie fühlt sich so schwer an, dass es mir kaum gelingen mag, mich von der Couch zu heben. Alles, was nun von außen auf mich einströmen könnte, wäre nur ein stechendes, epikritisches Gefühl, das mich leiblich erschrickt und somit aus der Stimmung der Serie *Ashes to Ashes* herausreißen wird, die ich mir aber gerade unabdingbar versuche weiter einzuverleiben, indem ich still sitze, meinen Blick nicht heben möchte, eng in mich versunken bleibe, indem ich die Arme verschränke und meinen Rücken krümme und die Restatmosphäre versuche zu inhalieren. Mit einem einzigen Schlag könnte die Atmosphäre bei jedem äußeren Reiz sofort ihre Resonanz verlieren und mich verlassen. In diesem Moment ist die drückende Schwere besonders spürbar, weil der Moment des Verlassenwerdens unaufhaltsam näher rückt, denn irgendwann muss ich aufstehen oder meinen Blick heben oder an irgendetwas Alltägliches denken wie den Einkauf.

Doch auch Tage, sogar Wochen später stellt sich immer wieder ein hintergründiges Gefühl der Trauer und Schwermut ein, gleichsam eine Sehnsucht nach dem Erlebten, das mir durch das Sehen und damit das Spüren der Serie möglich wurde. Interessanterweise wird mit solchen schwermütigen Stimmungen eher eine Unlust verbunden. Solche Stimmungen, so behaupten manch gesellschaftliche Konventionen, sollten eher vermieden werden. Aber es kann durchaus lustvoll sein, solche unlustvollen Stimmungen und Atmosphären gezielt aufzusuchen und zu erleben (vgl. Fuchs 2013, S. 27 f.). Wird das Nachhängen solcher Stimmungen so lustvoll empfunden, sind Zuschauer:innen vielleicht weniger bereit, sich anderen medialen Stimmungen, z. B. einer komödiantischen, hinzugeben, da der leibliche Möglichkeitsraum diesbezüglich verschlossen bleibt (vgl. Slaby 2017, S. 225 f.). Wie gelingt es nun, diese (angenehme) Schwermütigkeit einzufangen, länger spür- und erfahrbar zu machen, um in ihr leiblich aufzugehen, eine Weite zu verspüren und fast gleichzeitig wieder in eine fokussierte Enge zu gehen, um sie nicht zu weit schweben zu lassen, sondern in ihrem Resonanzraum verbleiben zu können? Dieser Frage gehe ich im nächsten Kapitel nach.

6.2 Filme und Serien, die wir erinnern wollen

Folgende Serien stehen im Mittelpunkt dieses Kapitels
Ashes to Ashes – Zurück in die 80er (2007–2010)

Genre:	Krimi-, Mystery (Fortsetzung von *Life on Mars – Gefangen in den 70ern*)
Idee:	Matthew Graham, Ashley Pharoah
Musik:	Edmund Butt
Produktionsland:	Vereinigtes Königreich
Episoden:	24 Folgen in 3 Staffeln
Darsteller:innen:	u. a. mit Philipp Glenister (DCI Gene Hunt), Keeley Hawes (DI Alex Drake), Dean Andrews (DS Ray Carling), Marshall Lancaster (DC Chris Skelton), Montserrat Lombard (WPC Sharon Granger/Shaz), Daniel Mays (DCI Jim Keats)

Mad Dogs (2011–2013)

Genre:	Thriller-/Drama
Idee:	Cris Cole
Produktionsland:	Vereinigtes Königreich
Episoden:	14 Folgen in 4 Staffeln
Darsteller:innen:	u. a. John Simm (Baxter), Marc Warren (Rick), Max Beesley (Woody), Philipp Glenister (Quinn), Ben Chaplin (Alvo), María Botto (María)

6.2 · Filme und Serien, die wir erinnern wollen

> **Battlestar Galactica (2004–2009)**
>
> | | |
> |---|---|
> | Genre: | Drama, Science-Fiction |
> | Idee: | Glen A. Larson, Ronald D. Moore, David Eick |
> | Musik: | Bear McCreary |
> | Produktionsland: | Vereinigte Staaten, Kanada |
> | Episoden: | 75 Folgen in 4 Staffeln |
> | Darsteller:innen: | u. a. Edward James Olmos (William „Bill" Adama), Mary McDonnell (Laura Roslin), Michael Hogan (Saul Tigh), Katee Sackhoff (Kara „Starbuck" Thrace), Jamie Bamber (Lee „Apollo" Adama), James Callis (Dr. Gaius Baltar) |

Wenn wir uns an Filme und Serien erinnern wollen, dann weil sie uns nachdrücklich eingenommen haben. Entweder hat uns der Film/die Serie berührt, weil wir ihn/sie besonders abstoßend finden (s. ▶ Kap. 4), oder weil er/sie in uns etwas angeregt hat, das uns gefällt und das uns verloren geht, sobald die Serie ihr/der Film sein Ende erreicht hat. Dieser Verlust erfüllt uns vielleicht mit Trauer. Wie in ▶ Abschn. 6.1 bereits verwiesen, fällt es trauernden Personen zum einen schwer, sich nach einem Verlust für die Außenwelt zu interessieren, es sei denn, die Außenwelt erinnert an das verlorene Objekt/Subjekt. Die trauernde Person versucht, sich an das geliebte Subjekt/Objekt zu erinnern und seiner zu gedenken. Zum anderen gelingt es der Person kaum, sich ein neues Liebesobjekt zu wählen (vgl. Freud 1997, S. 198).

Was tun wir nun also, um die Atmosphäre, die uns beim Sehen der Serie/des Filmes umfing, weiterhin zu spüren? Tatsächlich müssen wir leiblich aktiv werden und in eine bewusste leibliche Kommunikation mit der Serie/dem Film gehen. Verschiedene Möglichkeiten solcher Versuche konnte ich bisher beobachten.

6.2.1 Erinnern der gespürten Atmosphäre

> *Erstens: Wir versuchen, uns an die gespürte Atmosphäre zu erinnern.*

Wenn ich mich an *Ashes to Ashes* erinnern möchte, dann nutze ich nicht meine typischen Sinne wie das Auge oder meine Ohren, sondern ich versuche eine Innenschau meiner leiblichen Regungen, die ich in besonderen Momenten des Schauens verspürt habe und mit denen ich eine Atmosphäre des Schauens verbunden habe. Ich versuche aktiv zu erspähen, zu erlauschen, zu ertasten. Mit diesem *suchenden Sinn* (Reichert 2010, S. 106), der sich als konzentrierter innerer suchender Blick auf meinen Leib beschreiben lässt, versuche ich eine Erinnerung an die damals gespürten Affekte heraufzubeschwören und mit einzelnen Szenen der Serie zu verknüpfen. Im *suchenden Sinn* als eine Form der Einleibung zeichnet sich somit ein sinnliches Erlebnis ab.

Möglicherweise verliert der *suchende Sinn* aber bald seine Wirkung. Es fällt mir schwer, mich an die ehemals leiblichen Regungen zu erinnern, auch die Geschichten selbst verblassen nach und nach. Es wird leiblich zunehmend anstrengend, mich zu erinnern, weil ich mich konzentrieren muss. Das spüre ich besonders in der Stirn- und Augenregion. Die Augen verengen sich, die Stirn und die Kopfhaut ziehen sich zusammen. Zurück bleiben einerseits diese leibliche Anstrengung beim Versuch mich zu erinnern, und andererseits ein diffuses Gefühl der Sehnsucht, das ich verspüre, ein schmerzhaftes Ziehen in meiner Brust. Wohin genau es mich zieht, erschließt sich mir nicht. Aber ich möchte dieses Ziehen selbst nicht vermissen, da ich weiß, dass damit die leiblichen Regungen, die ich beim Schauen empfunden habe und nun so schmerzlich vermisse, verbunden sind. Und dieses Gefühl der diffusen Sehnsucht bietet mir eine letzte Tür, diese Erinnerungen erneut zu ertasten. So bleibt die Serie mit dieser Sehnsucht verknüpft und wir erhoffen uns, diese Sehnsucht beim wiederholten Schauen der Serie aufzuweiten, zu konkretisieren und wieder jene leibliche Regungen zu vernehmen, die wir so vermisst haben. In ▶ Kap. 7 gehe ich übrigens ausführlich auf die Begrifflichkeit der Sehnsucht sowie ihren psychologischen Aspekt ein.

Entgegen diesem absichtsvollen, aktiven Erinnern steht das passive Nachhängen von Atmosphären. Manchmal sind Atmosphären so eindringlich, dass sie uns, selbst wenn wir den Kunstraum längst verlassen haben, noch leiblich nachhängen und unsere leibliche Disposition bestimmen. Ein suchender Blick ist dann gar nicht nötig. Die traurige Atmosphäre wird dann zum Gefühl der Traurigkeit: schwer, dumpf, antriebslos, engend. Eine freudige Atmosphäre wird dann zum Gefühl der Freude: hell, motivierend, schwellend. Ich bin mir sicher, dass sie selbst solche Situationen auch schon erlebt haben.

6.2.2 Suche nach ähnlichen Objekten

> Zweitens: Wir suchen ähnliche Liebesobjekte, d. h. Serien und Filme mit ähnlichen Motiven, oder mit denselben Schauspielern oder von demselben Regisseur oder Drehbuchautor. Oder wir schauen uns Remakes an.

Einen Film oder eine Serie zu wählen, die anders ist als die zu Ende geführte, ist für die trauernde Person vielleicht mit einem gewissen Kraftakt verbunden, denn die Gefahr, die Stimmung, die sich nach und nach aufgebaut hat, zu verwirken, ist zu hoch. Ähnliche Serien könnten vielleicht Abhilfe schaffen.

Eine ähnliche Serie wie *Ashes to Ashes* habe ich noch nicht finden können. Stattdessen habe ich das US-amerikanische Remake von *Life on Mars* (2008–2009) versucht zu schauen. Alltagssprachlich würde ich jetzt sagen, dass das Remake nicht an das britische Original heranreicht. Wieso ist das so? Das Remake hält mich leiblich auf Distanz. Ich kann keine intensive leibliche Kommunikation damit eingehen, die Einverleibung der Serie verbleibt auf meiner Körperoberfläche, noch über meiner Haut, sodass die Serie kaum tast- und spürbar wird. Denn ständig vergleiche ich die Figuren der amerikanischen Serie mit dem Original. Am wenigsten Eindruck hinterlässt der amerikanische Gene Hunt, der insgesamt weniger Körperspannung, weniger Druck, weniger Ambivalenz in seinem Verhalten zeigt, was ihn für mich weniger interessant macht. Mir fällt es schwer, mich in die Situation der Figuren hineinzuversetzen und empathisch mitzuschwingen.

Eine andere Möglichkeit besteht darin, eine Serie mit denselben Schauspielern zu sehen. So entwirft die britische Serie *Mad Dogs* (2011–2013) mit den Schauspielern John Simm und Philipp Glenister, die auch in *Life on Mars* die Protagonisten darstellen, ebenfalls eine leiblich anziehende Atmosphäre. Insbesondere, wie sich nach und nach die atmosphärische Spannung der Serie *Mad Dogs* aufbaut.

> ⚠ Achtung Spoileralarm: ca. 5 Prozent

Mit *Mad Dogs* habe ich also ein britisches Äquivalent gefunden, meinen Verlust der gespürten Atmosphäre in *Life on Mars* und *Ashes to Ashes* zu bearbeiten. In *Mad Dogs* lädt der auf Mallorca lebende Alvo seine vier Jugendfreunde aus England zu sich ein. Alvo lebt in einer wunderschönen, sehr teuren Villa. Sein Geld hat er auf illegalen Wegen (Drogengeschäfte) erworben. Seine Freunde wollen bei ihm eine schöne Ferienzeit verbringen.

Die Stimmung zwischen den fünf Freunden ist bereits zu Beginn nicht immer harmonisch, alte Wunden scheinen nicht verheilt zu sein. Besonders kritisch wird die Situation, als Alvo in seiner Villa umgebracht wird und die vier Freunde Teil der illegalen Geschäfte werden und von nun an auf der Flucht sind. Sie haben mit einer korrupten Polizistin, einem Mafiaboss, Geheimdiensten und anderen wichtigen Entscheidungsträgern zu tun. Immer wieder haben sie enormes Pech bei ihrer Flucht, was auch durch ihre Streitigkeiten untereinander verursacht wird. Zwischenzeitlich scheint es, dass sie wieder im normalen Leben angekommen sind. Das Blatt wendet sich jedoch und die Lage für die vier Freunde spitzt sich in den letzten Folgen der Serie existenziell zu. Auch in dieser Serie finde ich einen metaphysischen (nicht greifbaren jenseitigen) Anteil, der von den Charakteren insbesondere in den letzten Folgen getragen und entwickelt wird. Die Atmosphäre von *Mad Dogs* ähnelt aus meiner Sicht daher sehr der von *Ashes to Ashes*. Und wieder werde ich ganz traurig, weil auch dieses Erlebnis vorbei ist.

6.2.3 Wiederholtes Schauen

> *Drittens: Wir schauen die Serie/den Film noch einmal.*

So gut wie nichts hält uns davon ab, Serien und Filme noch einmal zu schauen. Die Frage ist, ob mit dem wiederholten Schauen das gleiche leibliche Erlebnis empfunden wird. Wir schauen wiederholt, weil wir das Gefühl der leiblichen Regungen erneut spüren möchten. Vielleicht ist es sinnvoll, etwas Abstand zwischen dem ersten und zweiten/dritten/vierten… Mal Schauen zu lassen. Womöglich hat man dann einiges an Inhalten und auch an gespürten leiblichen Regungen vergessen, nicht aber die diffuse Sehnsucht nach den leiblichen Regungen.

Die Serie *Battlestar Galactica* (2004–2009) habe ich bereits sechs Mal geschaut. Die Serie selbst ist bereits ein Remake der Original-Serie aus den 1970er-Jahren, die ich jedoch nur in Ansätzen gesehen habe, weil sie mich nicht berührt hat.

> **Achtung Spoileralarm: ca. 5 Prozent**

Nach einem Atomangriff der roboterartigen Zylonen auf die zwölf Planeten (Kolonien) der Menschen gelingt einer kleinen Gruppe von Menschen (ca. 50.000), die sich zufällig im Weltall befindet und den lebensfeindlichen Angriff überlebt hat, die Flucht vor den Zylonen. Die zwölf Planeten sind nach dem Angriff verseucht und unbewohnbar. Deshalb sind die Überlebenden auf der Suche nach der sogenannten Erde, die viele jedoch für einen Mythos halten. Unter den Überlebenden befindet sich auch Commander William (Bill) Adama, der den Kampfstern *Galactica* kommandiert und zusammen mit seinem Ersten Offizier Colonel Saul Tigh und seiner Crew die restliche Flotte (zumeist Zivilisten) von nun an beschützt. Die Flüchtenden sind damit konfrontiert, ihr Fortbestehen zu organisieren. Die ehemalige Lehrerin und Bildungsministerin Laura Roslin wird Präsidentin der zwölf Kolonien. Weder Laura Roslin noch Bill Adama hatten vor, diese Positionen einzunehmen, sie sind aufgrund der Katastrophe aber dazu gezwungen, diese Verantwortung zu übernehmen. Auch andere Crewmitglieder der *Battlestar Galactica* sowie andere wichtige Figuren müssen ihre Rollenbilder an die neue Situation anpassen. Im Verlaufe der Serie kristallisiert sich heraus, dass die Zylonen von den Menschen erschaffen wurden und so aussehen wie Menschen und menschliche Eigenschaften besitzen, wie das Spüren von Schmerz, Liebe usw. Sie sind Personen, die fühlen können. Somit ist eine Verurteilung der Zylonen als rein böse Wesen durch mich als Zuschauerin nicht mehr gerechtfertigt. Sowohl die Menschen als auch die Zylonen zeigen sehr differierende Verhaltensweisen, was die Charaktere tiefgründig macht und die Handlung vorantreibt.

Als ich die Serie das erste Mal schaute, stieß sie mich geradezu ab. Ich fand sie zu gewalttätig und insgesamt viel zu anstrengend aufgrund der schnellen Schnitte. Mehr als eine Folge habe ich leiblich nicht ausgehalten (s. ▶ Kap. 4).

Mit jeder neuen Folge fesselte mich die Serie jedoch zunehmend. Ich wurde ein „Opfer" des Binge Watching. Es sind vor allem die Figuren, für die ich mich begeistern kann und für die ich Empathie entwickle. Die Präsidentin Laura Roslin (gespielt von Mary McDonnell) wirkt zwar zerbrechlich, beweist aber häufig das Gegenteil, was mich als Zuschauerin gerade in der ersten Staffel noch überrascht und erschreckt. Während ich noch mit ihr sympathisiere, als sie Bill Adama eindrücklich zu verstehen gibt, dass nicht Krieg gegen, sondern Flucht vor den Zylonen der beste Weg ist, um zu überleben, schockiert sie mich etwas später mit ihrer Entscheidung, einen Zylonen aus der Luftschleuse zu werfen und ihn damit zu töten.

> **!** Achtung Spoileralarm: ca. 95 Prozent

Insbesondere einigen Szenen der letzten Folge spüre ich leiblich immer wieder erneut nach. Es handelt sich zum einen um ein Gespräch zwischen Kara (Rufzeichen Starbuck) – einer grandiosen und sehr kreativen Pilotin für die

Kampfjets ähnelnden *Viper*-Raumschiffe – und Lee Adama – Sohn des Commanders und ebenfalls ein hervorragender Kampfpilot. Zwischen beiden zeigt sich immer wieder eine zarte Liebesbande, die jedoch nicht wachsen kann, weil beide mit eigenen Traumata aus ihrer Vergangenheit zu kämpfen haben. Lee ist außerdem der Bruder von Karas verstorbenem Verlobten, was ihre Liebesbekenntnisse zueinander noch komplizierter gestaltet. In dem letzten Gespräch zwischen den beiden – letzte Folge der Serie – erscheint Starbuck das erste Mal, seit ich sie als Zuschauerin kenne, sanftmütig, angekommen und mit sich im Reinen. Während der gesamten Serie hatte sie mit ihren inneren Dämonen zu kämpfen, wusste nicht, woher bestimmte wiederkehrende Träume/prophetische Gedanken rühren, die letztlich ein wichtiger Wegweiser zur neuen Heimat, der Erde, sind. Karas persönliche Irrfahrt zur Erde ist eine subtile Rückschau auf ihre Kindheit, in der ihre Mutter ihr – auf sehr gewalttätige Weise – ihre besondere Begabung nachdrücklich vermitteln wollte. Kara hat aus diesen Lehren jedoch nicht mitgenommen, dass sie etwas ganz Besonderes ist, stattdessen hat sie gelernt, dass sie kämpfen muss, dass sie keine Angst vor dem Tod hat (tatsächlich hat sie diese nicht, sie hat aber Angst, vergessen zu werden) und dass sie in der Lage ist, den größten Schmerz auszuhalten. Ein weiterer eindringlicher Moment ihrer Reise zur Erde ist, dass sie mit ihrer Viper tödlich verunglückt. Besonders Lee ist deswegen am Boden zerstört und kann es, ebenso wenig wie sein Vater und andere Crewmitglieder, kaum glauben, dass Kara nach Monaten plötzlich wieder auftaucht. Kara ist sich bis dahin noch absolut sicher, nur ein paar Stunden mit ihrer Viper geflogen zu sein. Dass sie gestorben sein muss, realisiert sie erst, als sie auf der **vermeintlichen** Erde ihren Leichnam findet und bittere Zweifel über ihre Existenz hegt.[1]

Ich komme nun zurück zu dem oben erwähnten Gespräch zwischen Kara und Lee in der letzten Folge der Serie. Auf ihre Frage, was Lee, nun nachdem sie nach jahrelanger Odyssee durch den Weltraum einen neuen, bewohnbaren, wunderschönen Heimatplaneten gefunden haben, mit seinem Leben anfangen möchte, gerät er ins Schwärmen und Träumen. Die Kamera schwenkt konzentriert ihren Blick von Kara und Lee auf Lee, fährt dichter an ihn heran, sodass Kara nicht mehr im Bild zu sehen ist. Lee erzählt, wie

---

1 Vielleicht sind spätestens hier Zuschauer:innen aus der Serie ausgestiegen. Während ich die letzten Folgen sehr interessant finde und kein Problem mit den verschiedenen spirituellen Handlungsverläufen habe, sondern sie sogar sehr passend für die Figuren empfinde, war genau dies für viele Fans ein Grund, die Serie nicht weiterzuschauen. Besonders die letzte Folge halten etliche Zuschauer:innen für nicht gelungen, weil sie aus deren Sicht zu religiös gefärbt ist.

er sich in seiner neuen Heimat einrichten möchte, er dreht sich zu Kara um und findet sie nicht. Sie ist verschwunden. Und auch für mich als Zuschauerin ist nicht vorstellbar, wie Kara so schnell, so leise und ohne Abschiedsworte einfach verschwinden kann. Ihre besondere Rolle zeigt sich in diesem letzten Augenblick, den wir aus Lees verwundert dreinblickenden Augen wahrnehmen: Sie ist ein Engel, der nun endlich heimkehren kann, wo auch immer das sein mag. Diese Szene hat mich aus verschiedenen Gründen zutiefst erschüttert. Einerseits habe ich im Moment des Gespräches erneut die Hoffnung entwickelt, beide könnten nun endlich gemeinsam glücklich werden, echtes Verständnis füreinander zeigen, weil ihre beruflichen Rollen sie nicht mehr daran hindern können. Und andererseits habe ich mir für Kara so sehr gewünscht, dass sie das Gefühl des Ankommens, die endlich gefundene innere Ruhe auf der Erde genießen und eine leibliche Weite empfinden kann, die sie während der gesamten Serie aus Angst vor seelischen Verletzungen zumeist vermieden hat, indem sie sich leiblich verdumpft hat, zum Beispiel mit Alkoholtrinken. Auch für mich als Zuschauerin ist dieses leibliche Gefühl der Weite kurzfristig spürbar und drückt sich körperlich aus, nach einem tiefen Einatmen folgt das lange Aufatmen und die Erkenntnis, dass alles gut wird. Diese Ausleibung, das Sich-Zurücklehnen-Können, hält nur solange, bis Kara plötzlich verschwindet. Ich kehre wieder in mich zurück, verkrampfe innerlich in der Bauchregion, spüre ein Ziehen in meiner Brustregion und atme erneut schnell tief ein und aus, sodass ich das antagonistische Verhältnis meiner Ein- und Ausatmung deutlich spüre. Ich bin traurig, dass Lee Kara nun loslassen muss. Gleichzeitig weiß ich, dass Kara nun endlich nach Hause kommt, wo auch immer das sein mag. Dieses leibliche Durcheinander – nämlich eine innerliche Enge zu spüren (die Trauer, die ich empfinde) und fast gleichzeitig eine leibliche Weite (das Loslassen der Figuren) – geht einher mit meiner Verwirrung über die gesamte Situation. Die Verwirrung löst sich auf in einem Tränenmeer, das meine Trauer und meine Befriedigung über Karas Heimkehr vereint. Ich entlade meine Affekte körperlich, indem ich im Wechsel in der Brust- und Schulterregion pulsierend intensiv ein- und ausatme.

Im Anschluss an diese Szene erfahren die Zuschauer:innen, dass auch die Präsidentin Laura Roslin, die im Verlaufe der Serie eine Beziehung mit Bill Adama entwickelt, an Krebs stirbt. Noch kurz vorher hebt Bill die schwache Laura in sein Shuttle, um ihr die neue Heimat von oben zu zeigen und mit ihr zu träumen, wo sie ihre Hütte bauen wollen. Während dieses Rundfluges verstirbt Laura, sodass auch Lees Vater Bill allein zurückbleibt. Getragen wird diese Szene musikalisch vom Leitmotiv des Paares Bill und Adama, welches im Verlaufe der Serie mit diesen beiden verknüpft wurde. So gewinnt diese

Abschiedsszene eine pathetische Atmosphäre, die zusätzlich zum erfahrenen Verlust Karas die traurige Stimmung und leibliche Erfahrung ebendieser vertieft.

An diese Szenen erinnere ich mich sehr gerne. Und viel mehr genieße ich es, diese Szenen erneut zu sehen, mit allen Folgen im Vorfeld, die es überhaupt erst ermöglichen, dass sich diese Szenen für mich so anfühlen. Obwohl ich die Serie nun schon sechs Mal gesehen habe, wirken die beschriebenen Szenen für mich immer wieder genauso eindringlich, sodass ich beim nächsten Mal Schauen darauf hoffen kann, wieder dieselben leiblichen Regungen verspüren zu können. Um jedoch in diese Stimmung zu kommen, muss ich diese erst langsam über die vier Staffeln aufbauen.

6.3 Fazit

Schwermut und Trauer können sich insbesondere dann aufdrängen, wenn wir 1) mit Figuren empathisch mitschwingen, deren Gedanken, Verhaltensweisen und Gefühle verstehen und von diesen überzeugt sind und die Welt aus ihren Augen betrachten. Vor allem wenn die Figuren Leidvolles erleben, trauern wir mit ihnen mit. Wir können 2) Trauer und Schwermut empfinden, wenn die Serie/der Film zu Ende geht. Die Figuren verlassen uns und die ganz besondere Atmosphäre, in die wir eintauchen konnten, soll nun plötzlich vorbei sein. Ich vermute, dass eher zu Ende geführte Serien uns in ein Loch fallen lassen, weil wir die Atmosphäre längere Zeit verkösten durften als es in Filmen der Fall ist. Wir haben die Chance, die Serie in unsere Alltagsroutinen einzuplanen. Wir können schon am Morgen voller Vorfreude an die Atmosphäre denken, die wir uns nach der Arbeit durch die Serie erschaffen werden. Wir suchen diese Atmosphären gezielt auf, um uns in eine entsprechende leibliche Disposition/Stimmung zu bringen oder die vorhandene zu intensivieren (vgl. Fuchs 2013, S. 27 f.). Trauer und Schwermut können zudem in eine tiefe Sehnsucht führen – Sehnsucht danach, bestimmte Atmosphären zu verspüren.

Was genau ist Sehnsucht? Wie fühlt sie sich an? Kann uns Sehnsucht blockieren oder macht sie uns frei? Diese Fragen möchte ich im nächsten Kapitel klären.

Zum Nachdenken
1. Welchen Filmen/Serien haben Sie nachgetrauert bzw. trauern Sie noch nach?
2. Ist es eher die Stimmung oder etwas Anderes, dem Sie nachtrauern?
3. Was tun Sie, wenn Sie in der Stimmung verbleiben wollen, der Film/die Serie aber zu Ende ist?
4. Kennen Sie den Verlust von schönen Atmosphären auch aus anderen Situationen aus Ihrem Leben? Welche konstruktiven Möglichkeiten fallen Ihnen ein, mit einem Atmosphärenverlust umzugehen?

Literatur

Demmerling, Christoph & Landweer, Hilge (2007). Philosophie der Gefühle. Von Achtung bis Zorn. Stuttgart, Weimar: Metzler.

Freud, Sigmund (1997). Trauer und Melancholie (1917 [1915]). In: Psychologie des Unbewußten. Studienausgabe. Bd. 3. Frankfurt am Main: S. Fischer Verlag, S. 194–212.

Fuchs, Thomas (2013). Zur Phänomenologie der Stimmungen. In: F. Reents & B. Meyer-Sickendiek (Hrsg.). Stimmung und Methode. Tübingen: Mohr Siebeck, S. 17–31.

Reichert, Rámon (2010). Die Entregelung der Sinne. Eine Theorieperspektive zur Filmphänomenologie. In: montage AV. Zeitschrift für Theorie und Geschichte audiovisueller Kommunikation, 19/1/2010, S. 101–115.

Slaby, Jan (2017). Möglichkeitsraum und Möglichkeitssinn. Bausteine einer phänomenologischen Gefühlstheorie. In: S. Volke & S. Kluck (Hrsg.): Körperskandale. Zum Konzept der gespürten Leiblichkeit. Freiburg/München: Verlag Karl Alber, S. 220–248.

Der Sehnsucht nachspüren

Inhaltsverzeichnis

7.1 Was ist Sehnsucht? – 135
7.1.1 Eine etymologische Beschreibung – 135
7.1.2 Eine psychologisch-phänomenologische Beschreibung – 135
7.1.3 Eine Erweiterung der psychologisch-phänomenologischen Beschreibung – 137

7.2 Filme und Serien lösen Sehnsucht aus und intensivieren sie – 139
7.2.1 Ewige Jugend (2015): Worum geht es? – 140
7.2.2 Themen der Sehnsucht in Ewige Jugend – 141
7.2.3 Die Leiblichkeit der Sehnsucht – 142

7.3 Die Funktion von Sehnsucht – Eine psychologische Antwort – 143

Literatur – 144

© Springer Fachmedien Wiesbaden GmbH, ein Teil von Springer Nature 2022
W. Schwelgengräber, *Wer sehen will, muss spüren*, Über/Strom: Wegweiser durchs digitale Zeitalter, https://doi.org/10.1007/978-3-658-37300-9_7

Filme und Serien lösen in uns tiefe Sehnsüchte aus, z. B. die Sehnsucht geliebt und festgehalten zu werden, die Sehnsucht nach Weite, die Sehnsucht nach Empfindungen, oder die Sehnsucht nach Sehnsucht. Dafür nutze ich im siebten Kapitel u. a. die Theorie der sogenannten Bewegungssuggestion. Dahinter steht die Idee, dass bestimmte Dinge Bewegungen andeuten (suggerieren), die wir leiblich empfinden können. Ganz klassisch spüren wir das an Musik. Der Rhythmus deutet Bewegungen an, fröhliche Musik etwa ist eher nach vorne gerichtet. Aber auch Häuser (z. B. von Friedensreich Hundertwasser) können Bewegungen suggerieren, denen wir leiblich nachgehen, ohne sie körperlich tatsächlich auszuführen (vgl. Schmitz 2005, S. 38 & 46). Wir schwingen gleichsam leiblich mit. Die Sehnsucht, um auf das Thema des siebten Kapitels zurückzukommen, kann als eine Bewegung des Sich-Streckens nach etwas, wonach wir uns sehnen, gesehen werden. Exemplarisch verdeutliche ich dies am Film *Ewige Jugend*.

Wir alle kennen dieses bittersüße Gefühl, wenn wir uns nach etwas sehnen. Manche von Ihnen sehnen sich vielleicht nach dem Gefühl des Verliebtseins, wie es sich bei der ersten großen Liebe angefühlt hat. Andere sehnen sich vielleicht nach einem bestimmten Lebensgefühl, wie z. B. dem Spüren von Weite, Freiheit und damit verbunden dem großartigen Gefühl der Zufriedenheit, wie man gerade in der Welt eingebunden ist. Wieder andere von Ihnen sehnen sich nach einer Umstellung im Beruf oder nach einer bestimmten Person oder nach einem bestimmten materiellen Gut. Oder wir sehnen uns, wie im Kapitel zuvor beschrieben, nach einer bestimmten Atmosphäre, die uns beim Schauen eines Filmes/einer Serie umfangen hat. Sehnsucht impliziert einerseits die lustvolle Erfahrung und gleichzeitig den Schmerz über das Unerreichbare und Unvollständige.

Die Sehnsucht ist nicht nur irgendein Gefühl. Sie ist eine, wie alle unsere leiblichen Regungen, „zentrale Vollzugsfor[m] der personalen Existenz selbst" (Slaby 2017, S. 222). Meine These ist, dass Filme und Serien, die genauso wie zum Beispiel Bücher Geschichten über Menschen erzählen, uns dabei helfen können, unsere Sehnsüchte überhaupt erst zu erkennen und wir mit ihnen unsere Sehnsüchte intensivieren können. Denn wir schauen Filme und Serien unter anderen Dingen auch, weil wir unsere Stimmung beeinflussen wollen. Manchmal möchten wir unsere Stimmung heben und suchen aktiv nach Filmen, die lustig sind. Manchmal möchten wir eine nachdenkliche Stimmung hervorrufen oder intensivieren und schauen dann eher nachdenkliche Filme. Und manchmal möchten wir ein Gefühl der Sehnsucht nach jemandem oder etwas intensivieren. Dann schauen wir Filme, in denen wir vor Sehnsucht dahinschmelzen können.

Dass Sehnsucht ein sehr komplexes Gefühl ist, klingt schon in meinen ersten Zeilen dieses Kapitels an. Ich möchte Ihnen zunächst einige Vorschläge unterbreiten, was dieses Gefühl ausmacht. Und dann möchte ich dem Gefühl der Sehnsucht anhand von Beispielen der Film- und Serienwelt leibphänomenologisch auf den Grund gehen.

7.1 Was ist Sehnsucht?

Schon mit dem Begriff der *Sehnsucht* schwebt eine Bewegtheit mit, eine Richtung, denn wir sehnen uns *nach* etwas.

7.1.1 Eine etymologische Beschreibung

Das Nomen „Sehnsucht" ist aus etymologischer Sicht ein Kompositum aus dem Verb „sehnen" und aus dem Nomen „Sucht". Sich nach etwas zu sehnen heißt, schmerzlich nach etwas oder jemandem zu verlangen. Das Verb *senen* lässt sich bis in das 12. Jahrhundert zurückführen und bedeutet im Mittelhochdeutschen soviel wie „kraftlos, unlustig sein" (Kluge 1999, Stichwort *sehnen*). Das Nomen *suht* für *Sucht* wurde schon im Althochdeutschen (8. Jahrhundert) mit der Bedeutung „Krankheit" verwendet. Vermutlich, aber nicht gänzlich gewiss, entwickelt der Begriff „Sucht" unter dem semantischen Einfluss vom nicht verwandten Verb „suchen" seit etwa dem 17. Jahrhundert die Bedeutung „intensives Verlangen nach etwas" (Pfeifer u. a. 1993, Stichwort *Sucht*).

7.1.2 Eine psychologisch-phänomenologische Beschreibung

Das Besondere an der folgenden Beschreibung zur Sehnsucht ist die psychologische Komponente. Denn die psychologische Forschung beschäftigt sich erst seit einigen Jahren genauer mit dem Gefühl der Sehnsucht. Vor allem der Psychologe Paul Boris Baltes (1939–2006, ab 1980 Direktor des Max-Planck-Institutes für Bildungsforschung in Berlin), der u. a. zur geistigen Entwicklung über die Lebensspanne eines Menschen und zur Weisheit geforscht hat, hat sich verschiedene Fragen zur Sehnsucht gestellt. Er wollte wissen, was Sehnsucht ist, welche Stellung Schnsucht im Verlauf lebenslanger Entwicklung einnimmt, wie sie entsteht, wie sie wirkt, ob sie ein Wegweiser für unser Leben ist oder etwas Fehlendes in unserem Leben kompensiert, ob sich Inhalte der Sehnsucht über den Verlauf der Jahre eines Menschen verändern usw. (vgl. Baltes 2008, S. 78 f.).

Das Psychologische an Baltes Beschreibung von Sehnsucht ist der kognitive Charakter. Dazu gehört der Aspekt, dass wir das Gefühl von Sehnsucht erst mit der Entwicklung bestimmter Denkfähigkeiten entwickeln können. Wir müssen in der Lage sein, kontrafaktisch zu denken, was bedeutet, dass wir uns vorstellen können müssen, wie die Wirklichkeit anders aussehen könnte. Wir müssen zwischen dem unterscheiden können, was wirklich geschehen ist und was beinahe geschehen wäre bzw. was wir uns wünschen, das hätte geschehen sollen oder das zukünftig geschehen sollte.

Der phänomenologische Aspekt betrifft vor allem die Art und Weise, wie Baltes seine Beschreibungsmerkmale, die ich gleich vorstelle, herleitet. Er beruft sich nämlich auf verschiedene Quellen, die nicht nur die psychologische Forschung betreffen, sondern er nutzt auch andere Perspektiven, wie z. B. die Literatur und die Kunst, in denen das Gefühl der Sehnsucht thematisiert wird. Er versucht, die unwillkürliche Lebenserfahrung (d. h. Phänomene) aufzudecken und sich begreifend an sie heranzutasten, indem er das Phänomen der Sehnsucht von verschiedenen Seiten her betrachtet (s. Infobox 1 in ▶ Kap. 1).

Was aber nun ist Sehnsucht? Baltes stellt sechs Merkmale vor, die sich teilweise überschneiden:

1. *Persönliche Utopien:* Sehnsucht meint das, dass persönliche Utopien, alternative Lebensentwürfe oder Ideale thematisiert, denen man sich zwar annähern, die man aber nicht erreichen kann (vgl. Baltes 2008, S. 80). Vielleicht hat jemand die Sehnsucht, in einem Hausboot auf der Warnow (Fluss in Rostock) den Lebensabend zu verbringen. Zugleich ist dieser innige Wunsch nicht erreichbar.
2. *Gefühle der Unvollkommenheit und Unfertigkeit des Lebens:* Sehnsucht ist ein Gefühl der Unvollkommenheit und Unfertigkeit des Lebens. Weil wir die Gegenwart als unvollkommen empfinden, imaginieren wir Alternativen. Die ersehnten Objekte oder Wünsche sind dabei mehr als nur bloße Wünsche, sondern „sie gehören einfach unlösbar zur Suche nach einem sinnvollen und vollkommenen Leben dazu" (ebd.).
3. *Dreizeitigkeit:* Sehnsucht hat eine zeitliche Komponente. So schauen wir zurück auf Vergangenes, vielleicht etwas, das wir als besonders schön empfunden haben oder auch etwas, das wir gerne in der Vergangenheit erlebt hätten. Diese Unvollkommenheit verspüren wir in der aktuellen Gegenwart und sehnen uns die Vervollkommnung des Zustandes für die Zukunft herbei (vgl. ebd.).

4. *Emotionale Ambivalenz:* Wenn wir von Sehnsucht sprechen, dann von einem *bittersüßen* Gefühl. Im *Bittersüßen* kommt einmal das sehr positive Gefühl zum Vorschein (wenn wir ersehnte Objekte, Subjekte, Zustände positiv bewerten) und es kommt die negative Gefühlstönung darin vor (nämlich wenn wir diese ersehnten Objekte, Subjekte, Zustände als abwesend und unerreichbar empfinden) (vgl. ebd., 81). Diese beiden Komponenten sind immer gleichzeitig wirksam. Einerseits verzehren wir uns lustvoll z. B. nach dem Gefühl der Freiheit, am Abend auf der Warnow auf dem eigenen Hausboot Abendbrot zu essen, in den weiten Sonnenuntergang zu blicken und zu wissen, dass man frei ist, und andererseits schließt das Gefühl der Sehnsucht Trauer, Frustration oder Verlustschmerz ein, weil die Sehnsucht nicht gestillt werden kann (vgl. ebd.).
5. *Reflexive und evaluative Prozesse:* Hiermit ist gemeint, dass zur Sehnsucht die selbstkritische Bewertung der eigenen Vergangenheit, Gegenwart und der erwarteten Zukunft gehört und damit verbunden die Suche nach optimalen Alternativen und Möglichkeiten (vgl. ebd.).
6. *Symbolische Bedeutung:* Die Objekte oder Ziele, nach denen wir uns sehnen, stehen stellvertretend für viel tiefer liegende Bedeutungen (vgl. ebd.). Wenn jemand Sehnsucht danach hat, seinen Lebensabend auf einem Hausboot auf der Warnow zu verbringen, dann steckt dahinter vielleicht die tiefer liegende Sehnsucht nach Selbstbestimmung, Autonomie- und Freiheitserfahrung.

7.1.3 Eine Erweiterung der psychologisch-phänomenologischen Beschreibung

Ich möchte Paul Baltes psychologische Komponenten der Sehnsucht noch um das phänomenologische *Merkmal der Bewegung bzw. der Richtung hin zu einem Objekt/Subjekt* ergänzen. So suggeriert der Begriff der *Sehnsucht* selbst schon eine Bewegung bzw. eine Richtung, eine Streckung <u>nach</u> etwas. Sehnsucht hat damit eine Bewegungs- bzw. Richtungs-Komponente, denn dieses Etwas, nach dem wir uns leiblich strecken und das uns geradezu zieht, muss irgendwo sein.

Aber nicht nur der Begriff der *Sehnsucht* selbst suggeriert Richtungen oder Bewegungen. Auch wenn wir leiblich von Sehnsucht betroffen sind, spüren wir ihr nach. Da sie so bittersüß, ein lustvoll-schmerzliches Gefühl ist, zieht sie unseren ganzen Leib magisch an und lässt ihn gleichzeitig in sich zurückziehen. Ich spreche in diesem Zusammenhang von Bewegungssuggestionen, ein Begriff, der sich auf den Phänomenologen Hermann Schmitz zurückführen lässt. Schmitz geht davon aus, dass Objekte oder Tatsachen Bewegungen suggerieren können (s. Infobox 14).

Infobox 13: Bewegungssuggestionen und Gestaltverläufe

Sie sind ein Medium und stellen eine Brücke dar zwischen dem leiblichen Befinden und dem Wahrgenommenen und umgekehrt. Bewegungssuggestionen, auch Gestaltverläufe, können sowohl ursprünglich am eigenen Leib gespürt als auch am Wahrgenommenen selbst wahrgenommen werden. Sie sind „Vorzeichnungen einer Bewegung" (Schmitz 2011a, S. 31), die wir an anderen Lebewesen oder Objekten wahrnehmen und die in uns selbst Bewegungen nahelegen bzw. suggerieren. Diese angeregten Bewegungen spüren wir also leiblich nach, ohne dass es dabei zu einem körperlichen Ausdruck kommen muss. Solche Bewegungen geschehen recht unwillkürlich und unbeabsichtigt. Sie betreffen nicht nur einzelne Leibesinseln, sondern den ganzen Leib (vgl. ebd. 2005, 38).

Ein Pfiff zum Beispiel, der eher lang gestreckt und weit ist, wird nicht einfach als Sinnesdatum erfahren, sondern eher als eine Art Gebärde, die eine mehr oder weniger auch am eigenen Leib spürbare Bewegungssuggestion vorzeichnet" (ebd., 39). Das heißt, man spürt leiblich diesen Pfiff mit, vielleicht indem man sich leiblich streckt, oder eine weite Ausholung „innerlich", d. h. leiblich mitvollzieht. Ein anderes Beispiel ist Musik. Sie kündigt Bewegungen an, drängt Bewegungen auf (vgl. ebd., 38). Deutlich wird dies beim Tanzen, wenn sich der Tanzschritt dem Gepräge der Musik anpasst (vgl. ebd.). Selbst wenn man nicht körperlich tanzt, kann man leiblich mitschwingen (also nicht sichtbar körperlich) oder mithüpfen.

Diese Bewegungen sind an sich nicht von Außenstehenden beobachtbar. Ich kann sehnsüchtig sein und mich innerlich vor Verlangen strecken oder mich innerlich vor Schmerz krümmen, ohne dass jemand dies an mir beobachten kann. Es kann aber passieren, dass wir die Suggestion ausleben wollen und körperliche Reaktionen zeigen: Vielleicht neigen wir unseren Oberkörper nach vorne und strecken einen Arm aus, um uns ziehen zu lassen und das Süße der Sehnsucht einzufangen. Vielleicht krümmen wir uns sichtbar für andere vor Schmerz, ziehen die Schultern nach innen und den Kopf ein, um der leiblichen Enge Ausdruck zu verleihen.

7.2 Filme und Serien lösen Sehnsucht aus und intensivieren sie

> **Folgender Film steht im Mittelpunkt dieses Kapitels**
> *Ewige Jugend (2015)*
>
> | | |
> |---|---|
> | Genre: | Tragikomödie |
> | Produktions-land: | Italien, Frankreich, Schweiz, Großbritannien |
> | Drehbuch: | Paolo Sorrentino |
> | Regie: | Paolo Sorrentino |
> | Musik: | David Lang |
> | Darsteller/innen: | u. a. mit Michael Caine (Fred Ballinger), Harvey Keitel (Mick Boyle), Rachel Weisz (Lena Ballinger), Paul Dano (Jimmy Tree), Jane Fonda (Brenda Morell), Roly Serrano (Diego Maradona), Alex MacQueen (Abgesandter der Queen), Robert Seethaler (Luca Moroder) |

Schon in ▶ Abschn. 6.2 beschreibe ich die Leiblichkeit der Sehnsucht anhand der Serie *Ashes to Ashes*. Vorab habe ich dazu auf den *suchenden Sinn* angespielt, der sich als konzentrierter innerer suchender Blick auf meinen Leib beschreiben lässt, um Erinnerungen an in der Vergangenheit gespürte Affekte heraufzubeschwören. Sehnsucht ist immer auch ein Hoffen darauf, dass die Lücke, die wir gegenwärtig empfinden, geschlossen werden kann. In ▶ Abschn. 6.2.1 nutze ich dafür das Bild der Tür: „Und dieses Gefühl der diffusen Sehnsucht bietet mir eine letzte Tür, diese Erinnerungen erneut zu ertasten."

Ich werde in diesem Kapitel aber nicht noch einmal auf Sehnsüchte eingehen, die sich auf den Verlust einer Serie/eines Filmes beziehen. Hier stehen Sehnsüchte im Mittelpunkt, die durch Themen, Inhalte, Figuren etc. hervorgerufen werden und an Lücken im Leben erinnern. Mit dem Film *Ewige Jugend* (2015) beleuchte ich beispielhaft die Themenvielfalt von Sehnsüchten.

7.2.1 Ewige Jugend (2015): Worum geht es?

 Achtung Spoileralarm: 95 Prozent

In einem Sanatorium in den Schweizer Alpen verbringen die beiden Jugendfreunde Fred Ballinger und Mick Boyle ihren Urlaub. Beide sind schon älter, gehen auf die 80 zu und verbringen ihre Zeit damit, andere Gäste zu beobachten und über sie zu lästern. Ihre Vorstellungen darüber, wie sie ihre letzten Lebensjahre verbringen möchten, gehen weit auseinander. Fred Ballinger ist ein berühmter Komponist und Dirigent, der seine Karriere beendet hat und sich zurückziehen möchte. Sein Freund Mick Boyle dagegen möchte sein Vermächtnis als Regisseur und Drehbuchautor in einem letzten großen Film der Nachwelt hinterlassen. Dafür hat er die bekannte, mittlerweile auch älter gewordene, Schauspielerin Brenda Morell engagiert.

So richtig gehen die Vorstellungen der beiden Freunde jedoch nicht auf. Fred erhält Besuch von einem Gesandten der Queen, der ihn eindringlich bittet, seine berühmten *Simple Songs* für die Queen zu dirigieren. Fred lehnt dieses Ersuch jedoch ab, weil er die *Simple Songs* für eine einzige Sängerin schrieb, nämlich für seine Frau Melanie, die aus gesundheitlichen Gründen nicht mehr singen kann. Zudem benötigt seine Tochter und Managerin Lena seine emotionale Unterstützung, weil ihr Mann sie für eine andere Frau verlassen hat. Alles spricht dagegen, dass Fred sich zur Ruhe setzen kann.

Anders sieht es bei Mick Boyle aus. Mit einer Gruppe junger Schauspielerinnen und Schauspieler versucht er, einen letzten großen Film zu drehen, scheitert jedoch an einer überzeugenden Story. Brenda Morell, die Mick fest für seinen Film eingeplant hat, reist extra in die Schweiz, um ihm zu verdeutlichen, dass sein letzter Film kein guter werden und sie nicht für ihn schauspielern wird. Für Mick bricht für eine Welt zusammen. Er stürzt sich vom Balkon des Sanatoriums.

Die Tragikomödie besticht durch weitere Nebenhandlungen: So sehen wir den berühmten, aber einen alt und dick gewordenen, Fußballer Diego Maradona, wie er trotz seiner körperlichen Beschwerden einen Tennisball sehr gekonnt und elegant wieder und wieder in die Luft kickt. Ein anderer Nebenstrang betrifft die Figur des sehr bekannten Schauspielers Jimmy Tree, der sich auf eine neue Rolle (die des Adolf Hitler, wie erst sehr viel später klar wird) in den Schweizer Alpen vorbereitet. Voller Leidenschaft und sehr liebevoll beobachtet er die Gäste – so auch Mick und Fred – und deren Wünsche, Ängste, Träume, Sehnsüchte. Letztlich entschließt er sich, eine Rolle anzunehmen, die nicht Furcht und Schrecken verbreitet, sondern die in Sehnsucht aufgehen kann.

7.2.2 Themen der Sehnsucht in *Ewige Jugend*

Der Film selbst beleuchtet das Thema der Sehnsucht, weshalb er besonders gut geeignet ist für dieses Kapitel. Das bedeutet jedoch nicht, dass andere Filme, die Sehnsucht nicht vordergründig oder vielleicht gar nicht thematisieren, keine Sehnsucht bei Zuschauer:innen auslösen oder sie intensivieren können. Es kommt hier auf Sie selbst als Zuschauer:in an, welcher Film- oder Serien-Moment Sie in Ihrer Lebenslage besonders anspricht und affiziert.

Die Sehnsucht wird in *Ewige Jugend* recht facettenreich thematisiert:
- Wir können Freds Sehnsucht nach der Musik spüren, wenn er beispielsweise auf der Kuhweide sitzt und aus den Geräuschen der Kuhglocken ein Musikstück komponiert und dirigiert.
- Wir spüren seine Sehnsucht nach schöneren Tagen mit seiner Frau Melanie, als der Gesandte der Queen penetrant und ungehobelt nach Freds Gründen fragt, wieso er die *Simple Songs* nicht für die Queen dirigieren möchte.
- Micks Sehnsucht, sich in einem letzten großen Film ausdrücken zu dürfen und der Welt etwas Großes zu hinterlassen, wird für uns an vielen Stellen deutlich. Lange versucht er sich der Hoffnung hinzugeben, dass sein Film fulminant wird, auch weil er auf die berühmte Schauspielerin Brenda Morell setzt. Sein Hoffen gerät jäh in die Kehrseite, als Brenda ihm offenbart, sein Stück nicht zu unterstützen. Verzweiflung drängt sich in den Vordergrund, Mick schafft es nicht, wieder in ein Gleichgewicht zu kommen und stürzt sich vom Balkon in den Tod. Er scheitert daran, seine Sehnsucht zu verwirklichen.
- Anders dagegen ergeht es Lena, Freds Tochter. Ihre Sehnsucht nach Liebe, Geborgenheit und absoluter Sicherheit zeigt sich beim Bergsteigen mit dem Bergsteiger Luca Maroder. Sie hängen in friedvoller Harmonie gemeinsam an einem ruhigen Seil über einem Abgrund. Lena hat zunächst Angst, kann sich dann aber fallenlassen.
- Luca Maroders Sehnsucht nach Lena entflammt in seinem Blick, als er Lena das erste Mal beim Essen im Restaurant erblickt. Er kann seinen Blick nicht abwenden, sitzt da, als würde er eine Göttin sehen. Er kann seine Sehnsucht nach Lena befriedigen.
- Eine lange Kamerafahrt auf einen gelben Tennisball zeigt das Ziehen der Sehnsucht in Diego Maradonas Brust. Trotz Atemnot und Übergewicht, kickt er den Ball mit seinen Füßen voller Kraft und Lust in die Luft, bis er nach wenigen Malen erschöpft aufgeben muss.

— Jimmy Tree versinnbildlicht die Sehnsucht nach dem Gefühl der Sehnsucht. Seine Blicke fangen Sentenzen aller möglichen Gefühle der Gäste ein, die sich, so scheint es, zu einem Sehnsuchts-Bündel zusammenschließen und ihn im Hochgefühl der Glückseligkeit und des Schmerzes selig werden lassen, als er in Freds Konzert die *Simple Songs* hört.

7.2.3 Die Leiblichkeit der Sehnsucht

Der Film bietet verschiedene Vorlagen für uns Zuschauer:innen, uns an unsere Sehnsüchte zu erinnern und zu empfinden. Ich möchte hier symbolisch auf den fiktiv dargestellten Diego Maradona und seine Sehnsucht eingehen. Er zeigt sich uns als alternder, stark übergewichtiger Mann, der auf eine Sauerstoffflasche angewiesen ist. Für ihn ist es der Tennisball, der ihn an die Zeit erinnert, als er unbeschwert und körperlich unversehrt voller Kraft Fußball spielen konnte. Mit der langen Kamerafahrt auf den Tennisball nehmen wir als Zuschauer:innen das Ziehen der Sehnsucht auch in unserer Brust wahr. Gut möglich, dass sich einige Zuschauer:innen an eine eigene Sehnsucht erinnert fühlen; sich an etwas erinnern, was früher mal schön war und jetzt nicht mehr da ist. Etwas, was man sich herbeiwünscht. Vielleicht sind es Freunde, die fehlen, vielleicht sind es Fähigkeiten, die wir früher mal hatten und heute schmerzlich vermissen. Vielleicht sind es Dinge, die wir in unserer Jugend gerne weiterverfolgt hätten (z. B. Longboard fahren), und heute nachholen möchten, uns aber nicht recht trauen, weil wir uns (fälschlicherweise?) als zu alt dafür einschätzen.

Wenn wir in das Gefühl der Sehnsucht versinken, dann wird es irgendwie wattig im Kopf, in der Herz-Brust-Region zieht es nach außen, und dann wieder nach innen, um diese Anspannung für die Konzentration des Geistes zu benutzen, um sich an das Sehnsuchtswürdige zu erinnern. Gleichzeitig schmerzt die Sehnsucht, und man fühlt sich leiblich angespannt. Die Arme und Schultern fühlen sich schlaff an, der Leib sackt zusammen, er wird ganz weich, weil Sehnsucht so anstrengend ist. Vielleicht verleihen wir dieser leiblichen Enge körperlich Ausdruck, indem sich der Körper – von außen sichtbar – zusammenzieht. Das Sehnsuchtsgefühl suggeriert uns weiterhin vielleicht eine Bewegung nach außen, sodass wir nicht nur leiblich, sondern vielleicht auch körperlich dieser Suggestion nachgeben und den Kopf und den Oberkörper leicht nach vorne neigen, uns innerlich, besonders in der Schulter- und Armregion leiblich weiten auf der Suche nach der Erinnerung.

7.3 Die Funktion von Sehnsucht – Eine psychologische Antwort

Ist das Schauen von Filmen und Serien, das Spielen von Computerspielen, das Lesen von Büchern dann ein Verstecken vor sich selbst? Vielleicht ja. Insbesondere, wenn Filme und Serien für uns zu einer dauerhaften Flucht aus dem Alltag und damit eine Flucht vor uns selbst werden (s. ▶ Kap. 5). Aber auch hier gilt es zu prüfen, ob Flucht aus dem Alltag nicht auch positive Seiten haben kann. Das würde ich jedoch Ihnen, liebe Leserinnen und Leser, überlassen, denn Sie sind es, die ehrlich einschätzen können, wie weit Sie vor sich selbst fliehen, wenn Sie Filme und Serien schauen und ob Ihnen diese Flucht kurz-, mittel- und langfristig gut tut oder schadet.

Wenn Filme und Serien Sehnsüchte auslösen oder die Gefühle, die bereits da sind, intensivieren, kann daraus die Chance entstehen, bestimmte ungeliebte Zustände überhaupt erst zu erkennen und diese vielleicht sogar zu bewältigen.

Schaut man sich die psychologische Funktion von Sehnsucht an, dann könnte sie erstens „zur Bewältigung der chronischen Unfertigkeit des Menschen sowie der Bewältigung unerreichter (und unerreichbarer) Ziele und unwiederbringlicher Verluste beitragen" (Baltes 2008, S. 84). Viele von Ihnen kennen sicher das Gefühl der Trauer, die wegen eines Verlustes entsteht. Manche von uns stürzen sich geradezu in Liebesfilme, um dort ihrem Gefühl der Trauer intensiv nachzuhängen, der Lähmung und der Antriebslosigkeit, die sich dem Trauernden aufdrängen, gezielt nachzugeben und im „Möglichkeitsraum" (Slaby 2017, S. 221 f.) der Trauer aufzugehen. „Zweitens könnte Sehnsucht dazu beitragen, der Entwicklung eine Richtung zu geben, indem in Sehnsüchten thematisiert wird, was einem besonders wichtig im Leben ist" (Baltes 2008, S. 84). Hier können wir als Zuschauer:innen zu Erkenntnissen über uns selbst kommen. Vielleicht stellen wir fest, dass uns schon lange etwas fehlt, das wir nie so richtig benennen konnten. Und erst durch die Serie oder den Film wird uns diese Lücke in unserem Leben klar. Diese Erkenntnis kann sehr schmerzhaft sein. Aber wir werden vielleicht ermutigt und angeregt, uns neue Ziele für die Zukunft zu setzen (vgl. Freund u. a. 2014, S. 289).

Einwenden möchte ich jedoch, dass wir als Zuschauer:innen vielleicht erst Sehnsüchte entwickeln, die wir vorher nicht hatten. Filme und Serien manipulieren unsere Stimmungen und Haltungen und unsere Verhaltensweisen und Handlungen. Hier liegt es an uns Zuschauer:innen, wie intensiv wir uns mit diesem Effekt auseinandersetzen können und wollen. Denn negativ kann sich das Spüren von Sehnsucht dann auswirken, wenn jemand sich von der Sehnsucht gepeinigt, verzerrt und überwältigt fühlt und dieses Gefühl nicht mehr kontrollieren kann (vgl. Baltes 2008, S. 83).

Zum Nachdenken
1. Welche Filme haben Sehnsüchte in Ihnen ausgelöst?
2. Worin bestanden diese Sehnsüchte?
3. Wie würden Sie diese Sehnsucht am ehesten beschreiben? Als ziehend oder stoßend, stechend oder drückend, spitz oder rund, dynamisch oder statisch, lebendig oder träge, klar oder dumpf, schrill oder dröhnend, glänzend oder matt, einengend oder weitend usw.?
4. Wo in Ihrem Leib haben Sie diese Sehnsucht gespürt?

Literatur

Baltes, Paul B. (2008). Entwurf einer Lebensspannen-Psychologie der Sehnsucht. Utopie eines vollkommenen und perfekten Lebens. In: *Psychologische Rundschau, 59,* 77–86.

Freund, Alexandra; Weiss, David & Nikitin, Jana (2014). Modelle der Handlungsmotivation zur erfolgreichen Entwicklung. In: L. Ahnert (Hrsg.): Theorien in der Entwicklungspsychologie. Wiesbaden: Springer, S. 282-308.

Kluge, Friedrich (1999). Stichwort „sehnen". In: Etymologisches Wörterbuch der deutschen Sprache. Erarbeitet von Elmar Seebold. Berlin, New York: Walter der Gruyter.

Pfeifer, Wolfgang u. a. (1993). Stichwort „Sucht". In: Etymologisches Wörterbuch des Deutschen. Digitalisierte und von Wolfgang Pfeifer überarbeitete Version im Digitalen Wörterbuch der deutschen Sprache, https://www.dwds.de/wb/etymwb/Sucht, abgerufen am 05.08.2020.

Schmitz, Hermann (2005). Die Wahrnehmung. (=System der Philosophie. Dritter Band: der Raum. Fünfter Teil: Die Wahrnehmung). Bonn: Bouvier Verlag: Studienausgabe.

Schmitz, Hermann (2011a). Der Leib. Berlin u. a.: Walter de Gruyter.

Slaby, Jan (2017). Möglichkeitsraum und Möglichkeitssinn. Bausteine einer phänomenologischen Gefühlstheorie. In: S. Volke & S. Kluck (Hrsg.): Körperskandale. Zum Konzept der gespürten Leiblichkeit. Freiburg/München: Verlag Karl Alber, S. 220–248.

Filme und Serien können uns verändern

Inhaltsverzeichnis

8.1 Der Mensch als historisches und narratives Wesen – 146

8.2 Der Mensch als leibliches Wesen – 147

8.3 Der Mensch als fühlendes Wesen – 147

8.4 Wer sehen will, muss spüren – 149

Literatur – 150

© Springer Fachmedien Wiesbaden GmbH, ein Teil von Springer Nature 2022
W. Schwelgengräber, *Wer sehen will, muss spüren*, Über/Strom: Wegweiser durchs digitale Zeitalter, https://doi.org/10.1007/978-3-658-37300-9_8

Dass Geschichten uns verändern können, ist die These meines achten Kapitels. Ich denke, dass wir durch das Schauen von Filmen und Serien – so wie aus Büchern übrigens auch – einen breiteren Horizont für Gründe und Handlungsweisen von Figuren erhalten und feststellen können, dass in der ein oder anderen Geschichte ein Teil von uns selbst steckt. Und ich denke, dass wir auch einen Blick für uns selbst dadurch gewinnen können, wenn wir die leiblichen Regungen beim Filmschauen ernst nehmen und diesen auch im Alltag eine wichtige Bedeutung beimessen. In diesem Kapitel diskutiere ich drei Thesen mit Bezug zum Film- und Serienschauen: 1. Der Mensch ist ein historisches und narratives Wesen. 2. Der Mensch ist ein leibliches Wesen. 3. Der Mensch ist ein fühlendes Wesen.

8.1 Der Mensch als historisches und narratives Wesen

Der Mensch erzählt und hört gerne Geschichten. Er ist sowohl ein historisches als auch ein narratives (=erzählendes) Wesen. Seit – oder besser noch – weil es den Menschen gibt, gibt es Geschichten. Anthropologisch betrachtet haben Geschichten ganz unterschiedliche Funktionen. Sie dienen uns etwa als kulturelles Gedächtnis, indem sie uns zeigen, wer wir Menschen waren, wer wir jetzt sind und wer wir sein wollen. Geschichten bieten uns Raum, zusammenzukommen, Beziehungen herzustellen und zu festigen. Stellen Sie sich vor, wie Ihre Mutter oder Ihr Vater oder auch Ihr:e Partner:in Ihnen ein Märchen abends zum Einschlafen erzählte. Wie spannend oder eben wie beruhigend das Erzählte auf Sie wirkt. Geschichten sind in jedem Menschen als eigene Lebensgeschichte in Form seiner Biografie verankert. Wir sind an unserer eigenen und auch an der Lebensgeschichte anderer interessiert, die wir in gewissen Teilen zu steuern und zu lenken vermögen. Geschichten können aber auch ablenken, eine Flucht aus dem Alltag sein (Eskapismus). Wir wollen eintauchen in andere Welten, weil wir nach einem stressigen Tag entspannen wollen, weil wir interessante Menschen/Figuren in den Geschichten kennenlernen und ihre Geschicke erfahren wollen, weil wir lachen wollen oder weil wir traurig sind und die Geschichte hilft, unsere Trauer zu intensivieren, weil wir nach Alternativen für Lebensweisen suchen oder uns in unserer Lebensweise bestätigen wollen usw. Geschichten können unsere Blickwinkel erweitern, indem wir von den vielfältigen Handlungsmöglichkeiten der erzählten Menschen und Figuren lesen, hören, sehen – spüren.

8.2 Der Mensch als leibliches Wesen

Diese Erfahrungen, die wir im Umgang mit Geschichten sammeln, sind immer geknüpft an unsere leibliche Disposition, mit der wir in der Welt verortet sind. Unser Leib ist der „Resonanzboden, wo alles ankommt, was den Menschen betroffen macht und in eigene Gestaltungen [d. h. je eigene Empfindungen, W.S.] umgewandelt wird" (Schmitz o.J.). Weil wir leiblich sind, können wir elementare Erfahrungen überhaupt erst machen. In der Einleitung habe ich Körper und Leib unterschieden. Oft haben wir von unserem Körper ein eher verkürztes Bild, das sich auf die fünf Sinne bezieht. Natürlich können wir riechen, schmecken, hören, uns betasten, sehen. Aber wir spüren noch so viele andere Regungen, wie etwa das Pochen des Herzens, Kopfschmerz, Bauchschmerz, Kribbeln in den Händen, eine Weite beim Dösen, ein Engegefühl vor einem Bewerbungsgespräch usw. Diese Regungen sind mit den üblichen fünf Sinnen nicht erfassbar und werden sowohl in der Wissenschaft als auch im Alltag oft nicht mitgedacht oder sogar belächelt. Der Begriff Leib ist daher der Versuch, die Vielfalt körperlicher Regungen, die wir wahrnehmen und fühlen, zu erfassen.

8.3 Der Mensch als fühlendes Wesen

Alles Tun eines Menschen, sein Verhältnis zur Welt, zu anderen Menschen und zu sich selbst, erfolgt, so der Philosoph Jan Slaby, „im Fühlen und aus dem Fühlen heraus und [ist] von diesem nicht zu trennen" (Slaby 2017, S. 222). Das Fühlen, stets gebunden an den Leib, ist also nicht einfach nur ein Nebenprodukt, das unser Tun begleitet, sondern existenzielle Voraussetzung. Gefühle eröffnen oder verschließen uns Möglichkeitsräume:

> „Ein Gefühl zu erleben bedeutet demnach, dass sich ganz bestimmte Möglichkeiten gleichsam aufdrängen, während anderes, was vermeintlich auch möglich sein müsste, seltsam abgeblendet oder sogar gänzlich aus dem Bereich des überhaupt Erfass- und Erwägbaren verschwunden ist" (ebd., 225).

Slabys These ist interessant, weil er davon ausgeht, dass Gefühle nicht immer nur alleinig auf einen Gegenstand gerichtet sind (wie z. B. die Furcht auf den Gegenstand des Hundes, vor dem man sich fürchtet). Stattdessen erfasst das Gefühl den gesamten Menschen, z. B. als Stimmung oder Hintergrundgefühl, das existenziell unsere Sicht auf Welt, unsere Sicht auf uns und andere und unsere Handlungen und Handlungsmöglichkeiten beeinflusst (vgl.

ebd., 232 f.). Furcht kann sich zu einer breiten Furchtsamkeit weiten, was dazu führen kann, dass der furchtsame Mensch überall Gefahren erblickt und sich eventuell bestimmte Dinge nicht zutraut (vgl. ebd., 225). Der Fröhlich-Zuversichtliche dagegen „erblickt nahezu überall positive Handlungsmöglichkeiten und fühlt sich möglichen Gefahren […] gewachsen" (ebd.). Sicherlich kennen Sie solche Situationen selbst ganz gut: Stellen Sie sich nur mal vor, wie Sie sich verhalten und interagieren, wenn Sie gut gelaunt sind. Wahrscheinlich sind Sie dann viel offener für Ihr Gegenüber, lächeln mehr und erhalten im Gegenzug einen freundlichen Bick, ein freundliches Wort. Es fällt Ihnen in einer solchen Stimmung sicherlich auch leichter, andere Menschen kennenzulernen als wenn Sie eher traurig oder furchtsam gestimmt sind.

Und je nach leiblicher Disposition, je nach Stimmungslage, können wir uns auf bestimmte Möglichkeiten einlassen oder nicht. Und dies gilt auch für das Schauen von Serien und Filmen. Vielleicht können Sie sich die folgenden Fragen selbst beantworten: In welcher Stimmung müssen Sie für einen Psychothriller, eine Komödie oder ein herzzerreißendes Drama sein, damit die Atmosphäre Sie gänzlich umfangen kann? In welcher Stimmung müssen Sie sich befinden, um solche Filme nicht schauen zu wollen? Und umgekehrt: Gibt es Filme, die Ihre Stimmung verändert haben? Vielleicht möchten Sie sich in eine filmische Situation auch gerne mit anderen Menschen begeben und das Spüren der Atmosphäre teilen. Denn Gefühle sind nicht subjektiv verborgene Zustände, sondern sie füllen den interpersonalen Raum, und sind somit auch für andere Anwesende fühlbar. Denken Sie zum Beispiel dabei an Filme und Serien, die gute Laune verströmen und wie die Zuschauer:innen in dem Raum von dieser guten Laune erfasst werden und diese miteinander teilen können (vgl. Slaby 2017, S. 236). Es entsteht eine gemeinsam geteilte Atmosphäre.

Ich denke, unsere leibliche Disposition kann sich aufgrund von Atmosphären verändern, insbesondere wenn diese so intensiv wirken, dass neue Möglichkeitsräume geschaffen werden. Perspektiven auf Menschen, Situationen, auf uns selbst können sich dann verändern, verengen, erweitern usw. Vielleicht sind Sie nach einem lustigen Film viel offener in der Kommunikation mit anderen als zuvor. Vielleicht engt sich ihr Möglichkeitsraum und sie mögen nach einem traurigen Film nicht mehr auf eine Party gehen, die eigentlich noch stattfinden sollte. Dies führt mich zum Titel meines Buches.

8.4 Wer sehen will, muss spüren

Der Titel meines Buches heißt „Wer sehen will, muss spüren", und in der Einleitung bin ich auf die Zweideutigkeit dieser These eingegangen: Ich denke, dass die Atmosphären, die von Filmen und Serien ausgehen, uns dann zutiefst ergreifen können, wenn wir uns auf sie einlassen können. Wirkliches Sehen von Filmen und Serien bedeutet, leiblich von der jeweiligen Atmosphäre ergriffen zu sein. Ich finde das folgende Zitat von Hermann Schmitz ganz passend für meine Überlegung. Wenn das Gefühl echt sein soll, dann müssen Sie „anfangs ein Stück weit mit dem Impuls des stürmisch oder schleichend ergreifenden Gefühls mitgehen, gleichsam zu dessen Komplizen werden. Wer das Gefühl gleich an der Pforte seines Eintritts mit einer Stellungnahme empfängt, ist ein bloßer Schauspieler seiner Ergriffenheit." So „kann die Person ihr affektives Betroffensein im Lauf der Zeit so formen, dass ein persönlicher Stil des Fühlens entsteht" (Schmitz 2011, S. 95).

Dies bringt mich zur zweiten Bedeutung meiner These „Wer sehen will, muss spüren". Das Sehen deute ich in diesem Zusammenhang als ein „Erkennen". Das Fühlen, das wir durch das Schauen erfahren, kann uns zu neuen Erkenntnissen über uns selbst verhelfen. Vielleicht erfahren wir, dass bestimmte Möglichkeitsräume eröffnet werden. Manchen von Ihnen ist es vielleicht unangenehm, bei einer traurigen Szene in der Gegenwart anderer zu weinen. Vielleicht erfahren Sie ja, dass Ihnen diese Person aber den Raum und damit die Möglichkeit lässt, Ihren Gefühlen Ausdruck zu verleihen. Vielleicht schwingen Sie mit Figuren empathisch mit, von denen Sie nie gedacht hätten, dass Sie mit Ihnen sympathisieren. Vielleicht stellen Sie beim Schauen fest, welche leiblichen Regungen Sie auf gar keinen Fall empfinden möchten und ergründen dafür sogar mögliche Ursachen.

Geschichten können uns leiblich betroffen machen, unsere Stimmungen beeinflussen, Gefühle auslösen und Möglichkeitsräume schließen und öffnen. Lassen Sie sich auf Ihr ganz eigenes Betroffensein ein und spüren Sie nach, welche Geschichten (und hier meine ich Geschichten aller Art, auch die Ihrer Mitmenschen) Sie betroffen machen.

Literatur

Schmitz, Hermann (2011). Der Leib. Berlin u. a.: Walter de Gruyter.
Schmitz, Hermann (o.J.). Die Neue Phänomenologie. Ein Interview mit Hermann Schmitz, geführt von Andreas Brenner. In: Information Philosophie. Die Zeitschrift, die über Philosophie informiert. URL: https://www.information-philosophie.de/?a=1&t=2843&n=2&y=4&c=83#, Abruf am 29.12.2020.
Slaby, Jan (2017). Möglichkeitsraum und Möglichkeitssinn. Bausteine einer phänomenologischen Gefühlstheorie. In: S. Volke & S. Kluck (Hrsg.): Körperskandale. Zum Konzept der gespürten Leiblichkeit. Freiburg/München: Verlag Karl Alber, S. 220–248.

Ein kleiner Ratgeber für das Sehen von Filmen und Serien

Inhaltsverzeichnis

9.1 Vor dem Schauen – 152

9.2 Während des Schauens – 153

9.3 Nach dem Schauen – 153

Literatur – 154

© Springer Fachmedien Wiesbaden GmbH, ein Teil von Springer Nature 2022
W. Schwelgengräber, *Wer sehen will, muss spüren*, Über/Strom: Wegweiser durchs digitale Zeitalter, https://doi.org/10.1007/978-3-658-37300-9_9

Im letzten Kapitel schlage ich einige Möglichkeiten für eine gelungene, selbst geschaffene Film-/Serien-Atmosphäre vor.

Unsere Fernseher sind mittlerweile riesig, sie sind ein Möbelstück und „zieren" unsere Inneneinrichtungen. Sie sind die Leinwand, auf die wir schauen. Wir können meistens selbst entscheiden, wann wir welches Programm schauen wollen und sind nicht mehr auf feste Sendezeiten angewiesen. Und trotz der ausgefeilten Tontechnik, der riesigen Bildschirme und der Wahlfreiheit für diesen oder jenen Film, schaffen wir es immer wieder, dass uns der Alltag auch beim Filme- und Serienschauen einholt. Zum Beispiel, weil das Handy blau aufleuchtet, auf dem Herd noch die Spaghetti vor sich hin köcheln oder wir noch auf ein Paket warten. Was können wir also tun, um eine Atmosphäre des Filme- und Serienschauens in unseren Wohnzimmern zu erschaffen, damit diese unter die Haut gehen, wir völlig versinken und mitschwingen können und wir eine bestimmte leibliche Disposition durch das Schauen aufrechterhalten, intensivieren oder gar verändern? Hier möchte ich Ihnen einige Tipps dazu geben.

9.1 Vor dem Schauen

1. Schalten Sie Ihr Smartphone aus und legen Sie es weg.
2. Nutzen Sie das Smartphone nicht als Second Screen, indem Sie zum Beispiel nach irgendwelchen Schauspielern oder anderen Informationen im Internet suchen, die mit dem Film oder der Serie zu tun haben. Halten Sie diesen Zwischenraum aus. Legen Sie dazu Ihr Smartphone weg.
3. Schauen Sie den Film/die Serie nicht auf Ihrem Smartphone, denn der Bildschirm ist zu klein. Legen Sie das Smartphone weg.
4. Prüfen Sie, ob Sie alleine oder in Begleitung einer anderen Person den Film/die Serie schauen möchten. Manch jemand fühlt sich im Beisein anderer Personen gehemmt, Gefühle zu zeigen, insbesondere wenn jemand weinen muss. In diesem Fall ist es besser, den Film/die Serie allein auf sich wirken zu lassen, damit Sie sich ungehemmt gehen lassen können.
5. Manche Tages- und Jahreszeiten unterstützen die Atmosphäre bestimmter Filme und Ihre Stimmung. Die Atmosphäre eines Horrorfilmes wirkt bei Tageslicht weniger schwer, düster und furchteinflößend als in der Nacht.
6. Richten Sie Ihren Raum ein. Achten Sie zum Beispiel darauf, dass Sie und Ihr Bildschirm nicht geblendet werden. Ziehen Sie zum Beispiel Vorhänge und Jalousien zu.

7. Machen Sie es sich gemütlich: Holen Sie sich eine Decke oder ein Kissen und etwas zum Knabbern und zum Trinken, wenn Sie schon ahnen, dass Sie etwas naschen möchten.
8. Gehen Sie noch einmal auf die Toilette. Wenn Sie während des Schauens auf die Toilette müssen, spüren Sie statt der Filmatmosphäre vorrangig die Leibesinseln in der unteren Bauch- oder der Darmregion.
9. Versuchen Sie sich auf die Atmosphäre und Ihre Gefühle einzulassen. Wenn das Gefühl echt sein soll, dann sollten Sie „anfangs ein Stück weit mit dem Impuls des stürmisch oder schleichend ergreifenden Gefühls mitgehen, gleichsam zu dessen Komplizen werden. Wer das Gefühl gleich an der Pforte seines Eintritts mit einer Stellungnahme empfängt, ist ein bloßer Schauspieler seiner Ergriffenheit." (Schmitz 2011, S. 95)

9.2 Während des Schauens

1. Lassen Sie den Film auf sich wirken. Kritisieren Sie nicht sofort, sondern halten Sie leibliche Spannungen aus. Vielleicht sind diese sogar ein Faktor für ein besonderes Seh-Erlebnis, das Sie erst später zu schätzen wissen.
2. Lassen Sie sich auf den Abspann ein und nehmen Sie diesen mit. Die Musik verdichtet häufig die Atmosphäre des Filmes noch einmal und bietet Ihnen die Möglichkeit, den Film abschließen zu können. Vielleicht sind Sie auch überrascht, weil im Abspann noch einige inhaltliche Aspekte aufgeführt werden, die Ihnen Klarheit über den Film verschaffen.
3. Wenn Sie eine Serie schauen und angefangen haben zu bingewatchen: Hören Sie auf, wenn Sie spüren, dass es zu viel wird. Sie spüren eventuell eher eine Anstrengung als ein Loslassen des Alltags, vielleicht fühlt sich Ihr Gehirn wie Watte an und Sie können nicht mehr viel aufnehmen. Verderben Sie sich nicht den Serienspaß und gönnen Sie

9.3 Nach dem Schauen

1. Schauen Sie sich nicht gleich die nächste Serie oder den nächsten Film an, wenn Sie der Atmosphäre des vorgehenden Filmes noch über das Seherlebnis hinaus noch nachspüren möchten.

Vielleicht ist der eine oder andere Tipp dabei, den Sie noch nicht berücksichtigt haben und den es sich lohnt, mal umzusetzen. Vielleicht haben Sie selbst auch bestimmte Tipps auf Lager, die Sie selbst bereits in die Tat umsetzen, um ganz im Film/der Serie aufzugehen.

Literatur

Schmitz, Hermann (2011a). Der Leib. Berlin u. a.: Walter de Gruyter.

Serviceteil

Weiterführende Literatur – 156

Stichwortverzeichnis – 161

© Springer Fachmedien Wiesbaden GmbH, ein Teil von Springer Nature 2022
W. Schwelgengräber, *Wer sehen will, muss spüren*, Über/Strom: Wegweiser durchs digitale Zeitalter, https://doi.org/10.1007/978-3-658-37300-9

Weiterführende Literatur

Andermann, Kerstin (2017). Leiblichkeit als kommunikatives Selbst- und Weltverhältnis. In: S. Volke & S. Kluck (Hrsg.): Körperskandale. Zum Konzept der gespürten Leiblichkeit. Freiburg/München: Verlag Karl Alber, S. 17–38.
Andermann, Kerstin & Eberlein, Undine (Hrsg.) (2011). Gefühle als Atmosphären. Neue Phänomenologie und philosophische Emotionstheorie. Berlin: Akademie Verlag Ayan, GmbH.
Anz, Thomas (2789). Ekel. Unlust- und Lustgefühle in interdisziplinären Perspektiven. In: H. Kappelhoff, J.-H. Bakels, H. Lehmann & C. Schmitt (Hg.). Emotionen. Ein interdisziplinäres Handbuch. Berlin: Metzler, S. 165–173.
Ayan, Steve (2016). Tagträumen. Flieg, Gedanke, flieg! In: Gehirn & Geist 2016 (4), S. 12–17.
Baltes, Paul B. (2008). Entwurf einer Lebensspannen-Psychologie der Sehnsucht. Utopie eines vollkommenen und perfekten Lebens. In: *Psychologische Rundschau, 59*, 77–86.
Beckers, Maja (2020). Das Öde und das Dasein. In: Hohe Luft Magazin. Veröffentlicht am 28.04.2020. URL: https://www.hoheluft-magazin.de/2020/04/das-oede-und-das-dasein/, Abruf am 09.02.2021.
Bernard, Elena & Müller, Martin (2015). Kampf oder Flucht – wie Angst auf den Körper wirkt. In: Gehirn & Geist. Ängste und Depressionen. 2/2015, S. 40–41.
Bischof-Köhler, Doris (2009). Empathie, Mitgefühl und Grausamkeit. In: Psychotherapie, 14. Jahrgang 2009, Bd. 14, Heft 1, S. 52–57.
Bösel, Rainer (2009). Neuropsychologie. In: V. Brandstätter & J. H. Otto (Hrsg.). Handbuch der Allgemeinen Psychologie – Motivation und Emotion. Göttingen u.a.: Hogrefe, S. 473–481.
Böhme, Gernot (1995). Atmosphäre. Frankfurt a.M.: Suhrkamp Verlag.
Breithaupt, Fritz (2019). Die dunklen Seiten der Empathie. Berlin: Suhrkamp Verlag.
Breuninger, Renate & Schiemann, Gregor (2015). Langeweile. Auf der Suche nach einem unzeitgemäßen Gefühl. Ein philosophisches Lesebuch. Frankfurt am Main: Campus Verlag.
Demmerling, Christoph & Landweer, Hilge (2007). Philosophie der Gefühle. Von Achtung bis Zorn. Stuttgart, Weimar: Metzler.
Diem, Viola & Lerche, Jelka (2019). „Game of Thrones". Kassensturz im Königreich. In: ZEIT Nr. 50/2019. Online unter: https://www.zeit.de/2019/50/game-of-thrones-fernsehserie-kosten-produktion-hbo, Abruf am 18.08.2021.
Donick, Mario (2020). Let's Play! Was wir aus Computerspielen über das Leben lernen können. Wiesbaden: Springer.
Droste-Hülshoff, Annette von (2018). Werke. Ausgewählt von Sarah Kirsch. Köln: Kiepenheuer & Witsch.
Eastwood, John D. u. a. (2012). The unengaged mind: Defining boredom in terms of attention. Perspect Psychol Sci. 7(5), S. 482–495.
Erhardt, Angelika & Schmidt, Ulrike (2015). Fehlalarm! In: Gehirn & Geist. Ängste und Depressionen. 2/2015, S. 42–47.
Ermann, Michael (2015). Freud und die Psychoanalyse. Entdeckungen, Entwicklungen, Perspektiven. Stuttgart: Kohlhammer.
Freiherr von Feuchtersleben, Ernst (1879). Zur Diätetik der Seele. Leipzig: Philipp Reclam jun. URL: https://www.projekt-gutenberg.org/feuchter/diaeteti/chap012.html, Abruf am 06.01.2021.

Weiterführende Literatur

Freund, Alexandra; Weiss, David & Nikitin, Jana (2014). Modelle der Handlungsmotivation zur erfolgreichen Entwicklung. In: L. Ahnert (Hrsg.): Theorien in der Entwicklungspsychologie. Wiesbaden: Springer, S. 282–308.

Freud, Sigmund (1997). Trauer und Melancholie (1917 [1915]). In: Psychologie des Unbewußten. Studienausgabe. Bd. 3. Frankfurt am Main: S. Fischer Verlag, S. 194–212.

Fuchs, Thomas (2008). Die Würde des menschlichen Leibes. In: W. Härle & B. Vogel (Hg.). Begründung von Menschenwürde und Menschenrechten. Freiburg u.a.: Herder, S. 202–219. URL: https://www.kas.de/c/document_library/get_file?uuid=fda6e6a1-183e-b45e-0493-25d3afbae5de&groupId=252038.

Fuchs, Thomas (2013). Zur Phänomenologie der Stimmungen. In: F. Reents & B. Meyer-Sickendiek (Hrsg.). Stimmung und Methode. Tübingen: Mohr Siebeck, S. 17–31.

Ganterer, Julia (2019). Körpermodifikationen und leibliche Erfahrungen in der Adoleszenz. Eine feministisch-phänomenologisch orientierte Studie zu Inter-Subjektivierungsprozessen. Opladen: Verlag Barbara Budrich.

Gelfert, Hans-Dieter (1995). Die Tragödie. Theorie und Geschichte. Göttingen: Vandenhoeck & Ruprecht.

Gelfert, Hans-Dieter (2002). Wie interpretiert man einen Roman? Stuttgart: Reclam.

Gergen, Kenneth J. (2005). Psychologie jenseits postmoderner Kritik. In: Psychologie und Gesellschaftskritik 29 (3/4), S. 7–30.

Gerrig, Richard J. (2018). Psychologie. Hallbergmoos: Pearson.

Gollwitzer, Mario & Schmitt, Manfred (2019). Sozialpsychologie kompakt. Weinheim Basel: Beltz.

Götz, Thomas; Frenzel, Anne C. & Pekrun, Reinhard (2007). Regulation von Langeweile im Unterricht. Was Schülerinnen und Schüler bei der „Windstille der Seele" (nicht) tun. In: Unterrichtswissenschaft 35 (2007) 4, S. 312–333.

Gugutzer, Robert (2017). Leib und Situationen. Zum Theorie- und Forschungsprogramm der Neophänomenologischen Soziologie. In: Zeitschrift für Soziologie 2017, 46 (3), S. 147–166.

Hanich, Julian & Menninghaus, Winfried (2014). Im Wechselbad der Gefühle. Zur Emotionsvielfalt im filmischen Melodram. In: G. Gebauer & M. Edler (Hg.). Sprachen der Emotionen. Kultur, Kunst, Gesellschaft. Frankfurt, New York: Campus Verlag, S. 101–133.

Hecht, Martin (2021). Langeweile: Der Monotonie entfliehen. In: Spektrum.de. URL: http://www.spektrum.de/news/langeweile-der-monotonie-entfliehen/1808750, Abruf am 08.02.2021.

Heckmann, Wolfgang (2000). Sucht. In: Lexikon der Psychologie. Heidelberg: Spektrum Akademischer Verlag. URL: https://www.spektrum.de/lexikon/psychologie/sucht/15070, Abruf am 02.01.2021.

Horstmann, Gernot & Dreisbach, Gesine (2017). Allgemeine Psychologie 2 kompakt. Lernen, Emotion, Motivation, Gedächtnis. Weinheim: Beltz.

Hubert, Martin (2017). Das Geheimnis der Langeweile. In: Deutschlandfunk. Ein Beitrag vom 15.01.2017. URL: https://www.deutschlandfunk.de/neurologie-das-geheimnis-der-langeweile.740.de.html?dram:article_id=375889, Abruf am 08.02.2021.

Hug, Daniel (2004). Katharsis. Revision eines umstrittenen Konzepts. London: Turnshare Ltd.

Kluge, Friedrich (1999). Stichwort „sehen". In: Etymologisches Wörterbuch der deutschen Sprache. Erarbeitet von Elmar Seebold. Berlin, New York: Walter der Gruyter.

Koerth-Baker, Maggie (2016). Boredom gets interesting. In: Nature Vol 529, 14 January 2016, S. 146–148. URL: https://www.nature.com/news/polopoly_fs/1.19140!/menu/main/topColumns/topLeftColumn/pdf/529146a.pdf, Abruf am 06.02.2021.

König, Luise (2019). An der Schwelle zwischen Schmerz und Traum. Artikel vom 01.11.2019 in Spiegel Online. URL: https://www.spiegel.de/gesundheit/diagnose/kuenstliches-koma-an-der-schwelle-zwischen-schmerz-und-traum-a-1286392.html, Abruf am 12.02.2021.

Landweer, Hilge (2016). Ist Sich-gedemütigt-Fühlen ein Rechtsgefühl? In: H. Landweer & D. Koppelberg (Hg.). Recht und Emotion I. Verkannte Zusammenhänge. München: Verlag Karl Alber, S. 103–135.

Landweer, Hilge (2019). Philosophische Perspektiven auf Scham und Schuldgefühle. In: H. Kappelhoff, J.-H. Bakels, H. Lehmann & C. Schmitt (Hg.). Emotionen. Ein interdisziplinäres Handbuch. Berlin: Metzler, S. 235–239.

Maase, Kaspar (2020). Massenkunst und Böses – oder: George R. R. Martin und William Shakespeare. In: L. Heidbrink & A. Gröppel-Klein (Hg.). Die dunklen Seiten des Konsums. Alte Probleme, neue Herausforderungen. Baden-Baden: Nomos Verlagsgesellschaft, S. 47–58.

Mazur, James E. (2006). Lernen und Verhalten. München u. a.: Pearson Studium.

Menninghaus, Winfried (2012). Die Lust am Ekelhaften, Traurigen, Ärgerlichen in der ästhetischen Erfahrung. Vortrag vom 14.02.2012 im Rahmen der Ringvorlesung „Languages of Emotions" der Freien Universität Berlin. URL: http://www.loe.fu-berlin.de/zentrum/einblicke/ringvorlesung/ekel/index.html, Abruf am 11.02.2021.

Meyer, Wulf-Uwe; Schützwohl, Achim & Reisenzein, Rainer (1993). Einführung in die Emotionspsychologie. Band I. Bern: Hans Huber.

Misselhorn, Catrin (2021). Misselhorn, Catrin: Künstliche Intelligenz und Empathie. Vom Leben mit Emotionserkennung, Sexrobotern & Co. Stuttgart: Reclam.

Neill, Alex (2017). Empathie und (filmische) Fiktion. In: M. Hagener und Í. Vendrell Ferran (Hg.). Empathie im Film. Perspektiven der Ästhetischen Theorie, Phänomenologie und Analytischen Philosophie. Bielefeld: transcript Verlag 2017, S. 31–57.

Patalong, Frank (2016). Der letzte Tango in Paris. Vom Missbrauch eines Machtgefälles. In: Artikel vom 04.12.2016 in Spiegel Online. URL: https://www.spiegel.de/kultur/gesellschaft/der-letzte-tango-in-paris-missbrauch-eines-machtgefaelles-a-1124341.html, Abruf am 24.05.2021.

Pfeifer, Wolfgang u. a. (1993). Stichwort „Sucht". In: Etymologisches Wörterbuch des Deutschen. Digitalisierte und von Wolfgang Pfeifer überarbeitete Version im Digitalen Wörterbuch der deutschen Sprache, <https://www.dwds.de/wb/etymwb/Sucht>, abgerufen am 05.08.2020.

Pongratz, Ludwig J. (1983). Hauptströmungen der Tiefenpsychologie. Stuttgart: Alfred Kröner Verlag.

Prechtl, Peter (2008). Phänomenologie. In: P. Prechtl & F.-P. Burckhard (Hg.). Metzler Lexikon Philosophie. Stuttgart, Weimar: Verlag J. B. Metzler, S. 448 f.

Reichert, Rámon (2010). Die Entregelung der Sinne. Eine Theorieperspektive zur Filmphänomenologie. In: montage AV. Zeitschrift für Theorie und Geschichte audiovisueller Kommunikation, 19/1/2010, S. 101–115.

Reinberger, Stefanie (2011). Die Neurologie des Mitfühlens. In: dasgehirn.info. URL: https://www.dasgehirn.info/denken/im-kopf-der-anderen/die-neurobiologie-des-mitfuehlens, Abruf am 13.02.2021.

Weiterführende Literatur

Ritzi, Sebastian & Kruse, Andreas (2019). Würde, Freiheit, Leiblichkeit. Ethische Kategorien bei der Anwendung freiheitsentziehender Maßnahmen bei Menschen mit Demenz im Akutkrankenhaus. In: Zeitschrift für Gerontologie und Geriatrie 2019/52· (Suppl 4), S. 243–248.

Schloßberger, Matthias (2019). Liebe und Mitgefühl. In: H. Kappelhoff, J.-H. Bakels, H. Lehmann & C. Schmitt (Hg.). Emotionen. Ein interdisziplinäres Handbuch. Berlin: Metzler, S. 190–194.

Schmitz, Hermann (1980). Neue Phänomenologie. Bonn: Bouvier Verlag.

Schmitz, Hermann (1994). Situationen oder Sinnesdaten? Was wird wahrgenommen? In: Allgemeine Zeitschrift für Philosophie, Jg. 19/1994, S. 1–21.

Schmitz, Hermann (2003). Was ist Neue Phänomenologie? Rostock: Ingo Koch Verlag.

Schmitz, Hermann (2005). Die Wahrnehmung. (=System der Philosophie. Dritter Band: der Raum. Fünfter Teil: Die Wahrnehmung). Bonn: Bouvier Verlag: Studienausgabe.

Schmitz, Hermann (2009). Kurze Einführung in die Neue Phänomenologie. Freiburg/München: Verlag Karl Alber.

Schmitz, Hermann (2011a). Der Leib. Berlin u. a.: Walter de Gruyter.

Schmitz, Hermann (2011b). Entseelung der Gefühle. In: K. Andermann & U. Eberlein: Gefühle als Atmosphären. Neue Phänomenologie und philosophische Emotionstheorie. Berlin: Akademie Verlag GmbH, S. 21–33.

Schmitz, Hermann (2014a). Atmosphären. Freiburg, München: Verlag Karl Alber.

Schmitz, Hermann (2014b). Phänomenologie der Zeit. Freiburg/München: Verlag Karl Alber.

Schmitz, Hermann (o.J.). Die Neue Phänomenologie. Ein Interview mit Hermann Schmitz, geführt von Andreas Brenner. In: Information Philosophie. Die Zeitschrift, die über Philosophie informiert. URL: https://www.information-philosophie.de/?a=1&t=2843&n=2&y=4&c=83#, Abruf am 29.12.2020.

Slaby, Jan (2017). Möglichkeitsraum und Möglichkeitssinn. Bausteine einer phänomenologischen Gefühlstheorie. In: S. Volke & S. Kluck (Hrsg.): Körperskandale. Zum Konzept der gespürten Leiblichkeit. Freiburg/München: Verlag Karl Alber, S. 220–248.

Sokolowski, Kurt (2002). Emotion (Kap. 2c). In: Jochen Müsseler und Wolfgang Prinz (Hrsg.). Allgemeine Psychologie. Heidelberg, Berlin: Spektrum Akademischer Verlag, S. 337–384.

Sokolowski, Kurt (2013). Allgemeine Psychologie für Studium und Beruf. München u. a.: Pearson.

Spitzer, Manfred (2020). Langeweile ist nicht langweilig. Von der nebensächlichen Dummheit zur Funktion und Fehlfunktion. In: Nervenheilkunde 2020; 39, S. 612–625.

Squire, Larry R. & Kandel, Eric R. (2009). Gedächtnis. Die Natur des Erinnerns. Heidelberg: Spektrum Akademischer Verlag.

Stangl, Werner (2021). Stichwort: ‚Sucht'. Online Lexikon für Psychologie und Pädagogik. URL: https://lexikon.stangl.eu/632/sucht/, Abruf am 02.01.2021.

Wild, Elke, Hofer, Manfred & Pekrun, Reinhard (2006). Psychologie des Lerners. In: A. Krapp & B. Weidenmann (Hrsg.). Pädagogische Psychologie. Ein Lehrbuch. Weinheim; Basel: Beltz, S. 203–267.

Wüstenhagen, Claudia (2015). Während du schliefst. Artikel vom 29.07.2015 in ZEIT Online. URL: https://www.zeit.de/zeit-wissen/2015/04/intensivstation-tagebuch-kuenstliches-koma/komplettansicht, Abruf am 12.02.2021.

Stichwortverzeichnis

A

American Psycho 84
Ashes to Ashes 20, 28–30, 32, 34, 35, 118, 119, 121, 122, 124, 125, 139
Atmosphäre 13, 16, 37, 60, 63, 107, 123, 149
– leiblich gespürte 33

B

Battlestar Galactica 118, 119, 123, 126
Befriedigung 43
Betroffensein
– affektives 149
– leibliches 48
Bewegungssuggestion 138
Binge Watching 110, 127
Black Mirror 74
Breaking Bad 24, 104
Brooklyn Nine-Nine 105
Burn after Reading 105

D

Dancer in the Dark 40–42, 48, 54, 105, 114
Demütigung 73, 77, 80
Der letzte Tango in Paris 73
Der Yorkshire Ripper 84
Dexter 74, 84, 88
Django Unchained 28, 74

E

Ekel 68
Emotion 3
– Entstehung 4
Empathie 21, 82
Erniedrigung 73
Es 61, 99
Ewige Jugend 134, 139, 141

F

Fack ju Göhte 53
Film sehen 152
Flucht aus dem Alltag 104
Fluchterlebnis 110
Fluchtkonditionierung 88
Fremdscham 45
Fühlen 147
Furchtzentrum 70

G

Game of Thrones 10, 59, 73, 75, 79, 83, 85, 88, 89
Gefühl 2, 14
– nervöses 70
Geschichten hören 146
Gestaltverlauf 138
Gewinn 108
Grusel 70

H

Habituation 88
Hannibal 28, 84, 85, 88
Haus des Geldes 104, 106, 107
Horror 63
Horrorfilm 60
How to sell Drugs online (fast) 105

I

Inside the Criminal Mind 84
Irreversibel 74

K

Katharsis 43
Kill Bill 28

Kommunikation
– leibliche 11
Körper 8

L

Lachen 42, 46
Langeweile 90
Leib 8
Leibesinseln 12
Life on Mars 20, 28–30, 74, 118, 119, 122, 125
Little Miss Sunshine 40–44, 46, 54
Lost 104
Lucifer 104, 110

M

Mad Dogs 122, 125
Mamma Mia! 104, 105
Mindhunter 84
Multitasking 109

N

Nightstalker: Auf der Jagd nach einem Serienmörder 84

O

Odyssee im Weltraum 95
Orange is the New Black 26, 75

P

Phänomenologie 6
Psychoanalyse 34
Psychothriller 60

R

Regung
– leibliche 10

Ring 59, 61, 62, 64, 66–69
Ring 2 69

S

Schadenfreude 45
Schreck 69
Sehnsucht 121, 134, 139, 141
– Funktion 143
Sieben 84
Situationswahrnehmung 13
Stress 109
Stresserlebnis 112
Sucht 111
Suits 104, 106
Synästhesien 64

T

Ted Bundy – Selbstporträt eines Serienmörders 84
The Politician 26
Trancezustand 11, 114

V

Verlust 106
Vermeidungskonditionierung 88

W

Weinen 46, 48, 49
Wesen
– fühlendes 147
– leibliches 147
– narratives 146
Whiplash 74
Würde 76

Z

Zodiac – Die Spur des Killers 84

Weiterführende Literatur

Ritzi, Sebastian & Kruse, Andreas (2019). Würde, Freiheit, Leiblichkeit. Ethische Kategorien bei der Anwendung freiheitsentziehender Maßnahmen bei Menschen mit Demenz im Akutkrankenhaus. In: Zeitschrift für Gerontologie und Geriatrie 2019/52· (Suppl 4), S. 243–248.
Schloßberger, Matthias (2019). Liebe und Mitgefühl. In: H. Kappelhoff, J.-H. Bakels, H. Lehmann & C. Schmitt (Hg.). Emotionen. Ein interdisziplinäres Handbuch. Berlin: Metzler, S. 190–194.
Schmitz, Hermann (1980). Neue Phänomenologie. Bonn: Bouvier Verlag.
Schmitz, Hermann (1994). Situationen oder Sinnesdaten? Was wird wahrgenommen? In: Allgemeine Zeitschrift für Philosophie, Jg. 19/1994, S. 1–21.
Schmitz, Hermann (2003). Was ist Neue Phänomenologie? Rostock: Ingo Koch Verlag.
Schmitz, Hermann (2005). Die Wahrnehmung. (=System der Philosophie. Dritter Band: der Raum. Fünfter Teil: Die Wahrnehmung). Bonn: Bouvier Verlag: Studienausgabe.
Schmitz, Hermann (2009). Kurze Einführung in die Neue Phänomenologie. Freiburg/München: Verlag Karl Alber.
Schmitz, Hermann (2011a). Der Leib. Berlin u. a.: Walter de Gruyter.
Schmitz, Hermann (2011b). Entseelung der Gefühle. In: K. Andermann & U. Eberlein: Gefühle als Atmosphären. Neue Phänomenologie und philosophische Emotionstheorie. Berlin: Akademie Verlag GmbH, S. 21–33.
Schmitz, Hermann (2014a). Atmosphären. Freiburg, München: Verlag Karl Alber.
Schmitz, Hermann (2014b). Phänomenologie der Zeit. Freiburg/München: Verlag Karl Alber.
Schmitz, Hermann (o.J.). Die Neue Phänomenologie. Ein Interview mit Hermann Schmitz, geführt von Andreas Brenner. In: Information Philosophie. Die Zeitschrift, die über Philosophie informiert. URL: https://www.information-philosophie.de/?a=1&t=2843&n=2&y=4&c=83#, Abruf am 29.12.2020.
Slaby, Jan (2017). Möglichkeitsraum und Möglichkeitssinn. Bausteine einer phänomenologischen Gefühlstheorie. In: S. Volke & S. Kluck (Hrsg.): Körperskandale. Zum Konzept der gespürten Leiblichkeit. Freiburg/München: Verlag Karl Alber, S. 220–248.
Sokolowski, Kurt (2002). Emotion (Kap. 2c). In: Jochen Müsseler und Wolfgang Prinz (Hrsg.). Allgemeine Psychologie. Heidelberg, Berlin: Spektrum Akademischer Verlag, S. 337–384.
Sokolowski, Kurt (2013). Allgemeine Psychologie für Studium und Beruf. München u. a.: Pearson.
Spitzer, Manfred (2020). Langeweile ist nicht langweilig. Von der nebensächlichen Dummheit zur Funktion und Fehlfunktion. In: Nervenheilkunde 2020; 39, S. 612–625.
Squire, Larry R. & Kandel, Eric R. (2009). Gedächtnis. Die Natur des Erinnerns. Heidelberg: Spektrum Akademischer Verlag.
Stangl, Werner (2021). Stichwort: ‚Sucht'. Online Lexikon für Psychologie und Pädagogik. URL: https://lexikon.stangl.eu/632/sucht/, Abruf am 02.01.2021.
Wild, Elke, Hofer, Manfred & Pekrun, Reinhard (2006). Psychologie des Lerners. In: A. Krapp & B. Weidenmann (Hrsg.). Pädagogische Psychologie. Ein Lehrbuch. Weinheim; Basel: Beltz, S. 203–267.
Wüstenhagen, Claudia (2015). Während du schliefst. Artikel vom 29.07.2015 in ZEIT Online. URL: https://www.zeit.de/zeit-wissen/2015/04/intensivstation-tagebuch-kuenstliches-koma/komplettansicht, Abruf am 12.02.2021.

Stichwortverzeichnis

A

American Psycho 84
Ashes to Ashes 20, 28–30, 32, 34, 35, 118, 119, 121, 122, 124, 125, 139
Atmosphäre 13, 16, 37, 60, 63, 107, 123, 149
– leiblich gespürte 33

B

Battlestar Galactica 118, 119, 123, 126
Befriedigung 43
Betroffensein
– affektives 149
– leibliches 48
Bewegungssuggestion 138
Binge Watching 110, 127
Black Mirror 74
Breaking Bad 24, 104
Brooklyn Nine-Nine 105
Burn after Reading 105

D

Dancer in the Dark 40–42, 48, 54, 105, 114
Demütigung 73, 77, 80
Der letzte Tango in Paris 73
Der Yorkshire Ripper 84
Dexter 74, 84, 88
Django Unchained 28, 74

E

Ekel 68
Emotion 3
– Entstehung 4
Empathie 21, 82
Erniedrigung 73
Es 61, 99
Ewige Jugend 134, 139, 141

F

Fack ju Göhte 53
Film sehen 152
Flucht aus dem Alltag 104
Fluchterlebnis 110
Fluchtkonditionierung 88
Fremdscham 45
Fühlen 147
Furchtzentrum 70

G

Game of Thrones 10, 59, 73, 75, 79, 83, 85, 88, 89
Gefühl 2, 14
– nervöses 70
Geschichten hören 146
Gestaltverlauf 138
Gewinn 108
Grusel 70

H

Habituation 88
Hannibal 28, 84, 85, 88
Haus des Geldes 104, 106, 107
Horror 63
Horrorfilm 60
How to sell Drugs online (fast) 105

I

Inside the Criminal Mind 84
Irreversibel 74

K

Katharsis 43
Kill Bill 28

Kommunikation
– leibliche 11
Körper 8

L

Lachen 42, 46
Langeweile 90
Leib 8
Leibesinseln 12
Life on Mars 20, 28–30, 74, 118, 119, 122, 125
Little Miss Sunshine 40–44, 46, 54
Lost 104
Lucifer 104, 110

M

Mad Dogs 122, 125
Mamma Mia! 104, 105
Mindhunter 84
Multitasking 109

N

Nightstalker: Auf der Jagd nach einem Serienmörder 84

O

Odyssee im Weltraum 95
Orange is the New Black 26, 75

P

Phänomenologie 6
Psychoanalyse 34
Psychothriller 60

R

Regung
– leibliche 10

Ring 59, 61, 62, 64, 66–69
Ring 2 69

S

Schadenfreude 45
Schreck 69
Sehnsucht 121, 134, 139, 141
– Funktion 143
Sieben 84
Situationswahrnehmung 13
Stress 109
Stresserlebnis 112
Sucht 111
Suits 104, 106
Synästhesien 64

T

Ted Bundy – Selbstporträt eines Serienmörders 84
The Politician 26
Trancezustand 11, 114

V

Verlust 106
Vermeidungskonditionierung 88

W

Weinen 46, 48, 49
Wesen
– fühlendes 147
– leibliches 147
– narratives 146
Whiplash 74
Würde 76

Z

Zodiac – Die Spur des Killers 84

MIX
Papier aus verantwortungsvollen Quellen
Paper from responsible sources
FSC® C105338

If you have any concerns about our products,
you can contact us on
ProductSafety@springernature.com

In case Publisher is established outside the EU,
the EU authorized representative is:
**Springer Nature Customer Service Center GmbH
Europaplatz 3, 69115 Heidelberg, Germany**

Printed by Libri Plureos GmbH
in Hamburg, Germany